Alexander Hüsing (Hg.)

Wann endlich grasen Einhörner an der Emscher?

Startups im Ruhrgebiet

#EmscherEinhörner

Henselowsky
Boschmann

Alexander Hüsing, geboren 1974 in Bottrop, begann seine journalistische Laufbahn in seiner Heimatstadt als freier Mitarbeiter bei der „Westdeutschen Allgemeinen Zeitung“ (WAZ). Während seines Studiums an der Ruhr-Uni heuerte er bei „Unicum“ in Bochum an. Vom Hochschulmagazin führte der Weg zum Branchendienst „kressreport“ nach Heidelberg. Danach arbeitete er mehrere Jahre als freier Journalist in Berlin. 2007 startete er gemeinsam mit Stefan Vosskötter das Startup-Branchenmagazin deutsche-startups.de, das er noch heute als Chefredakteur führt. Er lebt mit seiner Familie in Berlin.

Sümeyye Algan, geboren 1981 in Engelskirchen, lebte bis zum Abitur in Berlin. Nach ihrem Journalismus- und Public-Relations-Studium an der Westfälischen Hochschule Gelsenkirchen arbeitete sie beim WDR-Studio in Essen. Anschließend nahm sie ihre Tätigkeit als freiberufliche Journalistin bei der Essener Regionalzeitung „Informer-Online“ auf. Seit Juni 2018 ist sie als Redakteurin für deutsche Startups mit besonderem Augenmerk auf die Gründerszene im Ruhrgebiet tätig. Sie ist Mutter von drei Söhnen.

Christina Cassala, Jahrgang, 1975, studierte zunächst Soziologie, Psychologie und Medienwissenschaften an der Philipps-Universität in Marburg, ehe sie ihr Studium der Journalistik in Hamburg aufnahm. Dort absolvierte sie auch ihr Volontariat bei einem großen Zeitschriftenverlag. Neben Stationen beim Nachrichtenmagazin „Der Spiegel“ und der „BILD“-Zeitung begleitete sie die Entwicklung der deutschen Startup-Landschaft seit 2007 als Redakteurin von deutsches-startups. Sie lebt mit ihrer Familie in Berlin.

Veronika Hüsing, geboren 1978, studierte Soziologie, Politik und Psychologie an der Freien Universität in Berlin. Erste journalistische Erfahrungen sammelte sie im Jahr 2000 im Onlineressort des Medienfachdiensts "kressreport" in Heidelberg. Ein Jahr später zog es sie ins Ruhrgebiet zu "Unicum". Für das Hochschulmagazin und den Ableger "Unicum Abi" schrieb sie auch während ihres Studiums in Berlin regelmäßig. Seit 2008 gehört Veronika Hüsing zum Redaktionsteam von deutsche-startups.de.

Boschmann und Bunpanya-Boschmann GbR
Schützenstraße 31 · 46236 Bottrop
post@vonneruhr.de · www.vonneruhr.de
2. korrigierte und ergänzte Auflage 2019
ISBN 978-3-942094-99-3
Titelillustration: Heiko Sakurai
Druck: Friedrich Pustet GmbH & Co. KG, Regensburg
Mit Texten von: Sümeyye Algan, Christina Cassala,
Alexander Hüsing und Veronika Hüsing

Alexander Hüsing (Hg.)

Wann endlich grasen Einhörner an der Emscher

Startups im Ruhrgebiet

Henselowsky
Boschmann

Alexander Hüsing
Vorwort

Rund 200 Jahre prägten Kohle und Bergbau das Ruhrgebiet. Obwohl deren Ende seit Jahrzehnten absehbar war, sucht die Region noch immer nach einer neuen Identität. Dabei haben viele junge Menschen, die nicht wie andere weggezogen sind, in der Region längst ein neues Ruhr-Image geschaffen. Menschen, die ihren eigenen Traum verfolgen, Unternehmen gründen und so auch die in der Gegend dringend benötigten Arbeitsplätze schaffen, sind längst zu Identitätsstiftern geworden.

Dies alles gelang und gelingt den Jungunternehmen im Ruhrgebiet ohne Zugriff auf die alten Seilschaften, ohne die Abhängigkeit von bestehenden Strukturen oder von Parteibüchern. Vielleicht ignorieren die politisch und wirtschaftlich Verantwortlichen, die Multiplikatoren und Macher des einstigen Kohlenpotts die hiesige Startup-Szene deswegen noch immer so vehement, weil die alles ohne sie geschafft hat. Da werden lieber weiter Millionen in unsinnige Imagekampagnen, in den Erhalt der Hinterlassenschaften der Kohlezeit oder weitere verlustreiche Kultur- und Sportprojekte gesteckt, statt den Gründerinnen und Gründern im Ruhrgebiet aktiv zu helfen. Dennoch gelang es vielen Ruhrpreneuren, in den vergangenen Jahren fantastische Unternehmen im Revier aufzubauen. Und genau hiervon handelt dieses Buch.

Was im Ruhrgebiet leider noch fehlt, sind Einhörner. Jene Fabelwesen, die in der Startup-Szene weltweit reale Wesen sind. Als Einhörner bezeichnet die globale Gründerszene junge Unternehmen, die mehr als eine Milliarde US-Dollar wert sind. An der Spree, der Alster und der Isar grasen sie schon. An Lippe, Emscher oder Ruhr sind Einhörner, neudeutsch Unicorns, aber noch nicht in Sicht. Wo doch gerade die Emscher für sie ein idealer Tummelplatz wäre, waren doch einst zwischen Waltrop und Bottrop die Emscherbrücher Dickköppe, wild lebende Pferde besonderer Güte, zu Hause. Leider sind sie ausgestorben. Diese ökologische Nische gilt es zu schließen, am besten mit vielen kleinen und großen Einhörnern. Wir müssen alle daran glauben. – Ich glaube ganz fest daran!

Dafür aber muss das ganze Ruhrgebiet gemeinsam die Ärmel hochkrempeln und mal wieder so richtig malochen. Denn Einhörner entstehen nur durch richtig harte Arbeit.

Alexander Hüsing

Alexander Hüsing
Veränderungen bieten Chancen

München und Berlin schauen nach vorn

Mit „Laptop und Lederhosen“ schaffte Bayern und insbesondere München in den vergangenen Jahrzehnten den Sprung zum respektablen IT-Standort, in dem sich neben Konzernen auch Gründer von innovativen Startups wohlfühlen. Die deutsche Hauptstadt Berlin war jahrelang „arm, aber sexy“ und drückte damit das Gefühl vieler junger Menschen aus, die sich selbst verwirklichen wollten. Die heruntergekommene Stadt bot ihnen die Freiheit, kostengünstig zu experimentieren. Berlin wurde auch deswegen zur Startup-Hauptstadt Deutschlands, ja, zu einer der wichtigsten Gründer-Städte des gesamten Kontinents. Die Menschen dort nutzten und nutzen eine ganz große Chance. Nach Jahrzehnten des Niedergangs bot die Stadt bis vor rund 20 Jahren, als die heutige Digitalszene entstand, kaum Möglichkeiten, sich beruflich zu verwirklichen. – München und vor allem Berlin wandelten sich in den vergangenen Jahren stärker als andere Regionen.

Das Ruhrgebiet schaut in den Rückspiegel

Das Ruhrgebiet verfügt über die höchste Hochschuldichte Europas und somit über viele gut ausgebildete und schlaue Menschen. Trotzdem labt sich die Region weiter an seiner Vergangenheit. Der dauernde Blick zurück, insbesondere die damit verbundene penetrante Nostalgie taugen nicht als Zukunfts- oder gar als Geschäftsmodell. Denn der Pott kocht schon lange nicht mehr, auch wenn viele Politiker, Behörden und Initiativen dieses Bild immer und immer wieder bemühen. Die bereits vorhandene digitale Szene im Revier hat aufgrund dieser ständigen Rückschau bisher nicht den Stellenwert erhalten, den sie verdient hätte.

Bericht erstattet wird über die abgelegte Vergangenheit

Wenn über das Ruhrgebiet medial geredet und geschrieben wird, dann meist über dessen abgelegte Vergangenheit. Mit Begriffen, Bildern und Wortspielen aus unserer industriellen Vorzeit. Von Kohle und Bergleuten, von Bodenschätzen, Kumpeln, Fördertürmen, Halden, Zechen und Malochern, von Industriekultur und vor allem vom Strukturwandel. Dabei hat der Strukturwandel im Pott, im einstigen Land der Schlote – um noch mehr Klischees zu bedienen – schon vor mehreren Jahrzehnten begonnen und ist in einigen Fällen längst abgeschlossen.

Wenn die ARD-Tagesschau 2018 im Zusammenhang mit dem Ruhrgebiet die Frage aufwirft: „Was kommt nach der Kohle?" – dann empfinden das einige – insbesondere junge – Menschen im Revier als Beleidigung. Völlig zu Recht! Mit dem lange geplanten Ende des Bergbaus ist die Zeit bei uns nicht stehengeblieben, es ist auch keinerlei Vakuum entstanden. Für die allermeisten Menschen hat sich mit diesem teilweise mystisch verklärten Abschied vom Bergbau nichts, aber auch gar nichts verändert. Denn das Ruhrgebiet ist schon lange viel, viel mehr als Kohle, Eisen und Stahl. Und das Ruhrgebiet ist auch viel, viel mehr als Bier, Currywurst, Fußball und Stau auf der A 40, dem Ruhrschleichweg.

Das Thema Bergbau muss endlich zu den Akten gelegt werden

Die letzte Zeche in Dortmund machte 1987 dicht. Die letzte Zeche in Essen ein Jahr zuvor. Und in Duisburg endete die graue Zechenzeit 2008. Menschen, die in den vergangenen 30 bis 40 Jahren im Ruhrgebiet groß geworden sind, hatten zu weiten Teilen in ihrem Leben nichts mehr mit Kohle und Stahl zu schaffen.

Mein Großvater war noch unter Tage. Ich selbst habe ihn aber nicht mehr als aktiven Bergmann erlebt. Zumindest kann ich mich nicht daran erinnern. Der Bergbau war schon während meiner Kindheit in meiner Familie nur ein Blick in die Vergangenheit. Ein Blick, an dem sich Teile der Region labten und teilweise noch immer laben. Ein Rückblick auf die einstigen – angeblichen – glorreichen Zeiten. Mit Vollbeschäftigung und Omas in Kittelschürzen, mit kleinen dreckigen Zechenhäusern, malochenden Männern, die abends in der Kneipe ein Pilsken trinken, Frauen, die sich ausschließlich um die Familie kümmern, Jungen, die auf der Straße Fußball spielen, Kinder, die am Büdchen Klümpchen für zwei Groschen kaufen, Wäscheleinen, auf denen die weiße Wäsche sofort schwarz wird, und vor allem mit großen Unternehmen, bei denen Opa, Vater und Sohn gleichzeitig – und das ganzes Leben lang – ihre Brötchen verdienen können. Diese alten Zeiten kommen nie wieder!

Insbesondere Großkonzerne, die tausenden Menschen Arbeit geben und ganze Generationen und Städte prägen, sind, wenn es diesen Giganten schlecht geht, ein echtes Problem für die jeweiligen Städte und die Menschen, die Arbeit suchen. Über 50 Jahre wurden einst im Bochumer Opel-Werk Autos mit dem bekannten Blitz auf dem Kühler produziert. In den Hochzeiten waren 20 000 Menschen Opelaner, und Bochum war halt die Opel-Stadt. Inzwischen ist dies alles Vergangenheit.

Es ist vorbei.

Bergmannslieder zu singen, ist kein Mittel, Zukunft zu schaffen

Die großen Fördertürme der Vergangenheit haben den Blick auf das neue Ruhrgebiet jahrelang verdeckt. Es ist einfach nicht die Zeit für „Ruhrstalgie" – in Anlehnung an Ostalgie. Es bringt die Region keinen Schritt voran, wenn Politiker tränenreich Bergmannslieder singen. Und es ist letztendlich auch egal, in welchem Büro oder in welchem Museum das letzte Stück geförderte Steinkohle verstaubt. Schalke 04 ist nur noch als PR-Gag ein Kumpelverein. Tradition verkommt zur Folklore. Der Bergbau hält die Region nicht mehr zusammen. Das immerwährende Gedenken daran verhindert die Chance, aus dem Ruhrgebiet mehr zu machen.

Macher müsste es doch eigentlich genug im Pott geben. Denn malochen können die Menschen hier im Revier. Das Malocher-Gen ist aber irgendwie verschwunden. Diese Mentalität, die enorm wichtig ist, um etwas Neues aufzubauen, darf die alten Zeiten also ruhig überdauern.

Um es klarzustellen: Das Revier darf stolz auf seine Vergangenheit zurückschauen. Das Revier muss sich aber nun endlich auch auf seine Zukunft freuen und vor allem die Gegenwart wahrnehmen und würdigen.

Das Ruhrgebiet muss aufhören, sich die Wirklichkeit schönzufärben

Hinter den tristen Bildern, die über das Ruhrgebiet verbreitet werden, steckt mehr als nur ein Körnchen Wahrheit. Weite Teile der Region gehören neben dem ebenfalls strukturschwachen Saarland, einigen abgehängten Gegenden von Niedersachsen und ganz Ostdeutschland zu den Gebieten mit der schlechtesten Einkommenssituation.

Trotz des immerwährenden Strukturwandels ist es hier niemandem in den vergangenen Jahrzehnten gelungen, in großem Umfang Arbeitsplätze zu schaffen. Vor allem deswegen leben im Ruhrgebiet viele Menschen mit dem geringsten Einkommen in Deutschland. Was auch massive Auswirkungen auf die Lebensqualität in den jeweiligen Städten hat. Wer kein Geld hat, der kann nichts ausgeben. Dies gilt für Menschen wie auch für Städte, Gemeinden und Kommunen.

Wenn die Oberbürgermeister und Landräte aus dem Revier wegen dieser schlechten Rahmenbedingungen und den daraus folgenden miesen Ergebnissen – etwa bei Studien zur Lebensqualität – nicht mehr an solchen Erhebungen teilnehmen wollen, ist dies blanker Hohn.

Dass das Ruhrgebiet bei solchen Studien schlecht abschneidet, geschieht nicht aus Gehässigkeit. Vieles ist bei uns ganz einfach mies. Und es fehlt nicht nur der Mut, dies anzuerkennen, sondern auch der Mut, dies zu ändern. Der vielzitierte Spruch „Woanders ist auch scheiße“ hilft da nicht weiter. Woanders, da nehmen die Menschen solche Zustände nicht hin, sondern sind bereit, diese zu ändern. Viel zu viele Menschen im Revier haben sich mit den alten Strukturen arrangiert und abgefunden

Die Startup-Szene des Ruhrgebiets muss lauter werden

Der ständige Blick zurück auf längst abgelegte Zeiten, er macht viele Menschen in der Region blind für das neue, das moderne Ruhrgebiet. Und dieses moderne Ruhrgebiet gibt es schon lange! Die Zukunft hat auch bei uns schon lange begonnen! Seit Jahren wächst und gedeiht bei uns eine junge, umtriebige Startup-Szene. Eine, die immer wieder neue Ideen hervorbringt, neue Unternehmen gründet. Die Szene im Revier ist zwar noch nicht mit der in Berlin, Hamburg oder München zu vergleichen, die Szene zwischen Duisburg, Essen und Dortmund muss sich aber auch nicht verstecken. Sie muss nur lauter werden, sich besser vernetzen, sichtbarer werden.

Dabei können alle mithelfen. – Auch die Medien des Ruhrgebiets. Über Startups aus dem Ruhrgebiet wird in regionalen und lokalen Berliner, Hamburger und Münchner Zeitungen und Magazinen sowie in den großen Wirtschaftsmagazinen weit häufiger berichtet als in der Region selbst. Viele Menschen in Stuttgart, Leipzig und Bremen, die sich für Startups interessieren, kennen Gründer aus dem Ruhrgebiet, die in der Szene liebevoll Ruhrpreneure genannt werden, besser als Leute, die in der direkten Nachbarschaft der Jungunternehmer wohnen, leben und arbeiten.

RuhrGründer, RuhrSummit und FuckUp Night – sie weisen den Weg

Bereits 2014 erkannte Carmen Radeck aus Essen diese große Misere und schreibt seitdem gekonnt dagegen an. In ihrem Online-Magazin RuhrGründer erzählt sie ohne große Schnörkel die großen und die kleinen Gründergeschichten aus dem Revier. Genau die Geschichten, denen andere Medien viel zu wenig Platz einräumen.

Als Mit-Initiatorin des RuhrSummit, eines der wichtigsten Gründerevents in ganz Nordrhein-Westfalen, und der FuckUp Night half Radeck, das Startup-Ökosystem Ruhrgebiet aufzubauen. In der Veranstaltungsreihe, die von Lisa Bachmann und Christian Dasbach in den vergangenen Jahren Stück für Stück weiterentwickelt wurde, berichten Gründer sowie Unternehmer über ihre Fehlschläge. – Ein wichtiges Thema, denn nur durch Fehler können wir alle lernen. Sei es durch die eigenen oder die der anderen.

Startups halten sich nicht an Stadtgrenzen

Startups und andere modern geführte Unternehmen sind in vielen Fällen nicht mehr an Orte gebunden, die Mitarbeiter oftmals auch nicht. Bochumer gründen ihre Firmen in Essen und geben Menschen aus vielen anderen Städten Arbeit. Die Städte im Revier sollten ihre Stadtgrenzen also einfach mal ganz schnell vergessen.

Bei uns im Ruhrgebiet gibt es längst Unternehmen, die dutzende Mitarbeiter beschäftigen, aber über kein echtes Büro verfügen. Bürofläche an sich ist ein gruseliges Thema. Das Angebot ist in einigen Städten unterirdisch, vor allem weil die Immobilienbesitzer nicht bereit sind, in ihre Gebäude zu investieren. Der Charme und die Ausstattung der 1970er Jahre ist einfach nicht mehr zeitgemäß. Investitionen in die Modernisierung der vielerorts heruntergekommenen Büros sind im Revier dringend notwendig.

Auch deswegen setzen immer mehr Unternehmen auf moderne Büroformen wie Coworking Spaces, bei denen es sich meist um stylische Einzel- oder Großraumbüros mit oftmals noch schickeren Kaffeemaschinen handelt – und mit Anschluss an Menschen, die ähnlich ticken.

Mit dem Unternehmen Work Inn haben Tim Schabsky und Dörte Schabsky der Region bereits 2013 solch einen Anlaufpunkt geschenkt. Inzwischen sind die Dortmunder in mehreren Städten des Reviers beheimatet. Und auch die große Konkurrenz wie Rent24 ist im Pott angekommen. Und mehrere internationale Anbieter wie WeWork oder MindSpace machen sich längst in Deutschland breit.

New Work erfordert von den Städten, über uralte Schatten zu springen

Neue Büroformen und die aktuelle Technik ermöglichen heute viele neue Arbeitsformen. Die Mitarbeiter in Unternehmen, die teilweise rund um den Globus verstreut sind, plaudern halt nicht mehr an der Kaffeemaschine, sondern tratschen über Messenger-Dienste wie WhatsApp, Slack und Co. Sie arbeiten flexibel, oft bis zum Umfallen und bis an die Grenzen des Möglichen. Die Szene lebt und liebt diese Freiheit.

New Work, so nennt sich diese neue Arbeitswelt, die nahezu einer neuen Lebensphilosophie entspricht. Bei der es Hierarchien kaum noch gibt und es normal ist, dass sich alle duzen. In der Startup-Szene ist dies so normal, dass man unbedingt noch einmal ganz besonders darauf hinweisen muss – weil man am förmlichen Siezen immer wieder die Neulinge in der Branche erkennt.

Stadtgrenzen spielen in dieser neuen Arbeitswelt keine Rolle mehr, oftmals auch Landesgrenzen nicht. Die Städte im Ruhrgebiet müssen also endlich zusammenrücken, so wie es die Menschen im Revier längst getan haben. Sie müssen – auch wenn es weh tut – ihre über Jahrzehnte betonierten Strukturen aufbrechen, müssen ihre Angst vor jeder Veränderung ablegen und auch ihre eigensüchtigen Egoismen, die sie daran hindern, als „Das Ruhrgebiet" zusammenzuarbeiten.

Die großen Unternehmen des Ruhrgebiets müssen Startups langfristig unterstützen

Große Unternehmen – und davon gibt es im Ruhrgebiet reichlich –, die teilweise bereits recht aktiv in der Szene unterwegs sind, müssen ihre Türen noch weiter für Startups öffnen. Dabei genügt es aber längst nicht, einen schicken

Meetingraum einzurichten, einen Kicker in die Ecke zu stellen oder kostenlos Obst anzubieten. Und es reicht auch nicht aus, einmal auf einer Gründer-Veranstaltung dabei zu sein oder lediglich einmal in ein Startup zu investieren.

Programme, Initiativen und Konzepte müssen her, die Konzerne langfristig in der Szene verankern. So langfristig, dass sie den nächsten Wechsel an der Firmenspitze überleben. Gerade das ist immer wieder ein Problem, wenn Startups mit Konzernen verhandeln oder gar zusammenarbeiten. Wenn der Firmenchef oder der Mitarbeiter, der einen Deal eingefädelt hat, weg ist, fängt das ganze Spiel wieder von vorne an, weil der neue Chef die Strategie des Vorgängers komplett auf den Prüfstand stellt.

So kommt es schon einmal vor, dass ein Unternehmen zwei, drei Jahre wie wild in junge Startups investiert und Millionen ausgibt, um diese zu kaufen, nur um sie dann schnell wieder loszuwerden. Wie das Medienunternehmen Ströer – das sind die mit den vielen Plakatflächen – es zuletzt vorgemacht hat. Aber auch die TV-Sendergruppe ProSiebenSat.1 kaufte in der Vergangenheit diverse Startups auf, um sie dann einige Jahre später wieder zu verkaufen. Ein echtes Trauerspiel, das neben Geld vor allem Zeit kostet, die Unternehmer anders – sinnvoller – hätten nutzen können.

Auch Unternehmen dürfen nicht dauernd in den Rückspiegel schauen

Unternehmen, die sich auf ihrer vergangenen Größe, ihrer Geschichte ausruhen, werden langfristig nicht überleben. Der Untergang von Neckermann, Quelle oder Schlecker hat dies zuletzt leider eindrucksvoll gezeigt. Auch der Niedergang von Karstadt mit vielen Schließungen von Filialen und der Entlassung von unzähligen Mitarbeitern gehört in diese Reihe. Nicht umsonst suchte der traditionsreiche Essener Handelskonzern sein Heil zuletzt in der Digitalwelt. Die Übernahme von mehreren jungen Firmen spielte dabei eine große Rolle. Ob der zusammengewürfelte Haufen aber Karstadt dauerhaft fit für die Zukunft macht, wird sich zeigen müssen. Erst recht nach der Fusion mit Kaufhof. Zumindest wurde hier überhaupt mal der Versuch unternommen, ein altehrwürdiges Unternehmen zu retten und in die Digitalwelt zu überführen. Und auch von außen ist dabei eine langfristige Strategie zu erkennen.

Veränderungen bieten Chancen

Wer in der Vergangenheit lebt, hat keine Zukunft. Junge Menschen interessiert es nicht, ob ein Unternehmen eine lange, glorreiche Tradition hat. Sie nutzen Unternehmen, Tools und Dienstleistungen, die oftmals nicht mal 20 Jahre alt sind, teilweise noch deutlich jünger.

Besonders der Einzelhandel hat dies bereits zu spüren bekommen. Banken, Versicherungen und Autohersteller in ganz Deutschland spüren es gerade mit voller Wucht. Digitalisierung macht auch vor Ärzten und Apothekern, vor Dolmetschern, Handwerkern, Rechtsanwälten, Steuerberatern, vor den Lebensmittelläden und Wäschereien keinen Halt. Nirgendwo, auch nicht im Pott.

Stärker denn je gilt: Nichts bleibt für immer! Die Veränderungen passieren nur viel, viel schneller. Eine Menge Menschen hat Angst vor solchen Veränderungen. Sollte sie aber nicht. Denn diese Veränderungen bieten enorme Chancen.

Holt die Weggezogenen zurück und haltet die Schlauen!

In den vergangenen zehn Jahren sind ganz viele Menschen aus dem Revier weggezogen, um woanders ihr berufliches

Glück zu suchen. Überall in den Startup-Hochburgen des Landes findet man Menschen aus dem Revier, die sich vor einigen Jahren nicht vorstellen konnten, ihr Unternehmen in Duisburg, Bochum oder Gelsenkirchen zu gründen.

Die Digitalisierung eröffnet die Chance, solchen Jungunternehmern auch im Ruhrgebiet eine Heimat zu bieten. Andernfalls verlassen über kurz oder lang weiter viele schlaue Menschen die Region. Und vielleicht ergibt sich sogar die Chance, dass einige der Weggezogenen wieder zurückkehren. Oder zumindest in Unternehmen aus der Heimat investieren.

Macht Werbung für den RuhrSummit!

Die vielen Investoren im Lande, die sich auf jeder Mini-Veranstaltung in Berlin, die sich an Gründer richtet, die Füße komplett platt treten, müssen öfter mal in den ICE nach Dortmund, Bochum oder Essen steigen. Etwa um den RuhrSummit zu besuchen! Mit zuletzt 4500 Gästen ist er, der von Oliver Weimann und Carmen Radeck ins Leben gerufen wurde, eines der größten Startup-Events in Deutschland überhaupt. – Was etwa in Berlin kaum wahrgenommen wird.

So wie Baden-Württemberg immer wieder Berlin mit Plakaten vollklebt, um Lehrerinnen und Lehrer ins Ländle zu locken, müssten die viele Initiativen, die es im Revier gibt, einfach mal eine sinnvolle Botschaft in Berlin platzieren: „Auf zum RuhrSummit!“, der sich seit 2016 so rasant entwickelt hat.

Auch das Marketing-Event Koks.digital ist einen Besuch wert. Zuletzt tauschten sich über 400 Menschen bei der größten Konferenz für Digitales Marketing im Ruhrgebiet untereinander aus.

Investment: Tengelmann macht es vor

Ohne Investoren geht in der Startup-Szene oftmals nicht viel. Gründer mit innovativen Ideen können diese mit externen Geldgebern deutlich schneller umsetzen als aus eigener Kraft. Dass solche Unternehmen dann teilweise mehr als ein Jahrzehnt rote Zahlen schreiben, ist dabei durchaus gewollt.

Inzwischen gibt es auch in Deutschland zahlreiche sogenannte Venture-Capital-Geber, die zweistellige Millionenbeträge in junge und vor allem reifere Unternehmen stecken. Selbst dreistellige Millionenbeträge in einer Finanzierungsrunde sind hierzulande inzwischen möglich. Dabei investieren insbesondere ausländische Investoren Geld in deutsche Unternehmen – und zwar mehr Geld als jemals zuvor. Zu wünschen wäre, dass mehr nationale und regionale Platzhirsche, der sogenannte Mittelstand, im größeren Stil in junge Unternehmen investieren oder in die Geldgeber, die nur in wenigen Fällen ausschließlich eigene Kohle ausgeben.

Auch der vor knapp einem Jahrzehnt in Berlin an den Start gegangene Online-Gigant Zalando ist auf diesem Wege entstanden. Aus der Idee, Schuhe über das Internet zu verkaufen, wurde dank mehrerer externer Geldgeber ein profitables börsennotiertes Unternehmen, das inzwischen mehr als 5 Milliarden Euro Umsatz macht – mit Schuhen, aber vor allem mit Mode – und das mehr als 15 000 Menschen beschäftigt. Möglich wurde dieser rasante Aufstieg – was viele nicht auf dem Schirm haben – auch mit altem Geld aus dem Revier. Tengelmann Ventures, der Investmentarm der bekannten Handelskette, finanzierte jahrelang den kostspieligen und risikoreichen Aufbau des Unternehmens. Und auch andere Netz-Giganten wie Delivery Hero, Brands4friends und Stylight wurden in den vergangenen Jahren mit Geld aus Mülheim an der Ruhr zu Erfolgsgeschichten. Ja, selbst in den USA haben die Tengelmänner viel Geld investiert. Die seltenen Einhörner, die mehr als eine Milliarde Dollar wert sind, kennen die Kapitalgeber aus dem Ruhrgebiet nicht nur aus der Ferne, sondern sie haben oder hatten bereits mehrere von ihnen im Stall.

Erfolgsgeschichten vor unserer Haustür

Im Ruhrgebiet sind in den vergangenen Jahren etliche Unternehmen entstanden, deren Erfolgsgeschichten noch lange nicht zu Ende erzählt sind – auch wenn noch keine Einhörner darunter sind. So tummeln sich bei uns Startups und Grownups wie Babymarkt, Urlaubsguru, GastroHero, Masterplan.com, Pottsalat, Bauduu und Myster.de. Der Schnäppchendienst Urlaubsguru, gegründet 2012, entwickelte sich in wenigen Jahren vom Zwei-Mann-Projekt zur profitablen Firma mit knapp 200 Mitarbeitern. Dies alles gelang den Urlaubsguru-Machern ganz ohne Investorengelder. Daniel Krahn und Daniel Marx haben ihr Unternehmen komplett gebootstrappt, also ganz ohne Gelder von einem Kapitalgeber hochgezogen.

Ebenfalls ganz ohne die klassischen Szene-Geldgeber ist Lea-Maria Zimmermann bisher ausgekommen. Gemeinsam mit ihrem Mann Patrick Zimmermann baute sie in den vergangenen Jahren in Castrop-Rauxel Bauduu auf, einen Vermietservice für Lego-Sets. Inzwischen wirtschaftet das junge Unternehmen profitabel und beschäftigt etwa 15 Mitarbeiter. Leider gibt es gerade im Revier noch viel zu wenige Gründerinnen. Lego-Verleiherin Lea-Maria Zimmermann, die über 40 Todessterne (Stichwort: Star Wars) herrscht, ist da die große Ausnahme in einer Szene, die auch bundesweit meist von Männern dominiert wird.

Mit Masterplan.com stellen Stefan Peukert und Daniel Schütt bereits ihr zweites Startup in Bochum auf die Beine. Seit 2017 werkelt das Duo an seinem megaspannenden E-Learning-Konzept zum Thema Digitalisierung, das sich an Unternehmen und deren Mitarbeiter richtet. 2010 gingen Peukert und Schütt mit Employour an den Start. Im Jahre 2015 übernahm der Medienkonzern Bertelsmann die Jungfirma, die mehrere Websites zum Thema Karriere- und Berufsplanung betreibt. Der Kaufpreis soll ein zweistelliger Millionenbetrag gewesen sein.

Dieser Verkauf, in der Szenesprache ein Exit, ist einer der Meilensteine in der Geschichte der Startup-Szene im Revier. Denn am Ende zählt immer der Exit bzw. überhaupt die Möglichkeit, einen großen Exit hinzulegen.

Schulen und Universitäten müssen Startups als Arbeitgeber auf dem Schirm haben

Startup-Erfolge sind enorm wichtig, denn sie schaffen Aufmerksamkeit und animieren vielleicht einige mutige Menschen, ihr Glück selbst in die Hand zu nehmen. Auf der anderen Seite verdeutlichen solche Erfolge, dass Startups bzw. Grownups verlässliche Arbeitgeber sein können.

Im Revier müssen mehr Menschen von der Chance erfahren, die Startups gerade jungen Leuten bieten. Auch hier gibt es Nachholbedarf, denn ähnlich wie in München locken die großen alten Unternehmen im Ruhrgebiet Talente an, die jungen, aufstrebenden Startups dann fehlen. Und dabei geht es gar nicht immer nur ums Geld. Zu wenige junge Leute haben Startups bisher als Arbeitgeber auf dem Schirm. Um dies zu ändern, müssen Schulen und Universitäten bei uns zum einen viel mehr Menschen für das Unternehmertum begeistern und zum anderen Startups als Arbeitgeber bekannt machen.

Erfolgreiche Gründer, die ziehen sich nicht zurück aufs Altenteil

Employour und Masterplan.com taugen auch als Blaupause für das aufstrebende Ökosystem Ruhrgebiet. Denn Gründer, die erfolgreich ein Unternehmen aufgebaut und verkauft haben, ziehen sich nicht aufs Altenteil zurück oder arbeiten den Rest ihres Lebens daran, ihr Handicap auf dem Golfplatz zu bessern. Nein, sie gründen oftmals erneut und/oder investieren in andere Unternehmen. Wobei es nicht nur ums Geld geht. Auch der Wissenstransfer ist enorm wichtig. Auf diesem Wege sind auch die Startup-Ökosysteme im Silicon Valley in den USA und in Berlin entstanden. Berlin ist dem Ruhrgebiet dabei lediglich um zehn Jahre voraus. Und Silicon Valley noch einmal um mindestens 15 Jahre.

Tengelmann Ventures und Gründerfonds Ruhr

Der große Vorteil, wenn erfahrene Gründer ein weiteres Unternehmen starten: Sie haben viele Fehler schon einmal gemacht und wissen, wie das Spiel läuft. Auch Investoren lieben erfahrene Gründer, so dass die Masterplan-Macher bereits mehrere Millionen Euro für ihre Jungfirma einsammeln konnten. Unter den Investoren ist auch Lokalmatador Tengelmann Ventures. Die damit beweisen, dass sie nicht nur Startups, die in anderen Landstrichen oder im Ausland sitzen, groß machen wollen, sondern auch Firmen direkt vor ihrer Haustür, die sich neuerdings in Essen befindet, unterstützen.

Ganz auf unsere Region zugeschnitten ist der Gründerfonds Ruhr, ein junger Kapitalgeber mit dem Initiativkreis Ruhr und der NRW.BANK im Hintergrund. Mehr als 30 Millionen Euro wollen die Initiatoren des Projektes und ihre Geldgeber in den kommenden Jahren in neue Unternehmen aus dem Ruhrgebiet stecken. Für die einen eine große Summe, für die anderen ein Minibetrag. In Berlin legen erfolgreiche Gründer inzwischen Fonds auf, die 50, 60 oder 70 Millionen Euro schwer sind. Die Höhe ist aber eigentlich völlig egal. Wichtig ist nur, dass das Geld gezielt investiert wird. Und zwar schnell! Junge Unternehmen brauchen gerade am Anfang zügig Geld.

Es passiert was: Smart am Start, Data Hub, Ruhr:HUB, Beyond Conventions

Der Initiativkreis Ruhr bewegt zum Glück noch viel mehr in der Region. Das Programm Smart am Start etwa bringt alte Unternehmen und neue Ideen zusammen. Und mit der Gründerallianz Ruhr treibt der Initiativkreis die Startupierung der Region voran. Durch den Data Hub etwa, der Startups, die sich mit Daten beschäftigen, und Großunternehmen zusammenbringt.

Ein weiterer wichtiger Baustein bei der Digitalisierung des Reviers ist der Ruhr:HUB, der in Essen beheimatet ist. Beim Gemeinschaftsprojekt der Städte Bochum, Dortmund, Duisburg, Essen, Gelsenkirchen sowie Mülheim lassen die genannten Städte der Region tatsächlich endlich mal ihre eigenen Grenzen außen vor. Seit Ende 2016 fördert das Ruhr:HUB-Team die Gründerkultur im Pott, vernetzt die Szene, macht diese sichtbar und veranstaltet Events wie die Startup-Nights (SUN).

Ein weiteres überzeugendes Beispiel, wie die Unternehmen und die Startups in der Region zusammenarbeiten, ist das Event Beyond Conventions. Ein Format, bei dem sogar stille, also öffentlichkeitsscheue Unternehmen wie Aldi Süd mitmachen. – Es passiert also an vielen Stellen etwas im Pott, die Projekte brauchen alle nur Zeit, um dauerhaft etwas bewirken zu können.

Oftmals sind im Ruhrgebiet leider schon jetzt zu viele Initiativen unterwegs, die sich an ähnliche Zielgruppen richten. In einem kleinen Ökosystem belebt Konkurrenz nicht das Geschäft, sondern macht es schwerer voranzukommen. Oftmals wäre es sinnvoll, wenn sich die Initiatoren untereinander besser abstimmen würden.

Das Ökosystem in Berlin ist wahrlich nicht über Nacht entstanden, sondern ganz langsam seit dem Ende des Dotcom-Booms der 1990er Jahre gewachsen. Inklusive mehrerer wirtschaftlicher Eiszeiten und dem große Platzen der Dotcom-Blase.

Solch ein Szenario scheint heute nicht mehr möglich. Bei aller Kritik an den vielen Milliarden, die in den vergangenen Jahren in junge deutsche Startups gesteckt wurden, ist die Substanz an guten Ideen und guten Unternehmen heute viel größer als noch vor knapp zwanzig Jahren. Klar muss aber auch immer sein, dass nicht alle guten Ideen zu funktionierenden Unternehmen führen werden. Viele Startups scheitern, sogar die allermeisten. Am Ende des Tages heißt es immer wieder: Aufstehen! Weitermachen!

B2B-Zentrum, IndustrialTech-Startups, Cybersecurity, Logistik: Das Ruhrgebiet kann es

Anders als in Berlin, wo große B2C-Grownups, Firmen, die sich an Privatnutzer richten wie Zalando, Home24 oder Delivery Hero, beheimatet sind, kann das Ruhrgebiet insbesondere punkten mit dem Trendthema B2B, den Geschäftsmodellen, die sich an Unternehmen richten. So mit Masterplan.com als Lerndienst, über den Mitarbeiter von Unternehmen Kurse rund um digitale Kompetenz abrufen können.

Auf B2B-Themen fahren diverse Geldgeber seit einigen Jahren total ab. Kein Wunder: Der B2C-Markt scheint momentan ziemlich abgegrast zu sein. Bis die nächste technische Errungenschaft wieder alles verändert. Entlang von Emscher und Ruhr kümmern sich bereits viele Firmen um Zukunftsthemen wie IndustrialTech, Cybersecurity und Internet of Things (IoT), also vernetzte Geräte aller Art.

Für IndustrialTech-Startups, welche die Digitalisierung von alten Industrien vorantreiben, bietet das Revier dank der alteingesessenen Unternehmen zahlreiche Kooperationsmöglichkeiten. Die Region ist bereits heute ein IndustrialTech-Hotspot in Deutschland, der sich sehen lassen kann. Während andere noch von Industrie 4.0 reden, hat die digitale Zukunft im Revier in diesem Segment längst begonnen. Allein Ingpuls, das intelligente Drähte produziert, beschäftigt inzwischen 50 Mitarbeiter und erwirtschaftet bereits Millionenumsätze.

Insbesondere Bochum kann eine stattliche Szene rund um das extrem wichtige Thema Cybersecurity vorweisen. Bereits vor über 30 Jahren wurde dort die Firma G Data, ein Vorreiter im Bereich Cybersecurity, gegründet. Über 500 Mitarbeiter und ein Umsatz von zuletzt über 40 Millionen Euro sprechen eine deutliche Sprache, wie erfolgreich das Unternehmen unterwegs ist.

Die Ruhr-Universität Bochum ist Heimat des bekannten Horst-Görtz-Instituts für IT-Sicherheit (HGI), das vier Studiengänge und 1200 eingeschriebene Studierende vorweisen kann und mit dem Accelerator-Programm Liftoff inzwischen auch Menschen unterstützt, die kurz vor der Firmengründung stehen. Zudem betreibt das HGI mit Cube 5 einen Gründungsinkubator. – Beim Trendthema Cybersecurity kommt somit niemand am Revier vorbei.

In Duisburg wiederum ist mit dem Startport längst ein Hub für das megawichtige Thema Logistik entstanden. Dem Ableger des Unternehmens Duisport, des Betreibers des Duisburger Hafens, gelang es mit einem Programm, das junge Firmen zwölf Monate lang unterstützt, innerhalb kürzester Zeit, Unternehmen aus anderen Regionen ins Ruhrgebiet zu holen.

Dies waren nur einige Beispiele, wie vielfältig die Start-up-Szene im Revier bereits ist. Aber der Pott kann noch viel mehr, wir müssen alle fest daran glauben, und jeder muss auf seine Art und Weise und in seinen Möglichkeiten mithelfen.

Her mit dem Slogan!

Die Zukunft des Ruhrgebiets, das sind viele kleine, mittlere und große Startups. Viele kleine, mittlere und große Firmen, die der Region verdeutlichen, dass Unternehmertum eine wunderbare Möglichkeit ist, sich selbst zu verwirklichen. Viele kleine, mittlere und große Unternehmen, die den Ruhrgebietlern Arbeitsplätze bieten. Viele, viele Gründungen, die beweisen, dass das Revier mehr zu bieten hat als die eigene Vergangenheit.

Was uns noch fehlt, ist ein einprägsamer Slogan. Einer, der das moderne Ruhrgebiet perfekt beschreibt. Berlin hat „arm, aber sexy". – Wir können es besser. Also lasst die Köpfe rauchen!

Dreckig, aber cool
Immer Stau, aber Platz für Ideen
Startups und Cloud statt Kohle und Stahl
Hier sacht man Staatupp
...

Urlaubsguru (Holzwickede)
Mit Unna im Herzen einmal um den Globus

Seit 2012 sammeln Daniel Krahn und Daniel Marx, in der Startup-Szene nur als Daniel & Daniel bekannt, auf ihrer Plattform Urlaubsguru spannende und oftmals extrem günstige Reiseschnäppchen, die andere Leute dann bei den jeweiligen Anbietern buchen können. Anfangs war die Schnäppchensammelei lediglich als Hobby bzw. als Service für Menschen, die sich im Netz nicht so gut auskennen, gedacht. Aus diesem Hobby wurde in wenigen Jahren ein äußerst profitables Unternehmen mit rund 200 Mitarbeitern und mehreren Ablegern in anderen Segmenten – etwa für modische Schnäppchen.

Obwohl Krahn, Jahrgang 1982, und Marx, Jahrgang 1985, gerne in die Ferne schweifen, sind sie extreme, aber liebevolle Lokalpatrioten. Die Liebe zu ihrer Heimatstadt Unna, wo beide Urlaubsguru-Macher geboren und aufgewachsen sind, transportieren sie sogar in ihrem Firmennamen. Alle Plattformen der Unternehmer, deren Sitz in Holzwickede ist, werden von einem Unternehmen mit den vier Buchstaben UNIQ betrieben. Das UN steht selbstredend für Unna.

Auch ihre Liebe zu Borussia Dortmund, beide Daniels sind stolze Dauerkartenbesitzer, leben die Ruhrgründer immer und überall aus und geben ihr Faible auch an die vielen Mitarbeiter weiter. Ins Stadion zu gehen, gehört bei Urlaubsguru fast schon zum guten Ton.

Die Erfolgsgeschichte von Urlaubsguru beginnt unspektakulär. Bereits 2010/2011 bucht Mitgründer Krahn, der von sich selbst sagt, dass er „keinen freien Tag zu Hause verbringt“, seine Reisen über das Internet und stöbert dabei regelmäßig handfeste Schnäppchen auf – etwa zwei Wochen Bali für 400 Euro. Was nicht nur ihm gefällt, sondern auch anderen. Und so hilft der Sparfuchs schließlich Freunden, Arbeitskollegen und sogar Freunden von Freunden, also Menschen, die er gar nicht direkt kennt, unentgeltlich bei der Suche nach günstigen Urlaubsangeboten. Aus dieser kleinen Dienstleistung entsteht die simple Idee, solche Schnäppchen, um noch mehr Menschen zu erreichen, auf einer Website zu sammeln.

Ein Balkon irgendwo in Unna im Juli 2012 ist der gedankliche Geburtsort von Urlaubsguru. Weder Krahn, zu diesem Zeitpunkt Medienberater bei einem Verlag in Unna, noch Marx, damals Web-Analyst bei G Data in Bochum, haben im Traum daran gedacht, dass daraus einmal ein millionenschweres Unternehmen werden könnte. „Der Antrieb war, Menschen zu helfen, Zeit und Geld zu sparen“, fasst Krahn die Idee hinter Urlaubsguru zusammen. Startkapital oder gar einen ausgefeilten Businessplan hatten die Teilzeit-Unternehmer nicht. Brauchten sie aber auch nicht. Vor der Arbeit und in der Mittagspause, nach der Arbeit und am Wochenende suchten sie nun Reiseangebote, sogenannte Deals, und stellten diese auf ihre Plattform, die damals noch unter Der-Urlaubsguru.de zu finden war. Die Internetadresse Urlaubsguru.de kauften die Ruhrpreneure erst einige Monate nach dem Start und zahlten 300 Euro dafür. Eine Investition, die sich definitiv gelohnt hat. Heute werden solche eingängigen Domainnamen teilweise wie Gold gehandelt. Erst recht im lukrativen Reisesegment. Erst einige Monate nach dem

Start entdeckten die Schnäppchenjäger eine Möglichkeit, mit den vorgestellten Reisedeals auch Geld zu verdienen. Über sogenanntes Affiliate Marketing, das die Gründer vorher gar nicht auf dem Schirm hatten, bekommen die Urlaubsguru-Macher seitdem von den Veranstaltern eine Provision, wenn Nutzer der Plattform eine vorgestellte Reise tatsächlich buchen. Dadurch lohnte sich die viele Arbeit an Urlaubsguru endlich, auch wenn es noch nicht reichte, um davon leben zu können.

Heutzutage verdienen die Urlaubsgurus ebenfalls über Werbung, die auf ihren Websites erscheint. Zudem schickt das Unternehmen Urlauber seit 2016 selbst auf Reisen. Mehrere hunderttausend Menschen haben ihren Urlaub bisher direkt bei Urlaubsguru gebucht. In Unna – wo sonst? – und Münster betreibt das Unternehmen inzwischen tatsächlich zwei klassische Reisebüros. Irgendwann standen vor allem ältere Menschen bei Urlaubsguru im Büro, die Hilfe bei der Buchung benötigten. Daraus entstand eine kleine Buchungsinsel im ehemaligen Eingangsbereich der Firma. Und daraus wiederum entwickelte sich die Idee für eigene „echte" Reisebüros.

In der Anfangszeit war an so etwas nicht zu denken. Bis Ende 2012 hatte sich Urlaubsguru allerdings bereits vom kleinen Freunde-Dienst zum Geheimtipp entwickelt. Mit beachtlichen 3333 Fans bei Facebook ging es in die Weihnachtszeit. Zu diesem Zeitpunkt war Urlaubsguru noch immer ein Hobbyprojekt. Moonlight-Startup nennt man solche Firmengründungen, eben weil die Gründer am Abend, im besten Fall im fahlen Mondlicht, an ihrem Unternehmen arbeiten.

Der große Durchbruch kam ein Jahr nach der Gründung. Anfang 2013 steigerte ein aufgespürter Deal – Budapest inklusive Hotel und Flüge für unglaubliche 6 Euro

– die Bekanntheit der Plattform schlagartig. Schließlich testete die Fernsehsendung „RTL Extra“ die junge Plattform auf Herz und Nieren. Urlaubsguru bestand den Test mit Bravour. Was der TV-Sender gleich einem Millionenpublikum mitteilte.

Immer mehr Menschen entdeckten die Plattform. Die Zahl der Facebook-Fans stieg innerhalb weniger Monate auf rund 250 000. Das soziale Netzwerk war gerade in der Anfangszeit *der* Marketing-Kanal überhaupt, um reisefreudige Menschen zu erreichen, und auch heute noch ist Facebook wichtig für Urlaubsguru. Momentan sind dort knapp sieben Millionen Menschen Fans der Schnäppchenplattform. Aber auch über Instagram mit gut 300 000 Abonnenten kommen inzwischen viele zu Urlaubsguru. Ansonsten setzt die Firma natürlich auf eine gute Auffindbarkeit über Suchmaschinen wie Google.

Die Revierler haben es mit viel Liebe und harter Arbeit geschafft, eine echte Marke aufzubauen. Eine Marke, der die Nutzer, die Reisen suchen, vertrauen. Krahn nennt Urlaubsguru stolz eine „Lovebrand“, eine Marke also, die eine derart starke Anziehungskraft ausübt, dass sie von Kunden nicht nur gegenüber anderen Marken bevorzugt, sondern sogar tatsächlich „geliebt“ wird. Echte Liebe ist somit auch in Holzwickede möglich!

Am Morgen nach der TV-Ausstrahlung bei „RTL Extra“ kündigte Marx seinen Job in Bochum und ist seitdem „hauptberuflicher Urlaubsguru“. Mitstreiter Krahn hatte sich hierzu schon einige Monate zuvor entschieden.

Das erste Büro der Firma lag in Unna-Königsborn in einem alten Versicherungsbüro. „84 Quadratmeter, die sich auf vier Räume mit schiefen, knarzenden Böden verteilten“, erinnert sich Familienvater Marx. 2014 zog das Unternehmen an den jetzigen Standort nach Holzwickede und blickt seitdem – passend zum Geschäftsmodell – auf den Flughafen Dortmund. Nicht weit entfernt ist auch die Quelle der Emscher zu finden. Einhörner wurden dort allerdings noch nicht gesichtet. Anfangs saß die Urlaubsguru-Crew am neuen Standort auf 400 Quadratmetern, inzwischen sind es 3300.

Im zweiten Firmenjahr war dies alles noch ganz weit weg. Schnell wirkten rund 20 Mitarbeiter, vor allem Minijobber, für die kleine, aber umtriebige Urlaubsguru-Crew, und es folgte die Expansion nach Österreich, getrieben vor allem durch Nachfragen von Nutzern. Gesagt, getan. Einen Tag später war Urlaubsguru.at online. Ein weiterer Daniel wurde dabei Mitglied der Urlaubsguru-Familie: Daniel Frick, der damals selbst eine kleine Plattform rund um Reiseschnäppchen betrieben hatte, meldete sich bei den Ruhrgebietlern und wollte für sie arbeiten. Inzwischen ist der dritte Daniel Geschäftsführer der österreichischen Niederlassung von Urlaubsguru. – Eine Karriere wie aus einem Hollywoodfilm.

Die Expansion in die Schweiz verlief dagegen nicht gut. Der Name Urlaubsguru kommt bei den Eidgenossen nicht besonders an. Die Schweizer fahren nämlich nicht in den Urlaub, sondern gehen in die Ferien. Urlaub gibt es nur beim Militär. So entstand durch diesen kleinen Fehler die internationale Marke Holidayguru, mit der Urlaubsguru noch immer in der Schweiz, aber auch in anderen Ländern unterwegs ist, momentan in Italien, den Niederlanden, in Spanien und Irland.

In Ländern wie Dänemark, Polen, Portugal, Brasilien, in Frankreich und Großbritannien dagegen konnten die erfolgsverwöhnten Revierler nicht bestehen. Diese Ableger mussten sie wieder einstellen. „Das sind Tiefschläge, die passieren, aber die auch dazugehören“, sagt Krahn. Mit

Tiefschlägen kann der leidenschaftliche Urlauber gut umgehen. „Ich habe auch die Schattenseiten des beruflichen Alltags kennengelernt, war längere Zeit arbeitslos bzw. arbeitssuchend." Aus der daraus entstandenen Schieflage – samt Geldsorgen – kämpfte sich der heutige Unternehmer wieder nach oben. Dieser Kampfgeist wurde Krahn wohl in die Wiege gelegt. Seine alleinerziehende Mutter war ihm immer eine Inspiration, dass man mit „viel Arbeit, auch viel erreichen kann". Ein Satz, der auch zu Urlaubsguru passt. Auch weil die Gründer ihr Unternehmen ganz aus eigener Kraft und ohne fremde Geldgeber aufgebaut haben, müssen sie sich immer wieder hinterfragen, wo sie ihre Gewinne reinvestieren. Projekte gibt es mehr als genug im Hause Krahn und Marx. Neben Urlaubsguru gehören zur UNIQ-Familie inzwischen auch Schnäppchendienste wie Captain Kreuzfahrt, Mein Haustier und Prinz Sportlich. Und mit Trvladdicted haben die umtriebigen Unternehmer zuletzt sogar eine eigene Modemarke ins Leben gerufen. Das absolute Flaggschiff ist aber – auch vom Umsatz her – weiterhin Urlaubsguru.

Insbesondere der 2014 gestartete Sport- und Fitnessdienst Prinz Sportlich ist ein grandioser Erfolg. Initiator Till Schiffer betrieb das Blog anfangs alleine. Inzwischen wirkt mehr als ein Dutzend Mitarbeiter für die Plattform rund um Sneaker sowie Sports- und Streetwear. Während seines Studiums an der Ruhr-Universität Bochum jobbte Schiffer bei Urlaubsguru, und während dieser Zeit entstand aus seiner Leidenschaft für Sneaker die Idee zum sportlichen Schnäppchendienst. Die Urlaubsguru-Macher waren sofort begeistert und nahmen Schiffer unter ihre Fittiche. Inzwischen ist Prinz Sportlich ein eigenes Unternehmen – mit Schiffer als Geschäftsführer. Und er somit durch einen Studentenjob bei Urlaubsguru zu einem

Unternehmer wurde. Ein Aufstieg, der heutzutage nur in einem Startup möglich scheint.

Aber nicht nur Schiffer, auch Krahn und Marx, der in seiner Freizeit gerne Ausdauersport betreibt und sich derzeit auf einen Ironman vorbereitet, entwickelten sich in all den Jahren an der Spitze ihres Unternehmens deutlich weiter. Der Aufstieg „vom Hobbyblogger zum Unternehmer“ war für die Firmengründer aber nicht immer leicht. „Man wächst an seinen Aufgaben“, sagt Krahn. Was in der Startup-Szene längst keine Selbstverständlichkeit ist. Es gibt Startupper, die immer wieder neue Firmen aufbauen, sie aber verlassen, wenn sie eine bestimmte Größe erreicht haben.

Mit leicht zitternder Stimme erzählt Krahn, wie schwer es ihm gefallen sei, als er erstmals Kündigungsgespräche zu führen hatte. Damals musste sich das Unternehmen von Mitarbeitern trennen, die menschlich einfach nicht ins Team passten „Ich werde nie vergessen, wie schlecht wir uns danach gefühlt haben. Wir haben elendig gelitten.“ So etwas gehöre aber zum Erwachsenwerden einer Firma dazu, führt er weiter aus.

Neben diesen Rückschlägen gab es bei Urlaubsguru aber viele Erfolge. Und die Ruhrgebietler wissen diese zu feiern. Als das Team 2016 eine vorgegebene Umsatzmarke wuppte, flog das Unternehmen als Belohnung dafür kurzerhand alle Mitarbeiter, die dabei sein wollen, in die USA nach Las Vegas. Der etwas andere Betriebsausflug mit 160 Leuten dauerte eine Woche. In der Zeit arbeiteten alle halt aus der Glücksspielstadt für Urlaubsguru. Mehr Startup-Feeling geht nicht!

Mit den USA verbinden die Urlaubsguru-Macher einen ganz großen Moment: Im Jahr 2014 gingen sie mit dem Bundesverband Deutsche Startups, einem Branchenverband, der sich für die Belange von Startups einsetzt, auf eine Reise ins Silicon Valley. Abseits der offiziellen Tour durch das Tal, in dem US-Tech-Giganten wie Google, Facebook und Co. sitzen, machten sie einen Abstecher zur legendären Garage, in der Steve Jobs 1972 das heute weltbekannte Unternehmen Apple gründete. Sie nahmen gegenüber auf dem Bürgersteig Platz, schwiegen sich mindestens eine halbe Stunde lang an und genossen den Augenblick – während die Sonne langsam unterging. Dabei führten sich die Gründer vor Augen, was sie selbst gerade aufbauten, und konnten erstmals mit eigenen Augen wahrnehmen, was Jobs aus einer Garage heraus geschaffen hat. „Das war unfassbar inspirierend", sagt Krahn rückblickend. Mitstreiter Marx schaut seinen jahrelangen Wegbegleiter kurz an, nickt und ergänzt als verbale Zustimmung nur simpel: „Punkt!"

Als Erinnerung an diesen besonderen Moment liegt in einem Meetingraum in Holzwickede ein Baseball. Daneben ein Stempel, der erste des Unternehmens.

Von Alexander Hüsing

„Man sollte sich nie zu klein machen“
So sehen Daniel Krahn und Daniel Marx, die Gründer der Schnäppchenplattform Urlaubsguru, die Startup-Szene in Holzwickede und im Ruhrgebiet.

Wenn es um Startups in Deutschland geht, richtet sich der Blick sofort nach Berlin. Was spricht für das Ruhrgebiet als Startup-Standort?
Krahn: Die räumliche Nähe der jeweiligen Großstädte, die innerhalb weniger Minuten leicht erreichbar sind, spricht für das Ruhrgebiet. Außerdem die Vielzahl an Universitäten – und zu guter Letzt unsere geliebte „Arbeiterkultur“. Ein Startup beginnt meist mit einer guten Idee. Fehlt jedoch der Wille, Vollgas zu geben und richtig anzupacken, dann wird es vermutlich bloß bei der Idee bleiben. Hier im Ruhrpott haben wir aber auf jeden Fall die richtige Arbeitsmentalität.

Was macht den besonderen Reiz der Startup-Szene in Holzwickede und Umgebung aus?
Marx: Wir sind in unserer Heimatstadt Unna gestartet. Hier im Kreis Unna/Dortmund gab es zu Beginn unseres Startups im Jahr 2012 keine richtige Startup-Szene. Und als Startup ist man bei uns im Dortmunder Raum auch 2019 noch ein wahrer Exot. Von diesem Umstand geht aber auch ein gewisser Reiz aus.

Was ist im Ruhrgebiet einfacher als in Berlin – und umgekehrt?
Krahn: In Berlin ist es sicherlich einfacher, Kontakte zu pflegen und sich zu vernetzen. Viele abendfüllende Events stehen zur Auswahl, das Netzwerken wird dort großgeschrieben. Mit dieser Hülle und Fülle kann das Ruhrgebiet

hinsichtlich von Netzwerken und Startup-Events nicht mithalten. Im Umkehrschluss ist dies natürlich auch ein Vorteil für uns. Wir können und dürfen uns auf das Wesentliche fokussieren: auf die Maloche!

Was fehlt in Holzwickede bzw. im Ruhrgebiet noch?
Marx: Die Überzeugungsarbeit, dass aus einem kleinen Startup etwas Großes werden kann, fehlt im Ruhrgebiet noch. Es gibt auch in unseren Breitengraden viele Erfolgsstorys, die aber auch nach außen getragen werden müssen. Man muss sich nicht profilieren, aber man sollte sich auch nie zu klein machen, denn die bessere Currywurst gibt's auf jeden Fall bei uns im Ruhrgebiet!

Zum Schluss hast du drei Wünsche frei: Was wünscht du dir für den Startup-Standort Ruhrgebiet?
Krahn: Wer an Startups denkt, denkt automatisch an viele Klischees. Ja, wir sind vielleicht jung und hip, bei uns gibt es einen Kicker und auch noch viel mehr. Aber: Wie wichtig Startups für die Zukunft der gesamten Wirtschaft sein können, dass wir Talentschmieden sind und sogar große Unternehmen von uns lernen können, wird oft nicht thematisiert. Hier wünschen wir uns mehr Anerkennung, mehr Unterstützung und auch mehr Verständnis für junge Gründer – seitens der Politik, der Wirtschaft und der Öffentlichkeit. Von einem regen Austausch zwischen großen und kleinen, etablierten und jungen Unternehmen profitieren beide Seiten. Zudem denken viele Städte im Ruhrgebiet nur bis zur eigenen Stadtgrenze – wenn sie sich selbst untereinander besser vernetzen würden, würden sich viele bürokratische Hürden auflösen. Unsere Metropolregion hat so viel Potenzial. Warum nutzen wir das allesamt nicht besser? Und zu guter Letzt wünschen

wir uns mehr Selbstbewusstsein: Es gibt so viele Unis, so viele qualifizierte Menschen und echte Malocher hier im Ruhrgebiet – ob sie nun studiert haben oder nicht. Sie alle sollten das Selbstbewusstsein haben, ihre Ideen in die Tat umzusetzen.

GastroHero (Holzwickede)
Mit Kühlschränken und Spülmaschinen zum Erfolg

Gastronomen, die im Internet nach Kühlschränken, Spülmaschinen oder Salattheken suchen, landen ganz schnell bei GastroHero, einem Onlineshop aus Holzwickede. Das Unternehmen, immer noch ein Hidden Champion, ein Geheimtipp in der bundesweiten Startup-Szene, wurde 2013 von Jens Peter Schütte, Andreas Korsus und Mark Baukmann gegründet.

In Sichtweite zum Dortmunder Flughafen und an einem zweiten Standort in Köln arbeiten inzwischen rund 170 Mitarbeiter für das B2B-Unternehmen, das zuletzt einen Umsatz in Höhe von rund 60 Millionen Euro erwirtschaftete. Fünf Jahre nach dem Start verkündete die Jungfirma stolz, dass man bereits „47 000 Produkte an rund 300 000 zufriedene Kunden“ verkaufen konnte.

Bis 2016 haben die drei Ruhrpreneure ihr Unternehmen komplett gebootstappt, also ohne externe Geldgeber aufgebaut. Lediglich ein Bankkredit sicherte den Start ab. Ganz klassisch haben die Jungunternehmer in diesen Jahren durchgehend jeden Cent reinvestiert, den sie verdient haben. Das Ziel war immer die bekannte schwarze Null. Insbesondere um gegenüber Banken weiter gut dastehen zu können.

Die Chancen im Markt erschienen den Gastrolieferanten deutlich größer, als ihre finanziellen Mittel es damals hergaben. Drei Jahre nach dem Start begab sich das Team deswegen auf die Suche nach Risikokapital – und wurde schnell fündig. Die Beteiligungsgesellschaft Genui, die ebenfalls beim erfolgreichen Müsli-Anbieter Mymuesli an Bord ist, stieg bei GastroHero ein. Ein niedriger zweistelliger Millionenbetrag floss damals in die Jungfirma. Mit dem vielen Geld wandelte sich das Unternehmen, damals bei rund 35 Millionen Euro Umsatz, noch schneller vom reinen Zwischenhändler, der Waren von Großhändlern weiterverkauft, zum Hersteller von eigenen Produkten. – Ein Weg, den viele andere große Online-Händler wie Zalando, Home24 und Westwing in den vergangenen Jahren auch gegangen sind. Der Verkauf von eigenen Produkten bietet einfach größere Margen, und so bleibt am Ende mehr Geld in der Kasse von GastroHero.

Zudem tätigte das GastroHero-Team Investitionen in ein neues Lager, in langfristige Marketing-Kampagnen, die früher so nicht möglich gewesen waren, sowie in weitere Mitarbeiter. Und auch die Internationalisierung der Jungfirma trieben die Gründer weiter voran: GastroHero ist momentan in Österreich, der Schweiz, Belgien und Frankreich unterwegs.

Auch nach der Finanzspritze wuchs die Jungfirma weiter. Zuletzt lag das Wachstum im mittleren zweistelligen Prozentbereich. „Die Investitionen zahlen sich aus“, sagt Mitgründer Schütte ganz trocken. „Das braucht natürlich alles eine gewisse Zeit“, fährt er fort. Man merkt, wie wichtig es ihm ist, dass GastroHero noch größer, noch erfolgreicher wird. „Manchmal denkt man, jetzt haben wir so viel investiert, jetzt müssen wir doch eigentlich noch schneller wachsen. Irgendwann legt sich aber der Schalter um, und dann spielt alles noch besser zusammen.“ Mit einem Lächeln auf den Lippen zieht er sein Fazit: „Gerade macht es einfach unglaublich viel Spaß.“ Das Team sei super drauf, die Entwicklung richtig positiv, besser als im vergangenen Jahr. „Wir nehmen gerade noch mehr Fahrt auf, als wir eigentlich gedacht haben.“ Für ihn sei dies alles „der nächste Schub, um noch Dinge obendrauf zu packen“. Und da wird sicher noch eine Menge obendrauf kommen bei GastroHero. Schließlich wollen die Ruhrgebietler nicht weniger als „Europas führender Anbieter für Gastronomiebedarf werden“. Dieses Ziel formulierten die GastroHero-Macher schon, bevor es das Unternehmen überhaupt gab.

2013, als GastroHero an den Start ging, war dieses alles so überhaupt nicht absehbar. Baukmann, Korsus und Schütte, die im Örtchen Arnsberg im Sauerland geboren, aufgewachsen und zur Schule gegangen sind, hatten vor der Gründung nicht den Hauch einer Ahnung von der allgemein als schwierig geltenden Gastrobranche. Gerade die vielen Hersteller dürften die Neulinge deswegen anfangs kaum ernst genommen haben. „Wir haben uns in das Thema reingefuchst“, erzählt Schütte. Seine Mitstreiter Korsus und Baukmann bauten zu Schulzeiten lediglich mal eine Webseite für einen Gastronomen.

2003 folgte ein Projekt, das richtig Fahrt aufnahm. Die Schulfreunde starteten mit MeineLinse einen Onlineshop für Kontaktlinsen. Auch während des Zivildienstes und des Studiums betrieben die beiden heutigen GastroHelden den Shop weiter. Da war das Unternehmen schon auf 20 Mitarbeiter angewachsen. Damals jedoch fehlte den Junggründern das Kapital, um MeineLinse ganz weit nach oben zu bringen. Sie entschieden sich deswegen für den Verkauf an einen anderen Wettbewerber. Für welchen Preis ist nicht bekannt.

Die gewonnenen Erfahrungen aus MeineLinse wollten die Arnsberger nutzen, um ein neues Unternehmen aufzubauen, machten sich auf die Suche nach einem neuen Segment und landeten schließlich in der Welt der Gastronomen. Vielleicht auch, weil im Sauerland mehrere Großhändler aus dieser Branche beheimatet sind. Zu diesem Zeitpunkt kam auch der heutige Mitstreiter Schütte, der zuvor in der Automobil- und Entsorgerbranche gearbeitet hatte, an Bord. Das Trio, das die „Leidenschaft für Arbeit" verbindet, war sich damals sicher, dass man „in der spannenden Gastrobranche etwas bewegen kann".

Nach einer intensiven Marktanalyse ging GastroHero im Oktober 2013 ohne großes Spektakel online. Korsus programmierte die erste Version der Website eigenhändig. Das Ziel war es damals, Gastronomen eine „Einkaufsmöglichkeit zu bieten, die diese dann nutzen können, wenn sie Zeit haben". Das Konzept ging blitzschnell auf, bereits 2014 konnte das Unternehmen 7,5 Millionen Euro Umsatz erwirtschaften. „Das war weit mehr, als wir geplant hatten", erzählt Schütte. Zum Start residierte die Jungfirma im Dortmunder Technologiezentrum direkt an der Uni. Zuvor war das Wohnzimmer von Baukmanns Oma die Schaltzentrale des Startups.

Die Wahl für den Standort Dortmund verlief sehr pragmatisch: Baukmann, Jahrgang 1984, lebt in Paderborn, Korsus, Jahrgang 1983, lebt in Köln und Schütte, ebenfalls Jahrgang 1983, in Arnsberg. Dortmund war da die Schnittstelle zwischen den Wohnorten der Gründer. Zudem erhofften die GastroHero-Macher sich, dass sie in Dortmund gute Mitarbeiter finden könnten. Was auch funktioniert hat. Einige Studenten, die damals schon bei GastroHero gearbeitet haben, sind auch heute noch im Unternehmen tätig. „Es ist schön zu sehen, dass wir viele Mitarbeiter auf unserer bisherigen Reise nicht verloren haben. Einfach weil es super ist, noch Mitarbeiter an Bord zu haben, die diese richtige Gründungsphase mitbekommen haben", findet Schütte. Mitte 2015 erfolgte der Umzug zum jetzigen Standort nach Holzwickede. Anfangs füllte das Unternehmen 500 Quadratmeter, derzeit der Sprung auf rund 3000.

Aber nicht nur die Mitarbeiter- und Quadratmeterzahl von GastroHero stieg in den vergangenen Jahren deutlich, auch die Familien der drei Gründer vergrößerten sich seit dem Start der Jungfirma. Alle sind in den vergangenen Jahren erneut bzw. zum ersten Mal Vater geworden.

Nach mehreren Jahren mit millionenschweren Investitionen und tiefroten Zahlen nehmen die Ruhrpreneure, die man als äußerst bodenständige Zeitgenossen beschreiben kann, nun wieder das Thema Profitabilität in Angriff. „Für uns ist wichtig, dass wir in Wachstum investiert haben", sagt Schütte. „Wenn man das gut macht, geht der Weg dann auch wieder Richtung Profitabilität." Zehn Jahre nur Verluste zu schreiben, wäre nichts für den GastroHero und seine Mitstreiter. In diesem Punkt unterscheiden sich die Wahl-Revierler von vielen Startups, die in Berlin mit noch größeren Millionenbeträgen hantieren. Manchmal führen aber auch beide Wege zum Erfolg. Wobei: Erfolgreich ist das GastroHero-Team auch heute schon.

Von Alexander Hüsing

„Ein spannender Mix der Kulturen"

So sieht Jens Schütte, Mitgründer von GastroHero, die Startup-Szene in Holzwickede und im Ruhrgebiet.

Wenn es um Startups in Deutschland geht, richtet sich der Blick sofort nach Berlin. Was spricht für das Ruhrgebiet als Startup-Standort?

Das Ruhrgebiet hat aus unserer Sicht viel Potenzial als Startup-Standort. Es ist eine der größten Wirtschaftsregionen Europas und hat gezeigt, dass es wandlungsfähig ist. Durch die Vielzahl an Hochschulen gibt es viele kluge Köpfe in der Region und immer wieder neue Impulse. Zudem ist das Ruhrgebiet ein spannender Mix der Kulturen – das hat GastroHero zum Beispiel bei der Internationalisierung geholfen.

Was genau macht den Reiz der Startup-Szene im Ruhrgebiet aus?

Es gibt in unserer Region einen unglaublich spannenden Mix an Startups aus unterschiedlichsten Bereichen. Das macht den Austausch spannend und ermöglicht Einblicke in ganz neue Themen.

Was ist in Holzwickede einfacher als im Rest der Republik?

Für uns war zunächst Dortmund und dann Holzwickede ein super Startpunkt auf unserer Reise. In der Region haben wir viele Heldinnen und Helden gefunden, die mit großer Begeisterung die Ideen von GastroHero vorangetrieben haben. Das war sicher einer unserer Erfolgsfaktoren. Ob es einfacher war als in anderen Regionen, ist schwer zu sagen.

Was fehlt in Holzwickede bzw. im Ruhrgebiet noch?
Im Gegensatz zu Berlin ist das Ruhrgebiet noch sehr leise, was die eigene Startup-Szene angeht. Die Menschen hier machen vielleicht von jeher weniger Aufheben um sich selbst und sind sehr bodenständig. Hier wird einfach angepackt. Dafür fehlt dann der große Hype, obwohl es in der Region herausragende Startups gibt. So verkauft man sich dann im Vergleich zu anderen Regionen etwas unter Wert und wird nicht so stark wahrgenommen. Hier ist in letzter Zeit schon einiges passiert, aber alle gemeinsam – Gründer, Investoren, Corporates, Hochschulen, Politik – können hier noch mehr machen.

Zum Schluss hast du drei Wünsche frei: Was wünscht du dir für den Startup-Standort Ruhrgebiet?
Wünschenswert wäre, dass das Ruhrgebiet als gesamte Region das Thema Startups weiter nach vorne stellt und die Vorteile besser verkauft. Gerade bei der Gewinnung von Mitarbeiterinnen und Mitarbeitern spielen das Umfeld und die Wahrnehmung der Region eine wichtige Rolle. Hier liegt dann doch oft noch der Fokus auf der einzelnen Stadt und zu wenig auf der Stärke der gesamten Region. Zudem muss die Startup-Szene lauter werden. Die erfolgreichen Startups aus der Region müssen sichtbarer werden. Zum einen, weil es andere motiviert, selbst zu gründen. Aber auch, weil es wichtig ist, Investoren auf die Region aufmerksam zu machen und mehr Wachstumskapital in die Region zu locken.

Masterplan (Bochum)
Mit dem Bulli zum Multimillionenexit

Mitten in der Bochumer Innenstadt, nur einen kurzen Fußweg voneinander entfernt, haben Stefan Peukert und Daniel Schütt innerhalb weniger Jahre bereits zwei bemerkenswerte Startups aufgebaut. Zu einen schufen die beiden Jungunternehmer 2011 die Firma Employour. Der milliardenschwere Medienkonzern Bertelsmann übernahm im Jahre 2015 das Startup, das bis heute mehrere Websites zu den Themen Karriere- und Berufsplanung betreibt. Zu Employour, das damals wie heute im Bermuda3eck residiert, gehörten Plattformen wie Meinpraktikum.de, Ausbildung.de, Karista.de, Trainee.de und Meineuni.de. Das Unternehmen beschäftigte rund um den Verkauf etwa 85 Mitarbeiter und erwirtschaftete einen Umsatz in Höhe von rund fünf Millionen Euro. Der Kaufpreis – wenige Jahre nach dem Start – soll ein ordentlicher zweistelliger Millionenbetrag gewesen sein. Dieser Exit ist weiterhin einer der größten der jungen Startup-Szene im Revier. Zudem brachte der Verkauf an Bertelsmann die Digitalwelt im Ruhrgebiet bundesweit auf die Agenda vieler Menschen.

Nach dem Exit wollten die Ruhrpreneure Peukert und Schütt eigentlich mehrere Jahre bei Bertelsmann bleiben, den Konzern digitalisieren und Employour noch größer, noch bekannter machen. In die behäbige und vor allem langsame Konzernwelt passten die beiden umtriebigen und ehrgeizigen Gründer dann aber doch nicht – und so trennten sich die Wege der Employour-Macher und des Konzerns schneller als geplant. Peukert zog für mehrere Monate in die USA, nach San Francisco. Vor allem um „irgendwie Abstand zu bekommen und über alles zu reflektieren". Schütt, Vater zweier Kinder, blieb dagegen im Ruhrgebiet.

Nach einer Phase der Rückschau dachten beide aber schnell wieder über ein neues Projekt nach. Und an diesem Projekt werkelt das dynamische Ruhrpott-Duo derzeit – und zwar mit Blick auf den Bochumer Husemannplatz.

Hinter Masterplan verbirgt sich ein megaspannender Video-Lerndienst, der sich an Unternehmen und deren Mitarbeiter richtet. Das Startkapital dafür stammte selbstredend unter anderem aus dem Verkauf von Employour.

„Die Geschichte von Masterplan, sie ist quasi die Fortsetzung der Geschichte von Employour", sagt Revierler Peukert. Es geht darum, die Chancen und Herausforderungen in Sachen Digitalisierung zu erlernen. Die kostenpflichtigen Videokurse kann jeder Nutzer im eigenen Internetbrowser direkt starten. Ergänzt werden die lehrreichen Filmchen der Plattform, die ein klein wenig an die gigantische Videoplattform Netflix erinnert, am Schluss durch kurze Wissensfragen. So kann jeder das zuvor Erlernte überprüfen und wie bei vielen Onlinespielen Punkte für richtige Antworten sammeln. Gamification nennt sich dieses Mischung aus spielerischen Elementen und Dingen, die sonst gar nichts mit Spielereien zu tun haben.

Neben den Masterplan-Gründern glauben bereits auch einige Business Angels – darunter der Poco-Gründer Peter Pohlmann, der Trivago-Gründer Rolf Schrömgens und der Kölner Seriengründer Thomas Bachem – an das lehrreiche Konzept. Zudem investierte auch der bekannte

Essener Geldgeber Tengelmann Ventures in Masterplan – und dies nicht nur aus Liebe zum Standort Ruhrgebiet. E-Learning, die Weiterbildung über das Internet, gilt als ganz großer Zukunftsmarkt. Und solvente Unternehmen als Zielgruppe, die im besten Fall gleich Abos für dutzende Mitarbeiter abschließen, sind deutlich lukrativer als klamme Privatpersonen, die nur für sich selbst zahlen. Kurzum: Wenn das Konzept von Masterplan, das schon über 30 Mitarbeiter beschäftigt, aufgeht, kann das Unternehmen noch viel größer als Employour werden. Der Weg dahin dürfte aber schwieriger als bei Employour sein. Weiterbildung ist zwar ein Riesenthema, die Zielgruppe, also Unternehmen, braucht aber immer sehr lange, bis sie Gelder für solche Maßnahmen dann endlich mal freigibt.

Mit wie viel Ehrgeiz die Masterplan-Gründer ein Unternehmen hochziehen können, haben sie bei Employour bereits eindrucksvoll bewiesen. Keimzelle war die Website Meinpraktikum.de. Von Anfang an entwickelte sich die Online-Plattform von einer reinen Bewertungsseite für Unternehmen zu einem Bewertungsdienst samt angeschlossener Stellenbörse sowie einer Präsentationsfläche für Firmen, die auf der Suche nach Praktikanten sind. An die Anfänge in Witten kann sich Peukert noch sehr gut erinnern: „Wir sind im Bulli durch die Gegend gefahren und haben Studenten Papierbögen ausfüllen lassen, die wir abends in den Computer getippt haben." Merke: Die Digitalisierung einer Branche fängt halt manchmal mit Papier und vor Ort, also offline, an.

Kennengelernt haben sich Stefan Peukert und Daniel Schütt beim Studium an der Universität Witten/Herdecke. Peukert wurde 1983 im fernen Mühlhausen in Thüringen geboren, lebt aber bereits seit seinem fünften Lebensjahr in Bochum. Schütt wiederum erblickte 1985 in Würselen bei Aachen das Licht der Welt. Erst fürs Studium zog er in den Pott. Anfangs bauten die leidenschaftlichen Gründer Employour komplett ohne fremde Geldgeber auf. Erst später investierte etwa Poco-Gründer Pohlmann ins Unternehmen. Dessen Folgeinvestment in Masterplan zeigt, dass man sich gegenseitig schätzt und vertraut.

Bis Employour damals aber in die Gänge kam, war es ein langer, harter und ein sehr lehrreicher Weg. Zunächst setzten die Jungunternehmer 80 000 Euro aus eigener Tasche auf ihre Idee, Praktikumsplätze über das Internet zu vermitteln und die Arbeitsverhältnisse von Praktikanten in bestimmten Unternehmen zu bewerten. „Wir haben wirklich alles zusammengekratzt, was da war. Einschließlich einer Privatbürgschaft. Wenn Employour nicht geklappt hätte, wäre alles weg gewesen“, erinnert sich Peukert. Und das wäre auch kurz nach dem Start fast passiert.

Rund 35 000 Euro ihres Startkapitals investierten die unerfahrenen Gründer in eine sogenannte SEO-Agentur. Search Engine Optimization, kurz SEO, gilt für viele Start-ups als der Heilige Gral. Nur wer seinen Online-Auftritt fit für Google macht, der kann auch wirklich von seinen potenziellen Nutzern und den Kunden gefunden werden. Suchmaschinenoptimierung, so der deutsche Fachbegriff für dieses Unterfangen, ist aber kein leichtes Spiel. So war es auch bei Employour. Der schnelle Erfolg der teuren Maßnahme blieb aus. Auch nach anderthalb Jahren gab es noch keinen messbaren Erfolg. „Wir haben dann in einer Nacht-und-Nebel-Aktion allen Agenturen und externen Dienstleistern fristlos gekündigt – mit allen Vertragsstrafen, die damit fällig wurden – und uns gesagt: Wenn etwas so wichtig für den Erfolg des Unternehmens ist, dann müssen wir es selber lernen“, erzählt Peukert sehr selbstbewusst. Und das taten die Ruhrgebietler dann auch.

Und es ging alles noch viel weiter: Ab diesem Zeitpunkt musste auch jeder Vertriebsmitarbeiter bei Employour wissen, was SEO ist und wie es funktioniert. Der Erfolg kam danach zwar nicht über Nacht, aber alleine bei Ausbildung.de stiegen die Seitenabrufe innerhalb von drei Jahren von 5000 auf fünf Millionen pro Monat.

„Daraus ist die Erkenntnis gewachsen, dass man als Unternehmen nur erfolgreich sein kann, wenn das Knowhow in der Organisation vorhanden ist", lautet das Fazit von Peukert. „Man muss die eigenen Mitarbeiter fit und schlau machen", führt er weiter aus und zieht einen Bogen von Employour zum jetzigen Unternehmen. So sei schon damals die Grundidee zu Masterplan entstanden.

Die Erkenntnis kam dann allerdings erst Ende 2016, als sie zusammen im Sauerland – gemeinsam mit Sebastian Deutsch vom Bochumer Unternehmen 9elements – nach neuen Ideen für eine weitere Gründung suchten.

Die Ruhrgebietler grübelten zwei Tage lang über unzählige Ideen. Am Ende waren sie nicht schlauer als zuvor und hatten alle Einfälle zerredet und verworfen. „Schließlich hatten wir gar nichts mehr", erinnert sich Peukert.

Und so besannen die Jungunternehmer sich zurück zu ihren Ursprüngen, machten sich Gedanken darüber, wie sie als Betriebswirtschaftler es überhaupt hatten schaffen können, erfolgreich ein Digitalunternehmen aufzubauen. „Erst nachdem wir wirklich jedem in unserem Unternehmen digitale Kompetenz beigebracht hatten, ging Employour richtig ab", bringt es Peukert, der in seiner Freizeit gerne Poker spielt – und zwar richtig gut – auf den Punkt. „Die Zeit im Sauerland hat im Endeffekt dazu geführt, dass die Idee zu Masterplan entstanden ist", erinnert sich Familienvater Schütt. Und viele der Erfahrungen aus dem Aufbau von Employour nutzen die Masterplan-Macher, um ihre zweite gemeinsame Gründung schneller zum Erfolg zu führen.

Ohne Missgeschicke lief es aber auch beim zweiten Mal nicht. „Man macht halt neue Fehler“, sagt Schütt. Es sei aber jetzt etwas anders, führt er weiter aus. „Wir sind jetzt noch gieriger.“ Und dies sei positiv zu verstehen. Die Bochumer würden nicht noch mehr Geld verdienen wollen, sie wollten einfach ein noch größeres Unternehmen aufbauen. Ihr Ziel: aus Masterplan ein „globales Bildungsunternehmen“ machen. Und langfristig, da solle Bochum deswegen nicht der einzige Standort bleiben. Das Motto: In Bochum daheim, in der Welt zu Hause. „Wir sind mittlerweile sehr verankert in Bochum. Wir mögen die Stadt sehr, sehr gerne. Nur der VfL könnte ein bisschen erfolgreicher sein.“

Von Alexander Hüsing

„Die beste Currywurst der Welt"
So sieht Stefan Peukert, Mitgründer von Masterplan, die Startup-Szene in Bochum und im Ruhrgebiet.

Wenn es um Startups in Deutschland geht, richtet sich der Blick sofort nach Berlin. Was spricht für das Ruhrgebiet als Startup-Standort?
Durch ein großes Netzwerk an Hochschulen gibt es im Ruhrgebiet jede Menge gut ausgebildete junge Menschen mit spannenden Ideen, und das ist die Grundvoraussetzung für einen guten Startup-Standort. Zum Vergleich: Es leben rund zwei Millionen mehr Menschen im Ruhrgebiet als in Berlin – eigentlich also gar nicht verwunderlich, dass hier viel kreatives Potenzial schlummert. Eine gute Infrastruktur tut ihr Übriges.

Was genau macht den Reiz der Startup-Szene in Bochum aus?
Die Bochumer Startup-Szene ist klein, aber dafür sehr gut vernetzt. Wir sind mit Masterplan in der Innenstadt in guter Gesellschaft, viele technologisch geprägte Gründungen sind in der Nachbarschaft. Darüber hinaus pflegen wir einen sehr engen Kontakt zu den Bochumer Hochschulen. Außerdem sind hier viele große Unternehmen angesiedelt, ideal gerade für B2B-Startups, um hier die ersten Kunden zu gewinnen.

Was ist in Bochum einfacher als im Rest der Republik?
Im Stadion die beste Currywurst der Welt essen natürlich. Darüber hinaus aber vor allem junge Talente aus der Region zu begeistern. Die Konkurrenz unter den Startups ist geringer als beispielsweise in Berlin, und so ist es leichter, talentierte Bewerber aus der Region für das eigene Unternehmen zu gewinnen.

Was fehlt in Bochum bzw. im Ruhrgebiet noch?
Mehr mutige Gründer, die das Potenzial, das hier im Ruhrgebiet zweifelsohne vorhanden ist, ausnutzen.

Zum Schluss hast du drei Wünsche frei: Was wünscht du dir für den Startup-Standort Ruhrgebiet?
Mehr Austausch. Mehr Geld. Mehr Mut, groß zu denken.

Ingpuls (Bochum)
Über drei Wissenschaftler, die Metalle verbiegen

Der Zufall führte Christian Großmann, André Kortmann und Burkhard Maaß, Gründer von Ingpuls, zusammen. Sie trafen sich erstmals im Oktober 2002 an der Bochumer Ruhr-Uni bei einem Mathe-Vorkurs kurz vor dem Start ihres Maschinenbau-Studiums. Ein Glücksfall für die heutigen Ruhrpreneure. Denn in einem der vielen Fußballstadien im Revier, da hätten die drei damals wie heute kaum zueinandergefunden, zumindest nicht in einem Fanblock. Großmann, in Mülheim an der Ruhr geboren, ist BVB-Anhänger. Der gebürtige Gelsenkirchener Kortmann, der in Buer wohnt, ist selbstredend Schalke-Fan. Das Herz von Mitstreiter Maaß wiederum, der zwar in Winterberg geboren wurde, aber in Bochum rund um die Ruhr-Uni aufgewachsen ist, schlägt für den VfL Bochum. „Wir vereinen damit die maximale Inkompatibilität, die im Ruhrgebiet möglich ist“, findet Großmann. In Bezug auf die Schalke-Leidenschaft seines Mitgründers spricht er gerne auch mal von einer „absoluten Vollkatastrophe“. Bierernst ist dieser Spruch aber nicht gemeint. Der Dortmund-Fan findet nämlich auch, dass diese unterschiedlichen Leidenschaften viel über das Gründerteam aussagen: „Wir können uns zusammenreißen.“

Und zusammengerissen haben sich die Junggründer bereits während ihres Studiums. Großmann, Jahrgang 1982, bringt es in wenigen Worten auf den Punkt: „Wir haben das Studium gemeinsam gerockt." Der Ingpuls-Macher, wohnhaft in Wattenscheid, beschreibt sich und seine Mitstreiter, beide Jahrgang 1981, als „fleißige Studenten" und verweist zu guter Letzt noch bescheiden auf die „guten Noten", die man am Ende vorzeigen konnte. Schon während des Studiums zeichneten sich die Ruhrgebietler durch großes eigenes Engagement aus. So nutzten sie alle Möglichkeiten, die es damals gab, bauten sich ihre eigene technische Infrastruktur auf, um Mathe-Zettel schnell und einfach über digitale Foren tauschen zu können. Heute ein banaler Vorgang, damals noch eher eine Sache für Nerds. „So konnten wir unser Studium super effizient bestreiten", erinnert sich Großmann, den man getrost die „Rampensau" von Ingpuls nennen darf.

Nach ihrem Studium blieben die drei an der Ruhr-Uni und stemmten gemeinsam ihre Promotionen. Bereits zuvor hatten die Materialwissenschaftler ihr Herz für sogenannte Formgedächtnislegierungen, kurz FGL, entdeckt. Ein Professor verbog damals vor ihren Augen eine Büroklammer, erhitzte sie, und wie durch Zauberhand ging sie wieder in ihre ursprüngliche Form zurück. Genau um solche Mechanismen geht es heute bei Ingpuls.

Die Bochumer entwickelten diese Technologie umfangreich weiter, machten sie fit für neue Anwendungsfälle. Auch ein Einsatz in der digitalen Welt ist dabei möglich. Die smarten Drähte lassen sich theoretisch auch auslesen. So sei es möglich nachzuverfolgen, wie oft bestimmte Funktionen in einer Waschmaschine oder einer Heizung überhaupt genutzt werden. Das 2009 gegründete Ingpuls ist somit eine moderne, eine smarte Form der Metallindustrie, einer Industrie, die eigentlich nach Vergangenheit klingt. IndustialTech heißt dieses spannende Segment in der Startup-Szene.

„Wir schmelzen, schmieden, ziehen Drähte, und wir verarbeiten das Material zu einer Funktionskomponente, die in Hightech-Produkten zum Einsatz kommt", erklärt Großmann. Das kleine Unternehmen beliefert – als Teil der globalen Lieferkette – zum Beispiel den Autokonzern Daimler, der die Bauteile aus dem Revier in sogenannten Fluidventilen, die den Kühlkreislauf in allen neueren Benzinmotoren des Konzerns regulieren, einsetzt. Aber auch in Haus- und Energiegeräten sowie in Satelliten, konkret im Heinrich-Hertz-Satellit, der 2021 abheben soll, steckt die Technik aus Bochum.

Der Sitz der Jungfirma mit derzeit rund 50 Mitarbeitern ist Ruhrpott pur. Ingpuls residiert in einer früheren Instandhaltungswerkstatt der Zeche Robert Müser in Bochum-Werne. Unter den Angestellten sind etliche Fachkräfte, die bei Opel gearbeitet haben, bevor der Konzern sein Werk in Bochum dichtgemacht hat. Ingpuls ist somit Vergangenheit, Gegenwart und Zukunft in einem.

Pro Jahr produzieren die Bochumer derzeit einige Tonnen ihres smarten Materials. Das klingt nicht nach viel, die Bauteile sind aber auch klein – teilweise sehr klein. In den ersten Jahren, als Ingpuls noch eher eine Manufaktur als ein Industrie-Unternehmen war, produzierten sie lediglich um die 50 Kilo pro Jahr als Musterteile für rund 15 Projekte. Und in den ersten drei Jahren war Ingpuls ein Teilzeit-Unternehmen. Erst seit 2012, nach Abschluss ihrer Promotionen, sind die Gründer selbst Vollzeit für ihre Firma tätig.

Der lange Weg zum funktionierenden Unternehmen und vor allem zum Lieferanten von Großkonzernen war für das Ingpuls-Gründertrio, die drei sind verheiratete Familienväter, voller Missgeschicke und Pannen. Aber immer wieder ergaben sich auch Chancen. Dass sie einmal gemeinsam ein Unternehmen aufbauen wollten, war den dreien lange vor der eigentlichen Gründung klar. Eine Strategie dafür lag bereits während ihrer Promotionsphase bereit, ein Businessplan war längst geschrieben. „Eigentlich wollten wir ein bisschen später gründen, mussten die Gründung aber vorziehen“, sagt Großmann, und es klingt fast so, als ob er es bedauere, dass sie von ihrem Fahrplan abweichen mussten. Auf einer Gründungsmesse waren sie von einem potenziellen Auftraggeber angesprochen worden. Sie ergriffen die Chance und zogen ihre Gründung – dank erteilter Nebentätigkeitserlaubnis der vorgesetzten Professoren an der Uni – kurzerhand vor.

Von diesem Zeitpunkt an arbeitete das Trio tagsüber an der Uni und abends bzw. nachts – teilweise am Küchentisch – an Ingpuls. 2010 folgte das erste Büro – am Technologiezentrum Ruhr. Ein Jahr später war es schon wieder zu klein – und an und für sich für das Minimetall-Unternehmen nicht geeignet. Denn nachts, wenn alle anderen Mieter fort waren, frästen die Ingpulser äußerst geräuschvoll an ihren Prototypen. Was Spuren hinterließ: Beim Auszug mussten sie dutzende Späne mit einer Pinzette aus dem Teppich ziehen. „Sonst hätten wir ja Stress gekriegt“, erzählt Großmann.

Danach landete die Jungfirma an ihrem jetzigen Standort. Heute verteilen sich Büros und Produktionsstätten auf mehrere Gebäude. Die Produktion allein macht sich auf rund 1200 Quadratmetern breit. In den kommenden Jahren soll diese Fläche auf rund 5000 Quadratmeter steigen. Die Gründer sicherten sich hierzu bereits ein Grundstück, 20 000 Quadratmeter groß, in Bochum-Werne.

Zu den spannendsten Kapiteln der Ingpuls-Geschichte gehört der Start der ersten Serienproduktion. 2014 flatterte die Anfrage zum ersten Großauftrag ins Haus. Dies war den drei Gründern zu diesem Zeitpunkt aber überhaupt nicht klar. Ein Unternehmen aus Süddeutschland, ein Fluidventil-Hersteller, brauchte damals für ein nicht näher beschriebenes Projekt dringend eine Feder aus dem smarten Material der Westfalen. „Mehr wussten wir zunächst nicht", erzählt Großmann. Ingpuls, damals gerade einmal eine Mannschaft mit sieben Leuten, entwickelte die besagte Feder, schickte sie zum Auftraggeber, und der testete das Produkt und fand es gut. Erst dann wurde klar, dass es sich um einen Auftrag für den am Ende der Kette stehenden Autokonzern Daimler handelte, und ganz plötzlich stand ein Auftrag über „ein paar Millionen Teile" im Raum. – Was Ingpuls damals noch nicht stemmen konnte. Die drei Macher hatten sich aber auf solch einen Fall, also die Industrialisierung und die Serienproduktion ihres Produkts, bereits vorbereitet. Es folgten Gespräche mit Banken und Preisverhandlungen. Schließlich lagen im September 2015 zahlreiche Verträge, unter anderem für eine Serienproduktion, auf dem Tisch der Junggründer.

Die Zahl der Mitarbeiter stieg in Folge auf über 20. Das ganze Team nahm nun die Serienproduktion in Angriff. Und die startete mit einer handfesten Katastrophe. Kurz vor dem Start gab eine der zuvor angeschafften Maschinen komplett den Geist auf. „Da standen wir nun mit dieser Riesenverpflichtung im Rücken", erzählt Großmann ganz gelassen. Den gigantischen Kloß, den er damals im Hals hatte, kann man trotzdem noch heute spüren. „Wir mussten uns einmal kurz schütteln", resümiert Großmann die damalige Situation kurz und knapp. Der Auftraggeber bekam unterdessen – wohl zu Recht – ernsthafte Zweifel, ob das unerfahrene Unternehmen die vereinbarten Stückzahlen überhaupt liefern könnte. Einmal pro Stunde mussten die Werkstoffhersteller von nun an die gefertigte Stückzahl telefonisch durchgeben. Bei einer Nichterfüllung der Vorgaben wäre es im übelsten Falle zu einem Bandstillstand in der Produktion gekommen. Mit das Schlimmste, was sich ein Autobauer vorstellen kann.

„Mit allen Leuten, die wir mobilisieren konnten oder die einfach von alleine auf der Matte standen, haben wir den Ausfall der Maschine mit Handarbeit ausgeglichen", blickt Mitgründer Maaß zurück, der im Unternehmen dafür bekannt ist, „Probleme, im Vorbeigehen zu lösen". Die Probleme der ersten Serienproduktion konnte aber auch das „kreative Genie" von Ingpuls nicht so leicht knacken. „Wir haben dann stündlich Mitarbeiter in einen ICE nach Stuttgart gesetzt, mit Teilen, die günstiger waren als das Ticket, nur damit das Band nicht angehalten werden musste." In Stuttgart wurden die Federn in die besagten Ventile verbaut und dann nach Bremen zur Montage in die Motoren geschafft.

Der große Notfallplan ging auf. Gleichzeitig bekamen die Bochumer die Serienproduktion in Gang, und im Oktober 2015 verließen 500 Teile die kleine Halle am Rande der Stadt. Im November waren es schon über 5000 und im Dezember dann mehr als 50 000.

„Von Ende November bis kurz vor Weihnachten haben wir 24 Stunden rund um die Uhr gearbeitet", erzählt Großmann. Geschlafen wurde oftmals in der Produktion, und für das leibliche Wohl sorgte eine „rund um die Uhr Pizza-Versorgung". In der Zeit vernichteten die Ruhrgebietler Energydrinks palettenweise. Dass am Ende alles dennoch geklappt hat, führt Großmann auf die „Mentalität im Ruhrgebiet" zurück. Die „bedingungslose Hilfsbereitschaft" verschlägt den Ingpuls-Machern noch heute ein klein wenig den Atem. Und der fast verzweifelte Kunde war am Ende auch zufrieden, zeigte sich im Nachgang zudem begeistert, wie die Bochumer unter Druck gearbeitet hatten. Was sich auch in mehreren Folge-Aufträgen ausdrückte. Einige davon haben eine Laufzeit bis ins Jahr 2030. Ingpuls kann somit inzwischen in etlichen Fällen sehr langfristig planen.

Auch wenn die Ingpuls-Gründer diese Geschichte aus der Anfangszeit heute teilweise mit einem Lächeln auf den Lippen erzählen, ist ihnen klar, dass dies alles auch ganz anders hätte ausgehen können. Dann würde es ihre Firma heute wohl kaum noch geben. Aus solchen Geschichten entstehen am Ende aber oftmals ganz große Unternehmen. Und genau dies ist das Ziel der Ruhrpreneure: Sie wollen aus Ingpuls „einen großen Tech-Konzern" machen. So möchten die Bochumer, die aktuell Umsätze im mittleren einstelligen Millionenbereich erwirtschaften, in den kommenden Jahren zweistellige Millionenumsätze einfahren. Im Mittelpunkt dabei die Märkte Automobil und Hausgeräte. Alles Weitere soll später folgen.

Um diesen Weg fortzusetzen und vor allem auch um die Investitionen für dieses Wachstum stemmen zu können, haben die Metallmacher mit den Geschäftsführern des Familienunternehmens Federn Brand aus Anröchte, einer Gemeinde im Kreis Soest, inzwischen auch die passenden Geldgeber gefunden. Die Unternehmer investierten 2018 eine achtstellige Summe in Ingpuls und bekamen dafür eine Minderheitsbeteiligung. Klingt alles nach einem wohldurchdachten Plan. Und wenn es dann doch anders kommt, haben die Bochumer bereits mehrfach gezeigt, dass dies für sie auch kein Problem ist.

Von Alexander Hüsing

„Hier kann vieles auf dem kurzen Dienstweg geschehen"
So sieht Christian Großmann, Mitgründer von Ingpuls, die Startup-Szene in Bochum und im Ruhrgebiet.

Wenn es um Startups in Deutschland geht, richtet sich der Blick sofort nach Berlin. Was spricht für das Ruhrgebiet als Startup-Standort?
Wir wollen und können kein Urteil abgeben, ob hier im Ruhrgebiet irgendetwas besser oder schlechter ist als in Berlin. Dazu kennen wir Berlin nicht gut genug. Was uns hier aber gefällt, das ist der unkomplizierte Umgang miteinander. Die Menschen hier im Ruhrgebiet sind sehr bodenständig, offen und hilfsbereit. Hier kann vieles auf dem kurzen Dienstweg geschehen. In der Startup-Szene sowieso, aber zunehmend auch in öffentlichen Institutionen. Die Wege sind kurz. Wir sind zwar noch in Städte aufgeteilt, aber für uns ist der Pott unsere Heimat.

Was genau macht den Reiz der Startup-Szene in Bochum aus?
Unsere Szene hier in Bochum ist nach einiger Anlaufzeit inzwischen extrem dynamisch geworden. Ob IT-Security, Data Science oder diverse Themen aus dem Bereich IndustrialTech: Wir sind gefühlt sehr eng vernetzt. Zwar entstehen derzeit im Ruhrgebiet Keimzellen an isolierten Hotspots, so in Duisburg, Essen, Bochum, Dortmund. Mit fortschreitendem Wachstum dieser Spots kommt es dann aber schnell zur Begegnung, die letztlich in einem Miteinander resultiert. Es gibt hier in Bochum schon viele spannende Beispiele. Exits – Employour –, langfristige Player wie 9elements oder schnell wachsende Tech-Startups wie Voltavision finden nebeneinander statt und arbeiten teilweise Hand in Hand. Das macht Spaß und erhöht die Erfahrungswerte für alle im ganzen System.

Was ist in Bochum einfacher als im Rest der Republik?
Ich glaube, dass keine Stadt im Ruhrgebiet es besser verstanden hat, mit der Vergangenheit abzuschließen und sich Neuem zuzuwenden, als Bochum. Die ernüchternden Erlebnisse der vergangenen Dekade mit Nokia, Opel, Johnson Controls, der Insolvenz von Wollschläger oder starken Einschnitten bei ThyssenKrupp haben sicher dazu beigetragen. So langsam wurde begriffen, dass man loslassen und sein Schicksal selbst in die Hand nehmen muss.

Was fehlt in Bochum bzw. im Ruhrgebiet noch?
Sicherlich gilt das nicht nur für Bochum, sondern auch für den Großteil der Republik. Einerseits fehlen mehr erfahrene Gründer, Vorbilder oder Leitfiguren, die Junggründer auf ihrem Weg unterstützen. Und außerdem noch wesentlich mehr Finanzierungsoptionen durch qualifizierte Investoren. Banken sind leider in der Regel mit Fremdkapital keine geeigneten Partner für Startups im Aufbau. Verluste durch Wachstum und Investitionen passen mit ihrer Welt und ihren strengen Regularien einfach nicht zusammen. Daher brauchen wir hier Investoren, die an die Technologien glauben, welche die Geschäftsmodelle verstehen und bereit sind, die Transformation zu begleiten. Gäbe es hier einen vergleichbaren Venture-Background wie in Kalifornien, könnten sich die anderen warm anziehen. Haben wir aber – noch – nicht.

Zum Schluss hast du drei Wünsche frei: Was wünscht du dir für den Startup-Standort Ruhrgebiet?
Erstens: eine bessere Berichterstattung durch die regionalen Medien. Zweitens: eine zentrale Plattform und ordnende Hand zur Bündelung der vielen Startup-Initiativen in den einzelnen Hotspots. Drittens: mehr Investoren.

Bauduu (Castrop-Rauxel)
Ein Todesstern ist nicht genug

Um Lea-Maria Zimmermann herum, da stehen dutzende gigantische Todessterne aus der bekannten Filmsaga Star Wars, etliche hochpreisige Autos der Luxusmarke Porsche und mehrere megagroße Schaufelradbagger. Viel Platz braucht die sympathische Ruhrgründerin für diese großen Raumschiffe und Fahrzeuge allerdings nicht, denn alle sind komplett aus kleinen Lego-Steinchen. 2013 gründete die gelernte Bankkauffrau und studierte Betriebswirtin gemeinsam mit ihrem Mann Patrick Zimmermann in Castrop-Rauxel Bauduu, einen Vermietservice für Lego-Sets. Inzwischen wirtschaftet das Startup profitabel, macht pro Jahr einen niedrigen bis knapp mittleren sechsstelligen Umsatz und beschäftigt rund 15 Mitarbeiter.

Die Idee hinter Bauduu ist einfach: Gegen eine monatliche Gebühr, und hier geht es bereits bei 4,95 Euro los, können Kunden große und kleine Lego-Sets ausleihen, sie zusammenbauen, damit spielen und wieder an Bauduu zurückschicken. „Die Vorteile liegen auf der Hand: Das Kind kann nach einer Weile ein neues Set bespielen. So kommt keine Langeweile auf. Die Eltern sparen viel Geld, denn Lego ist nicht nur eines der wunderbarsten und kreativsten Spielzeuge dieser Welt, sondern eben auch nicht preiswert“, sagt Zimmermann zur Idee hinter ihrem Unternehmen. Wobei längst nicht nur Kinder von Bauduu begeistert sind. Es gibt auch sehr viele Erwachsene, die beim Verleihdienst Kunden sind.

Rückgabefristen oder Überziehungsgebühren gibt es bei Bauduu nicht. Auch fehlende Steine werden nicht berechnet – zumindest wenn nicht mehr als 30 fehlen. Es gibt aber Bonuspunkte – sprich Rabattpunkte – für vollständig zurückgesendete Sets. Manchmal ist aber auch zu viel in einem zurückgeschickten Set. Hier und da findet sich in einem Karton eine Playmobil-Figur, ein Spielzeugauto oder sogar eine Zahnspange.

Bevor die Lego-Sets wieder auf die Reise zum nächsten Kunden gehen, erfolgt ein Reinigungsprozess – samt Desinfektion. An diesem Punkt und auch bei der Sortierung von gebrauchten Sets, die das Unternehmen immer wieder ankauft, kooperiert Bauduu mit Behindertenwerkstätten in der Region. Mehrere Behinderte arbeiten zudem direkt bei Bauduu. Für diese richtete Zimmermann einen sogenannten Snoezel-Raum ein, der den Mitarbeitern bei der mentalen Beruhigung helfen soll.

Das junge Unternehmen residiert auf knapp 500 Quadratmetern mitten in Castrop-Rauxel. „Ein Vorzeigebüro ist es nicht, es ist nicht schick und auch nicht stylish“, sagt die Ruhrpreneurin zum Firmensitz und spielt damit auf die extrem stylische Bürokultur in Berlin an. „Es ist alles ein bisschen zusammengewürfelt aus dem, was gerade da war.“ Hier wird klar, dass Zimmermann Controllerin und Buchhalterin ist. – Was passt, denn aufs Geld mussten die Bauduu-Macher immer gut achten.

Den Start ins Lego-Geschäft ermöglichten ein Kredit der Sparkasse sowie eine Mikromezzanin-Finanzierung durch die NRW.BANK. Alles in allem ging es dabei um gerade einmal 150 000 Euro. „Ich weiß noch, wie wir damals eine Finanzierung gesucht haben; keine Bank in der Region war in der Lage, uns zu helfen. Nur die Sparkasse in Recklinghausen hatte eine eigene Abteilung für Existenzgründer", blickt Zimmermann zurück. Da das Konzept von Bauduu bisher aufgegangen ist, konnten die Jungunternehmer den Kredit inzwischen komplett zurückzahlen. „Sonst haben wir keine Töpfe mehr offen, alles gut", lautet das offene und glückliche Fazit der Gründerin. Und dann lacht sie: „Wir haben Bauduu mit gerade einmal 150 000 Euro aufgebaut. Das bringt so manch ein Startup in Berlin in ein paar Monaten durch."

Bauduu wandelte sich in den vergangenen Jahren aber auch; es gibt inzwischen mehrere Einnahmequellen, und nicht mehr nur der Verleih von Plastiksteinen spült Geld in die Kasse. Das Unternehmen verkauft mittlerweile auch gebrauchte Lego-Sets und Einzelsteine, allerdings nicht auf der eigenen Internetplattform, sondern über spezialisierte Lego-Marktplätze wie Brick Owl. Alles in allem türmen sich bei Bauduu inzwischen 350 000 Lego-Steine.

Die Idee für ihr Startup kam Zimmermann, während sie vor einigen Jahren Weihnachtsgeschenke wegräumte: „Der Playmobil-Zoo wurde einmal aufgebaut und stand danach unbenutzt im Kinderzimmer, wurde irgendwann in einer Spielkiste verstaut und im ganzen restlichen Jahr vielleicht noch zweimal aufgebaut." Kurz darauf entdeckte ihr Sohn Tizian Lego für sich. Mit seiner wachsenden Begeisterung stiegen auch die Kosten. Denn gerade große Lego-Sets sind teuer, richtig teuer. Ein Lego-Todesstern, der aus mehreren tausend Steinen besteht, kostet 499,99 Euro. Aber auch ganz normale Lego-Bausets kommen locker auf 50, 80 oder 100 Euro. Und am Ende verstauben viele dieser teuren Sets im Kinderzimmer. So auch bei den Zimmermanns. „Und nach Tizians viertem Geburtstag entschieden wir daher, dass sich etwas ändern muss. Wir setzten Bauduu in die Tat um", erinnert sich Lea-Maria. Planung und Umsetzung des Konzepts dauerten knapp drei Monate. Ehemann Patrick programmierte den Onlineshop – fertig war der Testballon. Hilfreich war dabei, dass die Zimmermanns, die früher beide bei E.ON gearbeitet haben, vor Bauduu schon gemeinsam eine Internetagentur gegründet hatten. „Daher konnten wir unser Projekt auch schnell umsetzen", sagt die Seriengründerin, die gemeinsam mit ihrer Schwester inzwischen auch noch eine Immobilienfirma aus der Taufe gehoben hat.

Mit ganz wenigen Lego-Sets ging Bauduu Ende 2013 – aus dem privaten Arbeitszimmer heraus – an den Start. Sohn Tizian half auch bei der Namensfindung für das Unternehmen: „Wenn mein Sohn keine Lust mehr hatte zu bauen, sagte er immer: ‚Bau du!'" So kam es zur Marke Bauduu. Vorher stand der Name Legothek zur Debatte; der hätte aber für rechtliche Probleme mit dem Steinchen-Konzern gesorgt. „Zu Beginn haben wir 60 bis 80 Sets auf unserer Webseite angeboten, hatten aber nur 15 oder 20 gekauft", erzählt Zimmermann etwas kleinlaut. „Wenn dann ein Kunde eines bestellt hat, das wir nicht auf Lager hatten, haben wir es im Spielzeughandel gekauft." Das erste Set, das verliehen wurde, war ein Raumschiff aus der Star-Wars-Reihe von Lego, der schwarz-graue „Sith Fury-Class Interceptor". Das Modell hat inzwischen einen Ehrenplatz auf dem Schreibtisch von Patrick Zimmermann.

In den ersten Monaten nach dem Start ging es bei Bauduu kaum voran: Werbung bei Google brachte nicht den gewünschten Erfolg und war viel zu teuer. Und kaum ein potenzieller Kunde suchte im Internet nach einem Verleihdienst für Lego. Wie andere Firmen, die ein komplett neues Geschäftsmodell etablieren wollen, setzen die Lego-Fans auf Pressearbeit. Die Ruhr Nachrichten berichteten kurz nach dem Start über das Unternehmen, und auch der WDR, das ZDF und die BILD entdeckten das umtriebige Startup. „In den ersten fünf Jahren wurde im Ruhrgebiet, egal welches Medium, nicht annähernd so viel über uns geschrieben wie in Berliner Zeitungen im ersten Jahr“, sagt Zimmermann leicht frustriert.

Nach vorn brachte Bauduu schließlich die Teilnahme an der ZDF-Sendung „Kampf der Startups“ im Jahre 2013. Unternehmer und Skateboard-Legende Titus Dittmann wusch Zimmermann in der Show gehörig den Kopf. Das junge Unternehmen beschäftigte damals einfach viel zu viele Mitarbeiter, und die Personalkosten waren enorm. So hoch, dass man damit über kurz oder lang vor die Wand gefahren wäre. Zum Glück nahm sich die Gründerin die Kritik zu Herzen, stellt Bauduu personell anders auf und sicherte damit den Fortbestand der jungen Firma. – Vor allem zur Freude von Sohn Tizian, der das Unternehmen später einmal übernehmen möchte.

Der inzwischen Zehnjährige spielt schon jetzt eine große Rolle bei Bauduu. Einmal in der Woche macht der Nachwuchs seine Hausaufgaben an einem Schreibtisch im Familienunternehmen. Zudem sucht er die Sets aus, die für den Verleih angekauft werden sollen. Und auch am Wochenende, wenn die Eltern arbeiten, ist Tizian fast immer dabei. Zum Glück steht im Büro verdammt viel Lego herum. Gearbeitet wird bei den Zimmermanns generell viel und vor allem sehr, sehr gerne. Mit drei Unternehmen, bei denen Bauduu-Macherin Zimmermann engagiert ist, bleibt ohnehin nicht viel Freizeit. „Dafür muss man einfach der Typ sein; wenn man dies nicht ist, dann wäre es falsch, ein Unternehmen zu gründen.“

Zimmermanns Vater, der jahrelang Führungskraft bei E.ON war, lebte es ihr genauso vor. Auf der Schnellwahltaste am Telefon der Familie war früher Papas Sekretärin. „Mit der habe ich immer mehr telefoniert als mit meinem Vater." Der letzte Urlaub der Lego-Familie ist Jahre her. „Ich könnte mich aber auch nicht zweimal im Jahr 14 Tage an den Strand legen", sagt die Ruhrpreneuerin ganz gelassen. Dafür genießt sie die Freiheiten, die das Unternehmertum mit sich bringt. Im Sommer arbeitet Zimmermann gerne auch mal aus dem eigenen Garten heraus. Die Familie – zu der noch ein Hund gehört – wohnt in Pöppinghausen in einer alten Schule. Dort ist es so ländlich, dass morgens schon mal ein Reh im Garten steht.

Und wenn es tatsächlich mal vorkommen sollte – wie neulich –, dass an einem Wochenende wirklich rein gar nichts Berufliches zu tun ist, findet Zimmermann schon eine Beschäftigung: „Wir sind dann vor lauter Verzweiflung in den Comicladen nach Dortmund gefahren; wir beide lesen gerne Comics, und ich habe mir zwei Suicide-Squad-Comics gekauft." Danach hat sie aber wahrscheinlich sofort wieder darüber nachgedacht, welches Projekt sie als nächstes angeht. Und davon gibt es einige – etwa ein Kochbuch für Analphabeten. Auch mit ihrem Vater möchte sie gerne ein Buch schreiben. Thema: Qualitäts- und Kommunikationsspiele mit Lego-Steinen. In einigen Jahren dann will sie auch in Startups investieren. Gerade dies wäre wünschenswert: Es gibt nämlich nicht nur viel zu wenige Gründerinnen im Ruhrgebiet, sondern auch viel zu wenige Investorinnen.

Von Alexander Hüsing

„Im Ruhrgebiet wird in der Startup-Szene städteübergreifend gearbeitet“

So sieht Lea-Maria Zimmermann, Mitgründerin von Bauduu, die Startup-Szene in Castrop-Rauxel und im Ruhrgebiet.

Wenn es um Startups in Deutschland geht, richtet sich der Blick sofort nach Berlin. Was spricht für das Ruhrgebiet als Startup-Standort?

Viele der Unternehmen im Ruhrgebiet sind bereits „alteingesessen“. Hier ist die Startup-Szene gerade im Aufbau, und Business Angels sind noch nicht „übersättigt“. Unsere lokalen Medien fangen gerade erst an, aktiv über Startups zu schreiben. Ein weiterer Pluspunkt für das Ruhrgebiet sind zum Beispiel die günstigen Mieten.

Was genau macht den Reiz der Startup-Szene in Castrop-Rauxel aus?

Im Ruhrgebiet besteht die Startup-Szene aus vielen Städten wie Dortmund und Bochum sowie dem Kreis Recklinghausen. Das Schöne hierbei ist, dass im Ruhrgebiet in der Startup-Szene städteübergreifend gearbeitet wird. Obwohl die Städte sehr nah aneinander liegen, kommt man dann doch nur selten in die anderen Städte. In der Startup-Szene des Ruhrgebiets lernt man gut Leute kennen, die in anderen Regionen aktiv sind.

Was ist in Castrop-Rauxel einfacher als im Rest der Republik?

Das Ruhrgebiet ist für Startups im Technologiebereich interessant, da diese hier besonders gefördert werden. Im Ruhrgebiet ist prinzipiell alles viel kleiner. Die Startup-Szene ist überschaubarer. In Berlin ist die Startup-Szene sehr gefestigt. Die Suche nach Kapital ist dort wesentlich einfacher, da man schneller Kapitalgeber finden kann und es klar ist, wo man „suchen“ muss. Im Ruhrgebiet verläuft sich das noch. Es gibt nur sehr wenige etablierte Veranstaltungen, und diese sind leider oftmals nur spärlich besucht.

Was fehlt in Castrop-Rauxel bzw. im Ruhrgebiet noch?
Eine Business-Angels-Struktur ist im Ruhrgebiet vorhanden, und die Anzahl an Business Angels wächst. Jedoch sind vor allem Venture-Capital-Geber im Ruhrgebiet rar. Um diese kennenzulernen, muss man sich in Berlin auf den Events aufhalten. Wenn man in Berlin ein Startup gründet, kann man an fast jedem Tag ein Event besuchen. Die Möglichkeiten der Vernetzung genauso wie die Förderung durch zum Beispiel Seminare sind in Berlin vielfältiger als im Ruhrgebiet.

Zum Schluss hast du drei Wünsche frei: Was wünscht du dir für den Startup-Standort Ruhrgebiet?
Erstens: mehr Support durch die lokalen Medien. Zweitens: mehr Mut zum Gründen. Drittens: mehr Frauen, die gründen. Das Potenzial von uns Frauen wird zu wenig genutzt.

Bannerkönig (Gelsenkirchen) Quadratmeterzahlen als neue Währungseinheit

Ein klassisches Industriegebiet, wie es sie viele in Deutschland gibt. Etwas außerhalb gelegen. LKWs stehen auf Parkplätzen, es reiht sich Halle an Halle. Die Eingänge zu den Bürogebäuden ähneln sich in ihrer tristen und unscheinbaren Art. Den richtigen Aufgang zu einer der größten Firmen für Digitaldruck zu finden, ist daher nicht leicht. Denn statt eines großen bunten Banners weist lediglich ein kleines Schild auf den Sitz von Bannerkönig hin. Dabei ist der Name doch Programm: Kaum ein anderes Unternehmen könnte sich so ein großes Werbeplakat drucken.

Bannerkönig produziert nämlich Banner, Fahnen und Folien nach Kundenwunsch – egal in welcher Größe und Form im Digitaldruck. Seit 2017 betreiben Selcuk Günes, Jahrgang 1981, und sein Bruder Serkan, Jahrgang 1985, das Unternehmen mit Hauptsitz und Produktionsstätten mitten im Industriegebiet von Gelsenkirchen-Schalke.

1000 Quadratmeter groß ist die Produktionshalle, und seit sieben Uhr in der Früh drucken dort mehrere Maschinen Bahnen um Bahnen die Werbe-Erzeugnisse. Wenn um 16 Uhr der letzte Bote kommt, um abzuholen, ist nichts mehr zu ahnen von der Lautstärke, die noch wenige Stunden zuvor die riesige Halle erfüllt hat. „Wir bedrucken momentan etwa 20 000 Quadratmeter im Monat“, sagt Selcuk Günes, „zur Hauptsaison werden wir die Fläche bereits in diesem Jahr verdoppeln.“ – Was auffällt: Längst denkt er nicht mehr in Stückzahlen, sondern nur noch in Flächeneinheiten.

Die Hauptsaison, das sind vor allem die Sommermonate, wenn zusätzliche weitere Banner für Baustellen, die abgesichert werden müssen, für Zäune oder für Werbeflächen in Parks oder Fußgängerzonen, an Tram- und Bushaltestellen, in Einkaufszentren, die Werbefahnen für den Einzelhandel und vor allem für die unzähligen Events und Konzerte geordert und gedruckt werden. „Wer einmal durch die Stadt läuft, wird viele dieser Banner entdecken. Ein Großteil davon kommt schon von uns", sagt Ruhrpreneur Selcuk Günes stolz. Mit dem jetzigen Maschinenpark könnte Bannerkönig bereits ein Produktionsvolumen von über 600 000 Quadratmetern bewältigen. Allein im letzten Jahr haben 5000 Kunden auf die Dienstleistungen der Firma zurückgegriffen.

Über einen selbst programmierten Online-Konfigurator können die Kunden ihre Bestellung designen, die Größe bestimmen, das Material auswählen, das eigene Logo hochladen und den Preis ermitteln. Ausgeliefert wird in Deutschland innerhalb von 3 bis 5 Werktagen, ins Ausland kann es ein paar Tage länger dauern. Eine englische Version von Bannerkönig gibt es bereits. Selcuk Günes: „Mit der zweiten Marke Bannerroyal treiben wir aktuell die Internationalisierung voran und werden damit in der jeweiligen Landessprache auch europaweit aktiv werden." Produzieren werde man aber auf jeden Fall weiterhin in Gelsenkirchen, denn die Marke „Made in Germany" ziehe immer. Mit der entsprechend gut aufgestellten Logistik sei das auch in Zukunft gut zu bewältigen.

Auf die Frage, wo die Kunden denn eigentlich vorher ihre Banner, Folien und Flaggen hätten drucken lassen, fällt Selcuk auch keine rechte Antwort ein. Der Markt sei zwar nach wie vor analog geprägt, doch der Bedarf an Digitaldruck sei mittlerweile riesig, weiß er. Die großen Mitbewerber unter anderem aus Würzburg (Flyeralarm) oder aus Backnang (Wirmachendruck) haben die beiden Brüder zwar durchaus im Blick, doch mit dem Schwerpunkt Digitaldruck sehen sie sich gegenüber der Konkurrenz gut aufgestellt. „Was vorher beim Werbetechniker um die Ecke gedruckt werden musste, können wir viel günstiger und schneller anbieten“, sagt Selcuk. Ein Quadratmeter ist bei Bannerkönig schon ab 7,99 Euro zu haben.

Und das bisher witzigste Banner? „Ich sehe ja nicht alles, was unser Haus verlässt“, sagt der Gründer, aber als überzeugter Schalke-Fußballfan sei es für ihn schwer, ein Banner mit BVB-Logo zu versenden. „Der Sport prägt die Stadt. Und damit auch uns.“ Gelsenkirchen ohne Schalke? „Das wäre eine Katastrophe“, meint Selcuk, der mit zehn Jahren selbst als Jugendkicker bei den Knappen trainierte. Hätte es zum Profikicker gereicht? „Fußball ist immer ein Hobby geblieben“, ergänzt er. „Der Doppelbelastung aus Schule und Training war ich nicht gewachsen. Wir drei Geschwister mussten alle studieren.“

Der Vater der Familie Günes war 25 Jahre lang Bergmann, die Mutter Hausfrau. Die drei Geschwister wuchsen in einer Gelsenkirchener Bergmannssiedlung in einem typischen Zechenhaus auf und hätten die Zusammengehörigkeit der Bergmannsfamilien sehr gespürt. „Mein Vater hat hart unter Tage malocht. Vielleicht lag ihm deshalb unsere Ausbildung so sehr am Herzen.“ Die Schwester, die nicht an Bannerkönig beteiligt ist, studierte Jura, Serkan wurde Mediendesigner und Selcuk entschied sich für Wirtschaftsinformatik in Essen. „Schon als Kind habe ich die ersten Seiten programmiert. Seither lebe ich quasi online“, sagt Günes.

Das Bedürfnis, Gelsenkirchen oder gar das Ruhrgebiet zu verlassen, habe er nie gehabt. Selbst Berlin erscheine ihm weit weg. „Hier fühlen wir uns zu Hause; deshalb war es uns auch so wichtig, unser Unternehmen in unserer Heimatstadt aufzubauen“, sagen beide Brüder.

Schon immer sei es der Plan gewesen, etwas gemeinsam zu machen. Vor zehn Jahren war es dann so weit: Die Medienfabrik Ruhr war eine Agentur, die von der Erstellung von Webseiten, Design, Online-Marketing bis SEO alles anbot. Auch Bannerkönig habe man „komplett aus eigener Kraft hochgezogen“, betont Selcuk mehrfach. Bislang sei kein Fremdkapital in das Unternehmen geflossen, und auf absehbare Zeit solle das auch so bleiben. Der Aufbau und die Weiterentwicklung würden aus dem erarbeiteten Umsatz finanziert. Neben dem Hauptsitz mitten im Ruhrgebiet unterhält Bannerkönig auch Niederlassungen in Berlin, Hamburg, Köln, Frankfurt und München.

Momentan arbeiten 25 Mitarbeiter für das Unternehmen, viele davon kommen aus der Region, auch wenn die Suche sich trotz der hohen Arbeitslosenquote schwierig gestalte. Überlegungen, mit Bannerkönig das Ruhrgebiet zu verlassen oder auch nur in einer Nachbarstadt wie Wattenscheid hochzuziehen, seien schnell wieder verworfen worden. „Gelsenkirchen braucht Unternehmer, die Arbeitsplätze schaffen. Hier ist ja sonst nicht mehr viel.“ Auf Unterstützung der Wirtschaftsförderung hätten sie dennoch nicht bauen können – weder personell noch finanziell. Was beide sehr bedauern. „Die letzte Zeche hat vor 15 Jahren geschlossen, große Unternehmen kommen schon lange nicht mehr. Startups wären eine Mindestlösung!“

Von Christina Cassala

„Wir sind eigentlich alle Alleinkämpfer"

So sieht Selcuk Günes, Mitgründer der Digitaldruckerei Bannerkönig, die Startup-Szene in Gelsenkirchen und im Ruhrgebiet.

Wenn es um Startups in Deutschland geht, richtet sich der Blick sofort nach Berlin. Was spricht für das Ruhrgebiet als Startup-Standort?

Es kommt drauf an, über welche Startups wir reden. In Berlin siedeln sich die meistens wegen der Geldgeber an. Und wenn das fremde Geld dann mal weg ist, macht man das nächste Projekt. Im Ruhrgebiet gibt es noch die „Malocher", die hart für ihre Unternehmen und für ihr Geld arbeiten. Zudem brauchen die Menschen im Pott dieses ganze hippe Auftreten nicht, hier geht es um ehrliche und zuverlässige Arbeit. Berlin ist ja erst seit ein paar Jahren „cool", das Ruhrgebiet steht aber schon seit über hundert Jahren für hartes und erfolgreiches Arbeiten.

Was genau macht den Reiz der Startup-Szene in Gelsenkirchen aus?

Eine richtige Szene gibt es hier nicht. Wir sind eigentlich alle „Alleinkämpfer".

Was ist in Gelsenkirchen einfacher als im Rest der Republik?

Hier findet man viele günstig anzumietende Büro- und Hallenflächen und hat eine gute Verkehrsanbindung.

Was fehlt in Gelsenkirchen bzw. im Ruhrgebiet noch?

Sicherlich noch eine verbesserte Kommunikation zwischen den Städten untereinander – Kommunen und Unternehmen – und das Zusammenspiel der Unternehmen, wenn es um Knowhow-Transfer geht.

Zum Schluss hast du drei Wünsche frei: Was wünscht du dir für den Startup-Standort Ruhrgebiet?
Flächendeckend kostenlosen Internetzugang mit Glasfaser; europaweit mehr Gehör für den Wirtschaftsstandort Ruhrgebiet schaffen; mehr Initiative von den Stadtverwaltungen, Startups kostenfrei und intensiv zu begleiten und zu fördern.

Pflegix (Bochum)
Zwei Gründer, die einfach losziehen und machen

Pflegix, im Jahre 2016 von Tim Kahrmann und Andreas Helget gegründet, positioniert sich als ein Marktplatz für Pflegebetreuung und Alltagshilfe. Zielgruppe sind Menschen, die Unterstützung suchen, und diejenigen, die Hilfe anbieten. Provokant formuliert könnte man behaupten, das Startup profitiert vom schlechten Gesundheits- und Pflegesystem in Deutschland. Dass Bedarf vorhanden ist, verdeutlicht die Anzahl der registrierten Hilfesuchenden und Helfer in der Datenbank: So bieten 11 000 meist gelernte Pflegekräfte, die in der Freizeit auf freiberuflicher Basis arbeiten, ihre Dienste an.

Genutzt wird Pflegix vor allem von Familien mit pflegebedürftigen Angehörigen. Diese können über die Plattform nach Pflegekräften suchen. Die PflegerInnen, die dort ihre Hilfe anbieten, bestimmen ihren Stundensatz selbst, wobei fünf Prozent des Stundenlohns als Vermittlungsprovision an das junge Startup gehen. Pflegix agiert somit nach dem Schlüssel-Schloss-Prinzip: Der Kontakt wird direkt mit den Familien hergestellt. Die Rechnung läuft über Pflegix.

Anfang 2018 investierte der Berliner Business Angel Thomas Wötzel einen sechsstelligen Betrag in die Jungfirma. Im Zuge der Finanzierungsrunde zog Pflegix von Witten ins benachbarte Bochum. Dort sitzt das Startup mit seinen mittlerweile 15 Mitarbeitern zentral in der

Fußgängerzone. Die Coworking-Räume sind nach unterschiedlichen Themen eingerichtet. Im Ossi-Zimmer etwa sitzt man zwischen Eichenwandschrank und braun drapierten 1960er-Jahre-Sesseln.

Ruhrpreneur Kahrmann, 1982 in Iserlohn geboren, begann 2001 in den Niederlanden zu studieren. „Dort gab es schon damals die Dinge wie projektbasiertes Studium und Auslandsjahr. Eigentlich all das, was heutzutage auch in Deutschland zum Standard geworden ist." Nach dem Abschluss begann er ein Masterstudium in der Schweiz und arbeitete im Nachbarland in einem Konzern. Richtig glücklich war er damit aber nicht. Als Sohn einer Lehrerin und eines Kaufmanns schlagen, wie er sagt, zwei Herzen in seiner Brust: das eine auf Sicherheit getrimmt, das andere auf Risiko. Mit der Zeit habe er gemerkt, dass ihn die Arbeit in einem Konzern nicht erfülle. So wechselte er die Branche. Seine Bedenken blieben die gleichen. „Klick hat es erst gemacht, als ein von mir betreutes Projekt nach über zwei Jahren einfach in einer Schublade verschwand." Danach beschloss er, etwas Eigenes zu machen. Und seine Familie unterstützte ihn bei seinem Vorhaben. „Meine Lebenszeit ist mir einfach zu kostbar, als dass ich sie von anderen abhängig machen wollte."

Mitgründer Helget wurde 1990 in Unterfranken geboren. Zum Studium zog er 2011 nach Dortmund. Nach dem Bachelor blieb er „irgendwie im Ruhrgebiet hängen". Seine Eltern, die Mutter im Einzelhandel und der Vater ein „ewig Selbstständiger", stellten die Weichen für seinen weiteren Weg. „Und außerdem hat mir die Zeit bei der Bundeswehr das Durchhalten gelehrt, was ja bei einer Gründung durchaus von Vorteil ist."

Vor der Gründung von Pflegix leitete Kahrmann das Gründerzentrum in Witten/Herdecke. Dort lernte er auch seinen heutigen Mitstreiter Helget kennen. Für beide gab es viele Motive, ihr Startup im Ruhrgebiet zu gründen. „Mir war wichtig, der Region etwas zurückzugeben. Wenn nämlich alle nach Berlin und München gehen, dann wird es uns hier nie gut gehen“, so Ruhrgründer Kahrmann. „Ich fand von Anfang an die Auswahl an Unis im Ruhrgebiet und deren Ruf klasse, nicht nur zum selber Studieren, sondern auch um später viele gut ausgebildete Mitarbeiter rekrutieren zu können“, ergänzt Helget. Die „vielen klugen Köpfe“ seien ein enormes Potenzial für die Region.

Kahrmann holt dann für einen Moment die „andere Seite“ in den Raum: „Klar gibt es auch viele Gründe, nicht im Ruhrgebiet zu gründen.“ Da sei zum Beispiel das viele Kapital, das aus der Hauptstadt rufe. „Fast hätte es uns das ein oder andere Mal nach Berlin verschlagen“, erzählt er. Beiden Gründern sei allerdings schnell klar gewesen, dass es da irgendwo einen Haken geben müsse. „Die Loyalität der Mitarbeiter“, sagt er und ergänzt: „Außerdem ist es hier einfach familiärer.“ Im Ruhrgebiet sei auch der Uni-Abschluss nicht entscheidend. „Hier zählt, was man macht, nicht was man ist.“

Bevor die Gründer ihr Vorhaben in die Tat umsetzten, wurde bei potenziellen Kunden an die Tür geklopft. Viele junge Gründer würden oft den Fehler machen und monatelang im Keller an ihrer Idee tüfteln, so Helget. „Der Trick ist, einfach machen und loslegen. Notfalls mit einer Testseite und ohne viel Aufwand.“ Es gebe schließlich ja auch immer Gründe, es nicht zu machen. „Außerdem muss das Ziel auch nicht das Endziel sein. Die meisten Dinge entwickeln sich auf dem Weg.“

Auf die Frage, wie man die perfekten Teamplayer finden könne, ist für Kahrmann die Antwort klar: „Die Hintergründe jedes einzelnen Gründers sollten unterschiedlich sein. Auch solche Eigenschaften wie Durchhaltevermögen, Kritikfähigkeit, Selbstreflexion und ein eigener starker Antrieb sind einfach unerlässlich."

Wenn heute Offerten aus der Hauptstadt ins Bochumer Büro flattern, dann kommt für beide Gründer Berlin als Standort unter keinen Umständen mehr in Frage. „Wir haben viele Angebote bekommen, und ein Angebot haben wir dann tatsächlich auch nicht abgeschlagen. Aber umziehen? Nein!", sagt Kahrmann lachend. „Hier ist der Zugang zu jungen und intelligenten Menschen einfach unkomplizierter. Die Hochschulen und die Uni-Dichte, der Strukturwandel und halt die Vielfalt, die diese Region mitbringt. Doch geschenkt wird hier einem trotzdem nichts", fügt er noch hinzu. „Was definitiv noch fehlt, sind Kapital und Kohle."

Ihr Startup-Leben haben die jungen Gründer anfangs selbst finanziert. „Wir hatten unser BAföG, dann zusätzlich noch einen Job und haben hier und da etwas Selbstständiges gemacht. Es hat viel Energie gebraucht. Besonders die vielen Anträge für eine Förderung", erinnert sich Helget. Bei Tiefs, gerade in der Anfangszeit, habe man sich gegenseitig motiviert, denn: Da draußen gebe es viele, die einem sagen, wieso es nicht funktionieren würde. „Diese Klugscheißer dann aus dem Weg zu räumen, braucht viel Kraft. In Deutschland gibt es eine Kultur, dass Fehlermachen nicht zum Erfolg führt. Und dann gibt es leider auch viele, die meinen zu wissen, wie es eben nicht funktioniert. Aber solange sie nicht sagen können, wie es denn funktionieren könnte, oder Tipps geben können, sollte man denen nicht zuhören", ist Helget überzeugt.

Die Idee zu Pflegix, sie entstand aus einer persönlichen Notsituation heraus. „Meine Mutter erlitt damals, während ich in der Schweiz war, einen Schlaganfall", erzählt

Kahrmann. „Hätte ich zu der Zeit keine Familie gehabt, die vor Ort gewesen wäre, wäre das fatal gewesen." Und dann fällt das Wort Gesundheitssystem. Es sei ein Regelwust hoch zehn. „Wir haben uns oft gefragt, wer sich diese Regeln ausgedacht hat. Die Bürokratie ist ungemein schwer zu durchschauen, vor allem wenn man, so wie wir, gar nicht aus dem Bereich kommt." Doch den Gründern geht es in erster Linie um die Schaffung einer nachhaltigen Dienstleistung, die im Idealfall auch ihnen im Alter zur Verfügung steht. „Um eben mal das schnelle Geld zu machen, ist es definitiv das falsche Produkt", sagt Kahrmann lachend. Ihr Bereich sei ein harter, aber dankbarer Markt mit einem enormen Zukunftspotenzial. Und mit dieser Vision würde man auch die Investoren und Geschäftspartner aussuchen.

Vom Ruhrgebiet wünschen sich Kahrmann und Helget nicht viel, denn man habe sich alles, was gefehlt habe, besorgt. Das Einzige, was diese Region brauche, seien positive Beispiele von Startups, die es geschafft haben. Ansonsten müsste man Deutschland verlassen und einen besseren Standort finden. „Bei der Gründung haben uns Themen wie Internetverbindung und Bürokratie immer wieder in die Realität zurückgeholt", erinnert sich Kahrmann.

Von Sümeyye Algan

„Man kennt sich und unterstützt sich gegenseitig“
So sieht Tim Kahrmann, Mitgründer von Pflegix, die Startup-Szene in Bochum und im Ruhrgebiet.

Wenn es um Startups in Deutschland geht, richtet sich der Blick sofort nach Berlin. Was spricht für das Ruhrgebiet als Startup-Standort?
Ganz klar: die Menschen. Im Pott sind wir es gewohnt, zu „malochen“, und genau diese Mentalität braucht es in einem Startup. Außerdem ist es vergleichsweise einfach, motivierte und loyale Mitarbeiter zu finden, da der War-for-Talent nicht so stark ausgeprägt ist.

Was genau macht den Reiz der Startup-Szene in Bochum aus?
Man kennt sich und unterstützt sich gegenseitig.

Was ist in Bochum einfacher als im Rest der Republik?
Einfacher ist es nicht. Insbesondere die Kapitalsuche gestaltet sich schwieriger. Investoren fokussieren sich stark auf forschungsintensive Ausgründungen aus den Unis. Dem entgegen stehen niedrigere Mieten und Gehälter, was es ermöglicht, mit weniger Kapital zu gründen.

Was fehlt in Bochum bzw. im Ruhrgebiet noch?
Ein fixer Treffpunkt für die Gründer-Szene. Es fehlt in Bochum eine Kreativ-Oase wie das Unperfekthaus in Essen.

Zum Schluss hast du drei Wünsche frei: Was wünscht du dir für den Startup-Standort Ruhrgebiet?
Zum einen mehr Risikokapital, insbesondere für die Frühphase. Dann ein Startup-Haus, wo sich die Szene trifft, und mehr Pragmatismus seitens der Politik, was die Förderung von Gründertum im Ruhrgebiet angeht.

Fleetbird (Dortmund)
Der unbekannte Motor der Sharing-Szene

Für viele Gründungswillige ist klar: entweder gleich und direkt in die Hauptstadt, um die eigene Business-Idee an den Start zu bringen, oder aber wenigstens ein paar Jahre später immerhin eine kleine Dependance in der Stadt an der Spree eröffnen. Die Verlockung ist groß: Immer nah an der Szene, die möglichen Investoren nicht weit. Aber ist das tatsächlich immer so? – Nein! „Es muss nicht immer Berlin sein“, sagt Philip Müller, Jahrgang 1988, Gründer von Fleetbird, einer White-Label-Lösung für Mobilitätsanbieter. Das Team ist den umgekehrten Weg gegangen, ist aus dem quirligen Berlin nach Dortmund gezogen.

Dabei begann die Geschichte von Fleetbird in einem Café am Prenzlauer Berg – mehr Berlin geht kaum! An wenigen anderen Ort ist die Dichte an Startups und die Zahl der Mitarbeiter in den Digitalunternehmen höher als dort. In der Szene wurde der Umzug daher mit großen Fragezeichen aufgenommen, für Müller jedoch war es ein logischer Schritt. „Dortmund ist ein sehr starker IT-Standort. In anderen Städten herrscht der reinste Kampf um Talente“, sagt er, und die vielen Universitäten in der Nähe seien für ihn ebenso ein großes Plus wie die Infrastruktur. Gleichzeitig fragt er sich: „Wer von den jungen Leuten will schon bei einem Mittelständler arbeiten, wenn er bei einem coolen Startup beschäftigt sein kann?“

Bereits schon zu Abi-Zeiten betrieb der gebürtige Hagener einen Cocktail-Catering-Service und war damit auf Abi-Feiern und auf Weihnachtsmärkten unterwegs. Der Schritt zu einem Betriebswirtschaftsstudium mit Schwerpunkt VWL und Sozialwissenschaften in Dortmund war also naheliegend. „Nach einem Auslandsaufenthalt in den USA bin ich dann für drei Monate für ein Praktikum nach Berlin", erzählt er. Beim Internet-Inkubator und -Investor Team Europe sammelte er erste Startup-Erfahrungen. Mit den vielversprechenden Worten „Ich muss dir mal einen verrückten Entwickler vorstellen" brachte ihn ein gemeinsamer Bekannter mit seinem jetzigen Kompagnon Benjamin Krüger zusammen. Der Freund hatte einen guten Riecher: Die Chemie zwischen Müller und Krüger stimmte auf Anhieb. Der Gedanke, etwas gemeinsam auf die Beine stellen zu wollen, wurde schnell konkret.

An Ideen mangelte es dem Duo fortan nicht. Und obwohl Müller zunächst weiterhin in die Heimat pendelte, bastelten die beiden in Berlin an ihrer Idee – mittendrin im Startup-Gewusel, in einem „völlig verranzten Bürogebäude in Mitte", von denen es im Jahre 2011 in Berlin noch viele gab. Erst einige Jahre später sollte der Ansturm auf die Fabriketagen in den zentralen Lagen losgehen und sie unbezahlbar machen. Mit schlanken Strukturen und kaum Kapital ausgestattet, wagten sich die Gründer in die Gaming-Szene und entwickelten ein Spiel, das „wie Pokémon GO funktionierte, aber eben ohne Pokémon GO", lacht Müller. Wie bitte? So sollte das Spiel funktionieren: Der Gamer spielt in der realen Welt, und auf Basis der Geoposition sollte er mit dem Spiel interagieren.

Ein gutes Jahr hielten die Gründer durch, dann ging ihnen finanziell die Puste aus. „Wir hatten total unterschätzt, wie teuer die Spiele-Entwicklung ist", sagt Müller rückblickend. Ein Folgeinvestment blieb aus. Es entstand eine Pattsituation: „Wir wollten das Geld eines Investors aus Hamburg annehmen, unser Business Angel der ersten Stunde jedoch nicht." Das Ende des Ausflugs in die Gamingbranche war somit besiegelt. Es war das Schicksal des falschen Timings: Das Spiel, ist sich Müller sicher, hätte wenige Jahre später bestimmt erfolgreich werden können, und an das Konzept glaubt er noch heute. Und vor allem aber: „Zu Zeiten des iPhone 4 waren die Displays der Handys noch zu klein. Wir waren vermutlich einfach zu früh mit der Idee."

Rückblickend erscheint diese erste Gründung wie ein Probelauf, bei dem Müller und Krüger enorm viel lernten und der sie bis heute prägt: Wie es beispielsweise ist, Mitarbeiter einzustellen, Konzepte zu entwickeln, Visionen zu haben, ausreichend Geld von den richtigen Partnern einzusammeln und diese im Sinne des Unternehmens in die richtigen Kanäle zu lenken. „Wer das nicht schafft, ist halt irgendwann pleite", sagt Ruhrpreneur Müller, und obwohl das wie eine Binsenweisheit klingt, war es für das Team eine wichtige Erfahrung. Nach der geplatzten Finanzierung schlüpften Krüger und Müller zwar noch eine Weile bei einem Hamburger Unternehmen unter, aber schon bald zog es Krüger zurück nach Berlin, und Müller beendet sein Studium an der Uni in Dortmund.

Einmal Gründer, immer Gründer? Bei Benjamin Krüger schien es jedenfalls so zu sein, obwohl das Geld nun mehr als knapp war. Um die Miete für eine eigene Wohnung zu sparen, kampierte er in seinem Wagen. Mit wenig mehr als nur einer Matratze im Kofferraum arbeitete er tagsüber als Entwickler und schlief nachts im Auto, geduscht wurde im Fitness-Studio um die Ecke. Jeder Cent floss fortan in das neue Projekt. Das schien aber ein jähes

Ende zu nehmen, als eine hohe Rechnung Krüger beinahe in die Knie zwang. Doch als der erste Prototyp der Software-Plattform für Sharing-Fahrzeuge fertig war, stieg auch Müller wieder ein, und Fleetbird nahm im wahrsten Sinne des Wortes erneut Fahrt auf und ging zunächst als Dienstleister für die Sharing-Betreiber an den Start.

Carsharing Software-Lösungen waren seinerzeit schon auf dem Markt, aber damals gab es noch keine Lösung, mit der ein Auto komplett ohne Schlüssel geöffnet, gemietet und wieder zurückgegeben werden konnte. Auch Fleetbird bot zunächst lediglich eingeschränkte Funktionalitäten, aber nach und nach „wurden wir von Investoren und Startups angesprochen, ob die Lösung auch als SaaS zur Verfügung stehen würde", erzählt Müller. Fleetbird entwickelte sich von einem kleinen Startup zu einer universellen Mobilitätsplattform, die als Software as a Service (SaaS) daherkommt, also als Software, die als Dienstleistung angeboten wird. Statt eigener Flotte bietet das Dortmunder Unternehmen mittlerweile eine White-Label-Lösung für rund 40 Kunden im In- und Ausland an, in Summe sind das rund 30 000 Fahrzeuge.

Zum Vergleich: Aktuell kommen die beiden Branchenriesen DriveNow und Car2go hochgerechnet auf etwa 25 000 Wagen in den Flotten. Die großen Betreiber setzen dabei auf eigene Systeme. „Für die großen Anbieter ist es strategisch teilweise sinnvoll, mit einer eigenen Software zu arbeiten, da sie langfristig dadurch ihren Unternehmenswert steigern und zudem auf mehr Ressourcen als kleine Unternehmen kommen", sagt Müller.

Daher wird die Fleetbird-Lösung aktuell in den Apps von Anbietern wie Emmy, Whim und Free2Move eingesetzt, ebenso bei Felix in Amsterdam, Scooty in Brüssel und bei Moving in Spanien. Fleetbird kann dabei ganz verschiedene Modelle abbilden, darunter Free-Floating, Hybrid-Floating, Subscription-Models und Shuttle on Demand. Diese Anbieter profitieren davon, dass sich die Software der Dortmunder in die eigene App integrieren lässt. Im Kern führt Fleetbird dabei die Funktionen aus, die ein Nutzer braucht: über eine Kartenfunktion ein Fahrzeug in der Nähe finden, es dann reservieren, schließlich aufschließen, Kraftstoff- oder Batteriestand prüfen, nach Gebrauch abschließen und zum Schluss natürlich auch zahlen.

Gleichzeitig berät das Fleetbird-Team Betreiber des öffentlichen Nahverkehrs, die mehrere Mobilitätsplattformen zu einem großen Angebot, einem Aggregator, zusammenführen wollen. Der Wille sei in den Städten hoch, aber „die Komplexität der Technologie so hoch, was leider erst begriffen wird, wenn das Projekt schon aufgesetzt ist", berichtet Müller aus seiner Erfahrung.

Mittlerweile arbeiten 27 Mitarbeiter für Fleetbird. Die Büros im Coworking Space am Stadtgarten, im ehemaligen Iduna-Gebäude in Dortmund, platzen längst aus allen Nähten. Dennoch stellten sich Müller und Krüger Anfang letzten Jahres die Frage, wie es strategisch mit Fleetbird nun weitergehen soll. „Für uns machte es keinen Sinn, weitere Investmentgelder einzusammeln. Wir waren bereits Cashflow positiv und haben nach einem Partner gesucht, bei dem es die meisten Synergien gibt. Unser Weg sollte ein anderer sein", so Müller.

Eine glückliche Fügung brachte das Fleetbird-Gründerteam über LinkedIn mit Gunnar Froh von Wunder Mobility zusammen. Ab dem Moment ging alles sehr schnell: Vom Beginn der ersten Gespräche bis zum Abschluss der finanziellen und technischen Due Diligence vergingen kaum zwei Monate, bis die Dortmunder im Oktober 2018 unter das Dach von Wunder Mobility schlüpften. Das Hamburger Unternehmen Wunder Mobility hatte kurz zuvor seine Neuaufstellung in Deutschland verkündet. Seit 2015 setzten die Hamburger Konzepte für Fahrgemeinschaften in Millionenstädten wie Manila oder Rio de Janeiro um. Zuletzt sammelte es 26 Millionen Euro ein. „Das ging wirklich ruck, zuck, die Kombination beider Unternehmen funktionierte von Anfang an. Wir ergänzen uns in unserem Angebot perfekt", freut sich Müller.

Müller und Krüger bleiben auch nach der Übernahme mit an Bord und in Dortmund. „Jetzt nutzen wir die Synergien beider Firmen." Für die digitale Szene im Revier ist der Exit ein fettes Ausrufezeichen.

Von Christina Cassala

„Fußballfan zu werden, ist hier besonders einfach"
So sieht Philip Müller, Mitgründer der Mobilitätslösung Fleetbird, die Startup-Szene in Dortmund und im Ruhrgebiet.

Wenn es um Startups in Deutschland geht, richtet sich der Blick sofort nach Berlin. Was spricht für das Ruhrgebiet als Startup-Standort?
Berlin, Hamburg und München: Sie sind natürlich immer als Erste im Gespräch. Allerdings ist das Ruhrgebiet eine noch größere Metropolregion mit sehr vielen Universitäten. Der Standort ist vielleicht nicht so sexy wie Berlin, hat aber einfach auch einen anderen Charme und eine andere Lebenskultur. Es entwickeln sich auch immer mehr Netzwerke rund um junge Unternehmen. Auch der Zugang zu Investoren wird immer weiter verbessert.

Was genau macht den Reiz der Startup-Szene in Dortmund aus?
Der Reiz für Menschen, die in der Dortmunder Startup-Szene arbeiten möchten, besteht, denke ich, vor allem darin, dass die meisten Unternehmen, die hier entstehen, besonders bodenständige Geschäftsmodelle aufziehen wollen. Hier ist es eben ein bisschen weniger fancy, hipstermäßig, als es in anderen Ballungsräumen ist.

Was ist in Dortmund einfacher als im Rest der Republik?
Fußballfan zu werden, ist hier besonders einfach. Man kann sich der Stadt und ihrer Liebe zum Ballsport nicht entziehen. Arbeitstechnisch gesehen ist es hier besonders einfach, mit bestehenden Unternehmen aus der Region in Kontakt zu kommen – was gerade B2B Startups sicherlich hilft.

Was fehlt in Dortmund bzw. im Ruhrgebiet noch?
Definitiv mehr Startups und mehr Erfolgsgeschichten, um die Aufmerksamkeit zu erhöhen.

Zum Schluss hast du drei Wünsche frei: Was wünscht du dir für den Startup-Standort Ruhrgebiet?
Erstens: ein Unicorn. Zweitens: mehr Investoren-Interesse. Drittens: mehr Startups aus den Segmenten Automotive, Mobility und Data.

Maschinensucher (Essen)
Aus dem Kinderzimmer einmal um die ganze Welt

Nicht weit vom Essener Hauptbahnhof liegt das schicke Büro von Maschinensucher, einem erfolgreichen Online-Marktplatz für gebrauchte Maschinen. Mehrere tausend Händler bieten über die Plattform insbesondere stehende Maschinen wie Abfüllanlagen, Fräsen und Förderbänder an. Die Inserate richten sich an Firmen, die auf der Suche nach günstigen Maschinen sind. Thorsten Muschler, 1973 in Essen-Werden geboren und dort aufgewachsen, startete Maschinensucher bereits während seines Studiums – im Jahre 1999 in der grauen Internet-Vorzeit. Hauptquartier war zunächst sein ehemaliges Kinderzimmer.

Die Idee zu Maschinensucher entstand wenige Straßen vom jetzigen Firmenbüro entfernt, als der Revierler bei einer Firma jobbte, die ab und an mit Gebrauchtmaschinen handelte. Dabei verzweifelte Muschler immer wieder: „Ich fand das alles unsäglich. Wenn man eine Anzeige geschaltet hatte und diese wieder runternehmen wollte, musste man an den Betreiber der Plattform eine E-Mail schreiben und endlos lange auf eine Rückmeldung warten." Er wollte diesen Prozess einfacher, nutzerfreundlicher machen. „Das war der Vater des Gedankens bei Maschinensucher", sagt der Gründer. Ohne große Programmierkenntnisse bastelte er letztlich die erste Version seines Marktplatzes zusammen und stellte die Plattform einfach ins Netz. Einen Businessplan oder gar eine schicke Präsentation, die das Projekt erklärte, gab es nicht. Brauchte Muschler auch nicht, er hat es einfach gemacht, weil er wissen wollte, ob sein Konzept funktioniert.

An die Anfangszeit erinnert sich der Gründer, dessen Familie seit Generationen im schicken Essener Stadtteil Werden wohnt, noch sehr gut: „Es gab damals keinen großen Markt für gebrauchte Maschinen im Internet. Aber die Nutzer, die wir hatten, waren sehr aktiv. Ich habe damals initial rund 150 E-Mails verschickt. Davon hat so die Hälfte angefangen, auf Maschinensucher zu inserieren." – Heute ist es undenkbar, dass man mal eben mit einem Massenmailing so viele Nutzer anlocken kann. In der Anfangszeit des Internets aber war das noch möglich.

In den ersten Jahren war die Nutzung der Plattform für die Händler komplett kostenlos, nur Werbebanner sorgten für Einnahmen. Erst 2002 führte Muschler Gebühren für die Inserate ein und machte den Marktplatz, den er komplett ohne fremdes Kapital aufgebaut hat, so auch zum großen wirtschaftlichen Erfolg. Einfach war es aber nicht. „Es war damals megaschwierig, schon 100 Euro pro Jahr von den Händlern zu bekommen", erzählt er.

Muschler, der von sich sagt, dass er „nicht gerne im Rampenlicht steht", bezeichnet den Werdegang von Maschinensucher als „eine Geschichte, die das Leben schreibt". Er habe sich zum richtigen Zeitpunkt mit einem Thema beschäftigt und die Sache in die Hand genommen. „Ich habe keine Angst davor, neue Sachen auszuprobieren", sagt er. „Es macht mir Spaß, über Trial and Error herauszufinden, was funktioniert", ergänzt der Ruhrgebietler und verfällt dabei ganz leicht ins Deutsch-Englische. Versuch und Irrtum nannte man so etwas früher.

Von Anfang an wirtschaftete Maschinensucher profitabel. Muschler finanzierte damit sein Studium. In Essen, wo auch sonst, studierte er Kommunikationswissenschaft, Philosophie und Psychologie. Wobei er neben Maschinensucher auch immer wieder andere Jobs machte, sich ausprobierte. Erst nach dem erfolgreichen Studienabschluss konzentrierte er sich komplett auf Maschinensucher und wagte den lange geplanten Sprung in die Selbstständigkeit. „Ich habe studiert, um mich selbstständig zu machen", sagt der Ruhrpreneur in der Rückschau.

Bis zum Jahre 2008 betrieb Muschler seinen Marktplatz komplett alleine, erst dann kam der erste Mitarbeiter an Bord. „Der Tag hat nur 24 Stunden. Irgendwann war der Aufwand alleine nicht mehr zu stemmen", sagt der Maschinensucher-Macher.

Auch im Urlaub saß der Einzelkämpfer zuvor immer wieder irgendwo auf der Welt mit einem Rechner auf dem Schoß und beantwortete Kundenmails. Als er mit einem Wohnmobil an der imposanten Nordspitze Schottlands stand, passierte der Super-GAU: Der Server, auf dem Maschinensucher lag, brach zusammen, die Plattform war nicht mehr zu erreichen. Muschler brach seinen Urlaub sofort ab, fuhr zurück nach Essen. Immerhin stand seine Existenz auf dem Spiel. Gleichzeitig setzte er alle Hebel in Bewegung, dass der Server wieder ans Laufen kam. Als er zu Hause war, lief der Server dann auch wieder. Diese wilden und stressigen Zeiten sind zum Glück vorbei: Inzwischen arbeiten knapp 40 Mitarbeiter für Maschinensucher. In den Urlaub nach Afrika nimmt der Gründer aber trotzdem auch heute noch ein Satellitentelefon mit. „Wenn irgendwas ist", sagt er.

Für Muschler ist Maschinensucher trotz der langen Vergangenheit noch immer ein Startup: „Wir wachsen erst seit 2015 sehr stark, weil sich der Handel von Gebrauchtmaschinen endlich digitalisiert hat. Für uns bietet sich nun die große Chance, weltweit zu expandieren." Damals zog das Unternehmen auch in das jetzige Büro. Muschler wohnt ganz in der Nähe. „Ich laufe von zu Hause einmal um die Ecke. Das Büro habe ich auch deswegen ausgesucht." Sein Ziel für die kommenden Jahre: Er will Maschinensucher „zum weltweiten Marktführer entwickeln".

Zur Seite steht dem Firmengründer seit 2017 Mitgesellschafter Sven Schmidt, der in der Vergangenheit den Ticketdienst Getgo.de und das Ahnennetzwerk Verwandt.de aufgebaut und verkauft hat. Schmidt kümmert sich um die Bereiche Marketing und Vertrieb. Muschler verantwortet weiter die IT von Maschinensucher. „Wir ergänzen uns gut in unseren Interessen und Fähigkeiten", beschreibt Muschler das Zusammenspiel der beiden gleichberechtigten Geschäftsführer. Das Duo erhöhte die Schlagzahl bei Maschinensucher in den vergangenen Jahren immer mehr. Werbung bei der Darts-WM machte Maschinensucher sofort auch außerhalb der Szene bekannt. Ein Meilenstein war die Übernahme der Plattform TruckScout24, die zuvor zur gewichtigen Scout24-Gruppe, bekannt für ImmobilienScout24 und AutoScout24, gehörte. Mit dieser Übernahme stieg Maschinensucher in den Handel mit fahrenden Gerätschaften, also LKWs, Transportern und Baumaschinen, ein.

Auch heute noch finanziert sich das kleine Maschinensucher-Imperium über Gebühren. Händler, die auf der Plattform ihre Maschinen inserieren möchten, müssen ab 29 Euro im Monat zahlen. Für Muschler ein „verkäuferfreundliches Geschäftsmodell". Provisionen bei erfolgreichen Verkäufen gab es bei Maschinensucher nicht und soll es auch niemals geben.

Einen Vertrieb hatte Maschinensucher jahrelang nicht. Die Plattform wuchs Jahr für Jahr einfach rein organisch – besonders durch Mund-zu-Mund-Propaganda der teilnehmenden Händler. Derzeit sind es mehr als 7000, die Maschinensucher und Co. nutzen – und alle dafür zahlen! Mit über 150 000 Maschinen auf der Plattform, 1,9 Millionen Besuchern im Monat und einem monatlich vermittelten Anfragevolumen von mehr als einer Milliarde Euro darf sich das Unternehmen stolz der „weltweit führende Online-Marktplatz für stationäre Gebrauchtmaschinen" nennen. Und unter dem Namen Machineseeker.com ist das Startup inzwischen bereits mit mehr als 60 Länderversionen unterwegs.

Langweilig ist es Ruhrgründer Muschler, der in seiner Freizeit gerne Sport treibt, in all den Jahren an der Spitze von Maschinensucher nie geworden. „Das Unternehmen fühlt sich inzwischen wie die dritte Firma an, die ich führe, obwohl es noch immer das gleiche Unternehmen ist." Ganz am Anfang war er halt einfach selbstständig, dann führte er ein Startup, das organisch gewachsen ist, und inzwischen ist Maschinensucher ein Unternehmen mit exponentiellem Wachstum. „Das ist abgefahren, auch stressig. Aber es macht auch Spaß."

Von Alexander Hüsing

„Hier kann man ein Startup sehr günstig bootstrappen“
So sieht Thorsten Muschler, Gründer von Maschinensucher, die Startup-Szene in Essen und im Ruhrgebiet.

Wenn es um Startups in Deutschland geht, richtet sich der Blick sofort nach Berlin. Was spricht für das Ruhrgebiet als Startup-Standort?
Das Ruhrgebiet punktet durch die günstigen Mieten und die Lebenshaltungskosten. Hier kann man ein Startup sehr günstig bootstrappen. Zusätzlich haben wir im Ruhrgebiet zahlreiche Universitäten mit sehr guten Absolventen und ein Einzugsgebiet von über fünf Millionen Menschen. Das hilft bei der Skalierung.

Was genau macht den Reiz der Startup-Szene in Essen aus?
Bochum, Duisburg, Gelsenkirchen oder Düsseldorf – alle Städte sind nur einen Katzensprung von Essen entfernt. Und damit der Hauptsitz von diversen Großkonzernen. Man ist viel näher an Kunden und Kooperationspartnern dran als in Berlin.

Was ist in Essen einfacher als im Rest der Republik?
Man zahlt nur einen Bruchteil der Miete im Vergleich zu Berlin-Mitte. Und die Personalkosten sind viel geringer als in München.

Was fehlt in Essen bzw. im Ruhrgebiet noch?
Es wäre klasse, wenn die Universität Duisburg-Essen für uns relevantere Studiengänge anbieten würde. Wir haben derzeit Glück, dass wir viele gute Absolventen von der Uni Bochum gewinnen.

Zum Schluss hast du drei Wünsche frei: Was wünscht du dir für den Startup-Standort Ruhrgebiet?
Erstens: besseres Branding, so dass die Gewinnung von nicht ansässigen Arbeitnehmern einfacher wird. Zweitens: Universitäten, die sich mehr auf die Arbeitswelt von heute konzentrieren – heißt mehr Studienplätze in Informatik und BWL-Studiengänge mit mehr digitalem Bezug. Drittens: mehr Bekanntheit und Präsenz für die innovativen Unternehmen, die hier sitzen, damit Arbeitnehmer nicht nach Düsseldorf pendeln oder gar nach Berlin/München ziehen.

Readbox (Dortmund)
Warum ein Scheich gut zu Griechenland passt

Dass Ralf Biesemeier irgendwann versuchen würde, die Buchbranche zu retten, hätte er sich als Schüler nicht vorstellen können. „Eigentlich bin ich überhaupt kein großartiger Leser", sagt der Gründer von Readbox Publishing, einem Unternehmen, das seit 2008 Marketing- und Vertriebslösungen für Verlage und andere Anbieter bereitstellt. In der Vorstellung eines perfekten Urlaubstages im Liegestuhl kommt für ihn weder zwingend der Schmöker, der Krimi oder der Abenteuerroman vor. „Wenn ich lese, dann eher fachbezogene Bücher", sagt der Ruhrpreneur. Kein Bücherwurm zu sein, sei manchmal in seiner Branche sogar von Vorteil. „Die Buchbranche hat noch immer einen ideologischen Blick auf das Produkt, das sie verkauft. Mit dem Kulturwandel tut sie sich schwer."

Biesemeier hat es gerne pragmatisch, er will Strukturen aufbauen und organisieren. Der Branche tue das gut, obwohl, in Zahlen ausgedrückt, der heimische Buchmarkt bislang noch paradiesische Zustände vorfinde. Über die Jahre hinweg setzte er auf anhaltend hohem Niveau weiterhin jährlich mehr als neun Milliarden Euro um. „Eine bislang komfortable Situation, die bequem macht", sagt der Gründer. Dabei werde vergessen, dass die Branche in den letzten Jahren auch rund sechs Millionen Leser verloren habe. Das hieße im Umkehrschluss: Die verbliebenen Leser lesen mehr – oder aber auch: „Bücher wurden in den letzten Jahren sukzessive immer teurer“, sagt Biesemeier, der wie kaum ein anderer die Absatzzahlen der Verlage im Blick hat. „Die strukturellen Probleme werden dadurch ein Stück weit verdeckt, auf die Herausforderungen der Digitalisierung hat die Branche noch nicht die richtigen Antworten gefunden. Das zu ändern, daran arbeiten wir.“

So habe sich auch die Wertschöpfung im Buchverkauf seit Jahrzehnten kaum verändert: Verlage kaufen Inhalte bei Autoren und Agenturen im In- und Ausland ein, kümmern sich um Lektorat und die Herstellung der immer noch vornehmlich gedruckten Ausgaben sowie um Marketing und Vertrieb, die in den meisten Verlagen nach wie vor hauptsächlich auf den Buchhandel ausgerichtet sind. „Noch immer werden Dreiviertel der Bücher in Deutschland im Geschäft verkauft“, so Biesemeier. Der klassische Buchkäufer, der Vielleser, den die Buchbranche adressiere, werde im Durchschnitt immer älter. Und die nachwachsenden Zielgruppen wie die viel zitierte „Generation Z“, die „Digital Natives“, die seien kaum im Buchhandel zu finden, auch weil sie sich einem Überfluss an medialen Angeboten ausgesetzt sähen, der im Sog der technischen digitalen Entwicklung entstanden sei. „Die Buchbranche mag diesen Vergleich nicht, aber wir müssen aufpassen, dass es uns nicht ergeht wie der Musikindustrie. Das Konsumverhalten ändert sich massiv, Produkte werden anders wahrgenommen, Kaufentscheidungen anders gefällt als noch vor zehn Jahren. Darauf müssen wir auch im Buchverkauf reagieren“, sagt Biesemeier, Jahrgang 1971.

Als Vater von zwei Kindern weiß der Gründer, wovon er spricht, und führt seine Tochter, eine absolute Leseratte, als Beispiel an. „Sie liest viel, aber nicht notwendigerweise gedruckte Bücher. Plattformen wie Wattpad spielen für sie eine große Rolle. Und trotz der Liebe zum Lesen: Netflix ist oft die schnellere, einfachere Art, in Geschichten einzutauchen." Für Zielgruppen mit eigenem Medienbudget sei das auch eine Frage des Preises: „Eine Hardcover-Neuerscheinung kostet nicht selten so viel wie drei Monate Netflix, im App-Store liegt der Durchschnittspreis für ein Spiel bei 49 Cent. Das ist auch ein Effekt der Digitalisierung: Die Preissensitivität der Konsumenten ist deutlich gestiegen. Bei Büchern passen empfundener Wert und verlangter Preis jedoch sehr oft nicht zusammen – und so werden diese Zielgruppen dann nicht erreicht."

„Digitalisierung hieß für Verlage lange, den Inhalt eines gedruckten Buches einfach auch als E-Book anzubieten. Aber das ist viel zu kurz gedacht", weiß Biesemeier. Nicht notwendigerweise müsse das Produkt digitalisiert werden, wohl aber der Weg des Kunden zum Produkt. Und so müsse sich auch das Marketingverständnis der Verlage ändern: Es sei wichtig, vom Kunden her zu denken. Die Frage sei: Wie und vor allem womit gelangt ein Buch in die Wahrnehmung des künftigen Lesers? Wer die Klaviatur des digitalen Marketings nicht beherrsche, für den werde die Antwort nicht leicht zu finden sein. Die Buchbranche habe hier noch einen weiten Weg vor sich.

Singt er etwa den Abgesang des Buches? Mitnichten, aber die Kanäle müssten geändert werden. „Es braucht mehr als eine Anzeige in einem der Branchenmagazine. Marketing ist nicht Werbung. Es gibt auch Beispiele von Verlagen, die sehr vieles sehr richtig machen. Der Kampf um die Aufmerksamkeit des Kunden ist also nicht verloren, wir müssen nur mit den richtigen Waffen kämpfen."

Biesemeier wuchs in „einem Kaff, das niemand kennt" in der Nähe von Lemgo auf. Sein Vater leitete den Vertrieb eines mittelständischen Automobil- und Möbelzulieferers. Als Kind habe er sich geschworen, „niemals so zu werden, wie mein Vater", lacht er – viel zu viel Arbeit, kaum Freizeit, wenig Zeit für die Familie und dazu die ganze Verantwortung. „Dagegen habe ich mich lange erfolgreich gewehrt", sagt er und rebellierte gegen das „bürgerliche Gehabe". Anzug tragen? Niemals. Stattdessen lange Haare, eine eigene Band. Stilrichtung: Heavy Metal. Sogar mit einigem Erfolg, Auftritte, Fans und Taschengeld. „Am Ende aber hat mich die Realität eingeholt", lacht Biesemeier. „Viel zu viel Arbeit, wenig Freizeit – davon kann ich jetzt auch ein Lied singen."

Statt Studium begann Biesemeier zunächst eine Lehre, dann der Sinneswandel. Er studierte in Dortmund Betriebswirtschaft mit internationalem Schwerpunkt, weswegen er für zwei Jahre nach Dundee in Schottland ging und gerne dort geblieben wäre. „Leider war das damals echt schwierig", bedauert er, „und das Angebot, für einen Job wieder nach Dortmund zu gehen, zu gut", lacht er.

Nach dem Studium folgten Stationen als Marketing-Leiter für unterschiedliche Unternehmen und Branchen im Ruhrgebiet, in den USA, in Koblenz und in Stuttgart. „Ich bin viel unterwegs gewesen, aber zum Schluss hat es mich zurück nach Dortmund verschlagen. Ich schätze das Geradlinige der Menschen hier sehr."

2006, als alle über das Web 2.0 sprachen und dessen Chancen und Risiken abgewogen wurden, standen sämtliche Branchen in der Diskussion. „Alle redeten über die Bedeutung des Netzes für Musik, Film und Video. Doch Bücher haben in dieser Diskussion so gut wie nicht stattgefunden", erzählt der Unternehmer, obwohl Amazon längst den Buchhandel verändert habe. „Ich bin kein impulsiver Entscheider", sagt Biesemeier über sich selbst. „Auch die Gründung von Readbox fand auf einer strategisch angelegten Grundlage statt." Er erkannte, dass die

Buchbranche, wie alle anderen Medien- und Contentformate, ein intelligentes Digitalmarketing brauche. Seine Devise: Algorithmen helfen beim Vertrieb; man muss nur wissen, wie man sie einsetzt. Wie gelang das? Readbox griff auf eine Vielzahl an Daten zurück, erstellte Preisanalysen, maß Umsatzdaten und machte Backlist-Vergleiche, trackte Buchtitel, analysierte Suchanfragen im Netz, verglich sie mit Absatzzahlen und maß unter anderem auch die Lesedauer von Klappen- und SEO-Texten. Diese Zahlen wurden einerseits von den Verlagen selbst zur Verfügung gestellt, andererseits gab es eine Menge Schnittstellen, die strukturiert angezapft werden konnten, um Daten miteinander zu vergleichen und Analysen durchzuführen.

Readbox hat in den letzten Jahren viel Geld und Zeit in die Forschung von Business Analytics, Semantik und künstlicher Intelligenz investiert. „Software ist die Schlüsselkompetenz unseres Unternehmens", so der Gründer. „Wir wollen wissen, welche Kundengruppe sich zu welchem Zeitpunkt mit welchem Interesse wo aufhält. Nur so können Botschaften gezielt ausgespielt werden. Mit den richtigen Daten und den richtigen Systemen kann festgestellt werden, wie Produkte, Anzeigen oder Botschaften auszusehen haben." Richtig gemacht sei zum Beispiel In-Book-Marketing eine wirksame Maßnahme, Leser an den Verlag – oder an den Händler – zu binden und mehr Bücher zu verkaufen. Die nutzenden Verlage erzielten, Zahlen aus dem Jahr 2017 zufolge, mit In-Book-Marketing eine durchschnittliche Conversionrate von über 13 Prozent. 2018 stieg die Anzahl der Buchverkäufe durch In-Book-Marketing noch einmal um über 18 Prozent gegenüber dem Vorjahr.

Das Dortmunder Unternehmen liefert die Bücher seiner Verlage global aus. Auch internationale Verlage und

Content-Anbieter hat Readbox im Portfolio, aus UK, den USA, Kanada und dem deutschsprachigen Ausland. „Wir bieten die nötige Infrastruktur für den weltweiten Digitalvertrieb und liefern die Software, mit der unsere Kunden über ihre Produkte, den Wettbewerb und die Kundennachfrage schneller und besser Bescheid wissen."

Welcher Verlag Digitalmarketing besonders gut macht? Das möchte der Gründer nicht verraten, erzählt aber eine Anekdote über einen Romanverlag: „Eine Weile lang waren Titel, in denen das Wort ‚Scheich' und ‚Griechenland' vorkommt, sehr nachgefragt. Und wo vor Jahren noch ein Millionär die Hauptrolle spielte, da muss es heute schon der Milliardär sein."

22 Mitarbeiter sind aktuell für das Unternehmen tätig. Im Jahr 2018 wurden über Readbox 14 997 104 Bücher, ein Plus von 700 000 Büchern im Vergleich zum Vorjahr, verkauft – ein Buch alle 2,1 Sekunden. Durch die KI-gestützte Optimierung von Produktmetadaten stiegen die Umsätze der Verlage um bis zu 30 Prozent.

Einen externen Investor hat Readbox bislang nicht an Bord. Das Unternehmen finanziert sich aus dem laufenden Geschäft. Ausnahme ist der Aufbau des Geschäftsbereichs „unipress", der sich seit Ende 2016 aus der Übernahme des Uni-Geschäfts des MV-Verlags aus Münster entwickelt. Den Hochschulen bietet Readbox seither ein Paket an, das von der Produktion digitaler und gedruckter Bücher in unterschiedlichsten Ausstattungen über Open-Access-Veröffentlichungen bis hin zu Anschluss und Auslieferung an den Buchhandel reicht. Hierfür wird Readbox seit Anfang 2018 durch Fördermittel des Bundesministeriums für Bildung & Forschung unterstützt.

Von Christina Cassala

„Das Ruhrgebiet verkauft sich als Metropole weit unter Wert“

So sieht Ralf Biesemeier, Gründer von Readbox, die Startup-Szene in Dortmund und im Ruhrgebiet.

Wenn es um Startups in Deutschland geht, richtet sich der Blick sofort nach Berlin. Was spricht für das Ruhrgebiet als Startup-Standort?

Ich glaube, das Ruhrgebiet wird nach wie vor total unterschätzt. Hier schlummert ein riesiges Potenzial. Ein Riesen-Ballungsraum mit allem, was das urbane Leben ausmacht: Kultur, Infrastruktur. Und auch wegen der Geschichte des „Ruhrpotts“ eine offene Gesellschaft. Menschen aus 150 Nationen leben hier. – Das Ruhrgebiet ist Berlin in vielerlei Hinsicht sehr ähnlich: Die Leute sind direkt und ehrlich, die Gegend besticht durch einen, sagen wir mal: authentischen Charme – nicht alles ist hübsch, und die Region leidet an chronischen Haushaltsdefiziten und hoher Arbeitslosigkeit. Arm, aber sexy, könnte man sagen. Der Industriewandel ist hier noch nicht durch, und gerade das bringt für Startups viele Chancen. Man hat hier sehr gute Startvoraussetzungen, eine vergleichsweise hohe Kaufkraft – vergleicht mal Immobilienpreise in Dortmund mit Köln! – und wirklich sehr schöne Ecken zum Leben. Ach ja, und der Fußball ist besser als in Berlin oder Köln. Ich bin seit 1994 im Ruhrgebiet, mit Unterbrechungen, aber mich hat es immer wieder hierher zurück gezogen.

Was genau macht den Reiz der Startup-Szene in Dortmund aus?

Ich würde, ehrlich gesagt, gar nicht so sehr unterscheiden zwischen den einzelnen Städten und Gemeinden des Ruhrgebiets. Ich mag es, die Region als die Metropole zu

sehen, die sie eigentlich ist. Und ich glaube auch, dass es gut wäre, wenn in den Verwaltungen die Verteidigung der eigenen kleinen Königreiche fallengelassen würde, um gemeinsam für die gesamte Region mehr zu erreichen. Da hat das Ruhrgebiet mit seinen Städten und Gemeinden vielleicht ein ähnliches Problem wie Europa mit den vielen Mitgliedsstaaten. Über die „Startup-Szene" kann ich eigentlich gar nicht viel sagen. Ich weiß nicht einmal, ob es eine „Szene" als solche eigentlich gibt. Da hat sich seit unserer Gründung aber auch hoffentlich einiges getan. Mehr „Szene" würde dem Ruhrgebiet sicher guttun.
Bevor wir Readbox 2008 gründeten, haben wir am start2grow-Gründungswettbewerb in Dortmund teilgenommen. Das war sehr wertvoll, und den Wettbewerb gibt es immer noch. Ein wirklich gutes Angebot der Wirtschaftsförderung Dortmund, weil man Zugang zu Wissen, Netzwerken, Kontakten und gutes Feedback zur eigenen Geschäftsidee bekommt. Als wir damals teilnahmen, waren aber viele der sich bewerbenden Teams nicht aus dem Ruhrgebiet, wenn ich mich recht erinnere. Das hat sich möglicherweise inzwischen geändert.

Was ist in Dortmund einfacher als im Rest der Republik?
Das ist so pauschal gar nicht zu beantworten, befürchte ich, und auch hier würde ich mich nicht auf Dortmund allein beziehen: Die Menschen hier sind offen, ehrlich und authentisch, das habe ich während Engagements zum Beispiel in Koblenz oder Stuttgart auch schon ganz anders erlebt. Authentizität steht jedenfalls auch auf meiner Liste ziemlich weit oben, und insofern fühle ich mich hier sehr wohl. Ich würde auch sagen, es ist grundsätzlich ziemlich unkompliziert hier – und die Currywurst hier ist eh besser als irgendwo anders.

Was fehlt in Dortmund bzw. im Ruhrgebiet noch?
In vielerlei Hinsicht verkauft sich das Ruhrgebiet als Metropole weit unter Wert. Vieles passiert in Köln und eben nicht hier. Und das, was hier passiert, bekommt manchmal über die Grenzen gar keiner so richtig mit: Schon mal bei den Ruhrfestspielen in Recklinghausen gewesen, bei einem der ältesten und größten Theaterfestivals Europas? Der Grimme-Preis wird übrigens jedes Jahr in Marl verliehen. In den Köpfen der Leute ist das Ruhrgebiet nicht präsent genug, und es steht auch für nichts. Ich habe die Erfahrung selbst gemacht: Als ich damals den Job gewechselt habe und von Koblenz nach Bochum gezogen bin, haben mich in der alten Firma alle für bekloppt erklärt, weil keiner verstehen konnte, wie man da freiwillig hinziehen kann – und Bochum ist die schönere Stadt, das weiß nur keiner.

Zum Schluss hast du drei Wünsche frei: Was wünscht du dir für den Startup-Standort Ruhrgebiet?
Erstens: mehr Zusammenarbeit der Städte für ein starkes, gemeinsames, positives Image als „die Metropole Ruhrgebiet“. Berlin hat nichts, was du nicht auch hier bekommen kannst. Zweitens: mehr und aktivere Unterstützung der kommunalen und wirtschaftlichen Infrastruktur für Startups und innovative Unternehmen insbesondere aus dem Software-/Technologiebereich. Da ist noch viel altes Industriedenken aufzubrechen. Gerade im Bereich der Finanzierungsmöglichkeiten hier in der Region gibt es noch viel Luft nach oben. Ein Startup aus Berlin hat sicher schon mal bessere Startvoraussetzungen, einfach weil es aus Berlin kommt. Klingt blöd, ist aber so. Und drittens: dass das Ruhrdeutsch nicht ausstirbt.

9elements (Bochum)
Voller Einsatz für eigene und fremde Ideen

In Bochum kommt wirklich niemand, wirklich überhaupt niemand, der sich in der Startup-Szene bewegt, an Sebastian Deutsch vorbei. Das umtriebige Kind des Ruhrgebiets kennt gefühlt jeden, und wirklich jeder kennt ihn oder hat schon einmal etwas von ihm gehört. Bereits 1999, noch während des Studiums, hoben Sebastian Deutsch und Mitstreiter Eray Basar 9elements, damals eine simple Agentur rund um Programmier-Dienstleistungen, aus der Taufe. Inzwischen arbeiten rund 80 Mitarbeiter für das profitable Unternehmen und seine Ableger.

Im Laufe der Jahre hat sich 9elements zum Dreh- und Angelpunkt der lokalen, aber auch der regionalen Digitalszene entwickelt, und selbst im fernen Berlin wurde die hervorragende Arbeit der Ruhrgebietler wahrgenommen. Längst ist 9elements auch viel mehr als eine profane Agentur. Die spannenderweise von zwei Diplom-Informatikern geführte Firma ist eher eine Mischung aus Agentur, die für Kunden Websites und Apps baut, aus Company Builder, strategischem Investor und Startup-Netzwerk. So half das Ruhr-Unternehmen auch dabei, den lokalen Startup-Erfolg Employour, der von Bertelsmann übernommen wurde, aufzubauen. Auch beim Münchner Auslandsnetzwerk InterNations, das von Xing gekauft worden ist, hatten die

9elements-Macher ihre Finger im Spiel. Zudem bauten sie mit dem PhotoEditor SDK in den vergangenen Jahren ein viel genutztes Tool zum Bearbeiten von Fotos auf. Für dieses erfolgreiche Nebenprojekt, Zielgruppe sind insbesondere Entwickler, haben die Bochumer, die ihr Unternehmen immer ohne fremde Geldgeber aufgebaut haben, inzwischen sogar in eine eigene Firma ausgegründet. Der Ableger erwirtschaftet inzwischen über die Vergabe von Lizenzen einen niedrigen Millionenumsatz, und in ähnlichen Umsatzdimensionen bewegt sich auch das Mutterunternehmen 9elements.

Grundlage für den PhotoEditor SDK war ein gescheitertes 9elements-Projekt mit dem Namen Img.ly, bei dem es um das Tauschen von Bildern beim angesagten Kurznachrichtendienst Twitter ging. Als der US-Konzern das Thema dann selbst anging, war Img.ly am Ende. An einem Freitag teilte Twitter dies den Ruhrgründern mit, am Montag bekam Img.ly technisch gesehen keinen Zugang mehr zu Twitter. Der Zufall sorgte dafür, dass ein anderes Unternehmen fast zeitgleich auf der Suche nach einem Tool war, das seine Fotos besser aussehen lassen sollte. So wurde aus dem gescheiterten Projekt Img.ly in mehreren Schritten und nach vielen weiteren Programmierstunden schließlich der jetzige erfolgreiche Bild-Editor. „Darauf sind wir sehr stolz", sagt Deutsch. „Ein Projekt von Entwicklern für Entwickler ist quasi die Königsdisziplin", führt der verheiratete Familienvater weiter aus. Aus einem gescheiterten Projekt ein profitables Unternehmen aufzubauen, ist aber auch eine Sache, die nicht jeder schafft.

Neben Img.ly bzw. PhotoEditor SDK versuchten sich die Bochumer seit ihrem Start in der Internet-Vorzeit immer wieder an eigenen Projekten, von denen die meisten aber längst wieder im Digital-Nirvana verschwunden sind. „Wir haben eigentlich immer versucht, eigene Ideen umzusetzen. Und dabei haben wir super viele Fehler gemacht“, sagt Deutsch, der 1977 in Hattingen geboren, aber in Bochum aufgewachsen ist. Von dieser Erfahrung profitieren die Unternehmen, mit denen 9elements inzwischen zusammenarbeitet.

Viele Startups verfügen am Anfang über wenig Geld. 9elements beteiligte sich deswegen an Unternehmen wie Employour und InterNations und hilft den jungen Firmen dabei, ihre Plattformen, ohne enorme Geldbeträge in die Hand nehmen zu müssen, aufzubauen. Aber auch das Geschäftsmodell zu validieren. Gerade durch ihr technisches Knowhow haben die 9elements-Macher einen ganz besonders gefragten Blick auf Ideen. Wie bei klassischen Investoren gehen sie bei diesem Modell ein hohes Risiko ein. Denn wenn das Unternehmen scheitert, sind die Anteile nichts wert. Im Fall eines Firmenverkaufs profitiert 9elements aber in vollem Umfang an den Verkaufserlösen. Gerade beim Multi-Millionen-Exit von Employour ging dieses Konzept extrem gut auf. Ansonsten hat das Startup aber auch so genügend Kunden, von denen es etwa engagiert wird, um ein bestimmtes Projekt umzusetzen.

Zu Hause ist 9elements mitten in Bochum, in der Innenstadt. Direkt gegenüber steht das berühmte Bratwursthaus, wo es bekanntlich die beste und leckerste Currywurst der Welt gibt. Auch die Anfänge von 9elements liegen im angesagten Bermuda3eck. Schon zu Studentenzeiten mieteten Deutsch und Basar direkt im Szeneviertel eine Wohnung an. „Wir wollten abends essen oder ein Bier trinken gehen; da kam das Technologiezentrum der Uni als Firmenstandort nicht in Frage.“ Das Unternehmen in einer normalen Wohnung sorgte bei Kunden immer wieder für Erstaunen. Auch das Ordnungsamt wurde irgendwann hellhörig. Zum Glück für die 9elements-Macher verlief die behördliche Überprüfung im Sande. „Wir haben uns dann aber bemüht, schnell richtige Büroräume anzumieten", sagt Deutsch. So landeten die Ruhrpreneure dort, wo sie auch heute noch sitzen. Hier fühlen sie und das ganze Team sich extrem wohl. Kohle, die das Unternehmen kürzlich mit einem Investment in die Kryptowährung Ethereum gemacht hat, wurde deswegen auch in den kompletten Ausbau einer Dachterrasse investiert. „Und das, obwohl alle geschimpft haben: ‚Das ist doch nicht euer Haus. Ihr kauft eurem Vermieter eine Dachterrasse'", sagt Deutsch. „Das Geld war aber halt da, und keiner hat so richtig hart dafür arbeiten müssen."

Generell kann man sagen, dass sich Deutsch im Ruhrgebiet, speziell aber in Bochum sehr wohlfühlt. „Ich lebe so was von in Bochum", bringt der studierte Programmierer es auf den Punkt. Mitgründer Basar, 1980 geboren, lebt auch in Bochum, treibt sich aber auch viel in Berlin herum. „Er nimmt den Vibe der Stadt gerne mit", sagt Deutsch, den es nie in diesem Maße in die Startup-Hauptstadt gezogen hat. „Wir hatten mehrfach die Möglichkeit, nach Berlin umzuziehen. Wir haben es aber nie gemacht. Unser Herz schlägt hier." Der Firmenanschieber baut lieber im Ruhrgebiet etwas auf und ist einer von wenigen Leuchttürmen, die es hier gibt, als in Berlin einer von vielen zu sein.

Ein Leuchtturm für die Startup-Szene in der Region ist 9elements auf jeden Fall. Und die Geschichte des Unternehmens ist ja noch lange nicht zu Ende erzählt. Denn Deutsch will immer wieder neue Sachen ausprobieren: „Ich habe einfach Bock, Sachen aufzubauen. Wenn diese einigermaßen gut laufen, entwickele ich aber so eine Art Projekt-ADHS. Ich muss dann was anderes machen."

Bereits früh interessierte sich Deutsch, der aus einer Lehrerfamilie stammt, für neue Technologien. Dabei kam ihm zugute, dass sein Vater Informatiklehrer ist. Der Papa brachte dem Sohnemann dementsprechend das Programmieren bei. Und der Sprössling war gut darin! Bereits als Schüler heuerte er bei der in dieser Zeit angesagten Spiele-Firma Faktor 5 an und entwickelte dort einen Vokabeltrainer für den damals beliebten Gameboy. Auch wenn der es nie auf den Markt geschafft hat, war die Arbeit bei Faktor 5 prägend für Deutsch: „Ich habe gesehen, wie cool ein Unternehmen funktionieren kann, das flache Hierarchien hat.“ Ihm gefiel auch, dass jeder der Mitarbeiter „individuell ganz viel draufhatte“.

Genau diese Ansätze sind Deutsch und Basar auch bei 9elements wichtig. „Hier arbeiten Leute, die ebenfalls sehr viel draufhaben und den Biss mitbringen, Sachen schnell zu lernen und auch zu machen.“ Und genau deswegen wurde 9elements wohl ein Erfolg. – Dass dies einmal so kommen würde, hat Deutsch nicht gedacht: „Wir hatten nie einen Masterplan.“

Von Alexander Hüsing

„Bodenständige Leute, die richtig coole Sachen machen"
So sieht Sebastian Deutsch, Mitgründer der Software-Boutique 9elements, die Startup-Szene in Bochum und im Ruhrgebiet.

Wenn es um Startups in Deutschland geht, richtet sich der Blick sofort nach Berlin. Was spricht für das Ruhrgebiet als Startup-Standort?
Es gibt in der Region viele Universitäten, die gut ausbilden. Die Nähe zur Old Economy sorgt dafür, dass man eine Geschäftsidee auch schnell validieren kann. Weiterhin sind die Mieten für Büros oder Wohnungen bezahlbar, und die Lebensqualität ist trotzdem hoch.

Was genau macht den Reiz der Startup-Szene in Bochum aus?
Alles bodenständige Leute, die trotzdem richtig coole Sachen machen. Gerade in den letzten Jahren hat sich die Szene enorm professionalisiert; es gibt mit RuhrGründer ein schönes Blog mit einem Slack Channel, wo ich die Akteure direkt erreichen kann.

Was ist in Bochum einfacher als im Rest der Republik?
Gute Talente zu finden und zu halten.

Was fehlt in Bochum bzw. im Ruhrgebiet noch?
Dass die Institutionen wie Unis oder Wirtschaftsförderungen auch jenseits der Stadtgrenzen mitdenken und handeln. Wenn's nach mir geht, dann würde ich das Ruhrgebiet „Metropole Ruhr" nennen und aus den Städten Stadtteile machen und dann dafür sorgen, dass mehr zusammengearbeitet werden muss.

Zum Schluss hast du drei Wünsche frei: Was wünscht du dir für den Startup-Standort Ruhrgebiet?
Erstens: einen Entrepreneurship-Studiengang, der den Namen auch verdient. Zweitens: eine bessere Infrastruktur, damit man zwischen den Städten schneller pendeln kann bzw. damit man nicht so gut erreichbare Stadtteile besser verknüpft. Drittens: das Verständnis bei den Städten und Wirtschaftsförderungen, dass Startups wichtig für den Strukturwandel sind.

Q.One (Essen)
Ganz klassisch: David gegen Goliath

Im Essener Norden, direkt an der Ausfallstraße zur viel befahrenen A42, sitzt ein Unternehmen, das sich nicht weniger vorgenommen hat, als die ganz Großen im Onlineshopping herauszufordern. Q.One um die Gründer Carsten Puschmann und Thomas Heidelbach ist eine jener Firmen, die mit ihrem Ansatz eigentlich eher in Metropolen wie Berlin oder München zu erwarten wäre. „Wir kommen aus dem Ruhrgebiet und wir bleiben auch hier", sagt der hochgewachsene Ruhrpreneur Puschmann mit der schwarzen Brille, die ziemlich markant in seinem Gesicht wirkt. – Eine schwarze Brille, wie sie nicht nur die Gründer in der Hauptstadt viel auf der Nase tragen, sondern die auch als Markenzeichen vieler Werbetreibender gilt. Ob sie noch ein Relikt aus diesen Zeiten ist, verrät er nicht, aber tatsächlich hat der Geschäftsmann eine Karriere als Werbe-Experte hinter sich, von der er sagt, dass er noch heute von ihr profitiere.

Wohl wissend, dass sich der Werbemarkt in den nächsten Jahren von Grund auf ändern würde, zog er mit seinem damaligen Arbeitskollegen Thomas Heidelbach die Reißleine in ihrem Werbejob. Statt sich markige Claims und Kampagnen auszudenken, bauten sie seit 2006 das Unternehmen Q.One auf. „Uns war damals klar, dass das Internet die Werbeindustrie erschlagen wird", sagt der Ruhrgründer.

Bereits als Teenager entdeckte Puschmann zunächst mit einem alten C64 das Coden für sich, schriebt und layoutete als Schülerredakteur die Schülerzeitung. „Schülerwitze und Kinorezensionen und so", lacht er. Bereits 1995 hatte er als einer der ersten eine E-Mail-Adresse. „Mir war früh klar, dass die Internet-Reise schnell von ‚braucht keiner' zu ‚geht nicht mehr ohne' gehen würde."

Zehn Jahre lang verstand sich Q.One als ein reiner Phantasiename. „Wir fanden das Q im Namen toll", sagt Puschmann. Als Digital-Agentur baute Q.One Webstores für namhafte Verlage und entwickelte Software für Payback, Miles & More sowie die Lufthansa und ergänzte das Bonusprogramm der Bahn um E-Commerce-Funktionalitäten. Die Idee war es, kundenorientierte Prozesse durch intelligente Technik automatisiert anzubieten. Woraus die web2Print-Technologie entstand, ein Marketingtool, das zum Beispiel von der Marriott-Hotelgruppe und dem Finanzdienstleister AWD genutzt wurde.

Das Agenturgeschäft lässt Q.One bis heute weiterlaufen, auch weil es immer noch ein ganz lukratives ist. „Für uns sind vor allem Kunden interessant, die uns auch als Unternehmen weiterbringen", sagt Puschmann. Mit siebenstelligen Jahresumsätzen befindet sich die Firma in einer recht komfortablen Situation, um sich weiterzuentwickeln und damit auch das Ruhrgebiet.

Anfangs arbeiteten lediglich die zwei Gründer für das Unternehmen, mittlerweile sind es rund 50, und es sollen noch 40 Mitarbeiter mehr werden; die Räumlichkeiten werden dann viel zu klein sein. Die heute schon beengte Situation hat zwar irgendwie Berliner Startup-Charme, den Puschmann durchaus mag, der aber das Unternehmen dazu zwingen wird, die Umzugskisten zu packen. Das neue Domizil ist bereits gefunden, und bald werden die Zeiten vorbei sein, in denen Marketing, Entwickler und Management über mehrere Etagen verteilt in unterschiedlichen Gebäuden arbeiten. Im Hinblick auf den nächsten Entwicklungsschritt wird das verzahnte Arbeiten der Mitarbeiter umso wichtiger werden.

„Wir verstehen uns weiterhin als Startup, wobei wir einen Transformationsprozess durchgemacht haben“, sagt Puschmann. Was komme, sei nicht weniger als der Kampf „David gegen Goliath“: ein Unternehmen aus dem Ruhrgebiet gegen einen großen US-Tech-Giganten. Was dem Handel und der Politik in Europa bislang kaum gelungen sei, wolle Q.One nun mit voller Kraft angehen.

Durch ihre Agentur-Expertise wissen die Gründer, dass die Checkout-Prozesse in den verschiedenen Shops häufig sehr komplex ablaufen und eher kaufverhindernd wirken. Zwischen 70 und 80 Prozent der Kunden würden Einkäufe im Netz abbrechen. „Viele von ihnen gehen dann doch zu Amazon“, sagt Puschmann. „Beim Onlineshoppen hat kein Kunde Lust, sich überall zu registrieren, sich Passwörter zu merken oder überall seine Zahlungsdaten zu hinterlegen. Da haben wir uns überlegt, eine intelligente Software zu bauen.“ Die Lösung heißt CloudBasket und soll den marktübergreifenden Einkauf ermöglichen und somit die Komfortmerkmale der großen Marktplätze auf das gesamte Internet übertragen. Nutzer sollen mit nur einer Anmeldung in allen Internetshops einkaufen können. Das übernimmt künftig der CloudBasket, den Nutzer zum Beispiel als App auf ihrem Handy installieren können. Mit dieser Idee will Q.One nicht nur Kunden gewinnen, sondern sich auch Amazon entgegenstellen.

Über den CloudBasket sollen Kunden auch bei Fachhändlern vor Ort einkaufen können. Voraussetzung hierfür ist nur ein eigener Onlineshop. „Somit unterstützen wir die lokalen Händler. Onlineshops müssen nicht mehr den Umweg über die Marktplätze gehen. Wir sorgen dafür, dass der Kunde wieder direkt beim Händler einkaufen kann", so Puschmann. Den Einkaufskorb muss man sich so vorstellen: „Du gehst mit deinem Einkaufswagen in ein Einkaufszentrum, gehst in jeden Laden rein, wirfst etwas in deinen Wagen, und am Ende gibt es eine Zentralkasse", erklärt der Unternehmer. Allerdings macht Q.One im Anschluss weder das Payment noch das Inkasso oder die Retoure. Wer also bei Zalando Schuhe bestellt, schickt sie auch an Zalando zurück, nicht an Q.One.

Für den nächsten Schritt in der Entwicklung des CloudBasket erhielten die Essener, die bislang immer alles aus den laufenden Einnahmen finanzierten, zunächst Kapital vom ehemaligen Adesso-Mitgründer Michael Hochgürtel. Mit seiner Hilfe konnte das Unternehmen die ersten Klick-Dummys bauen. Ein Meilenstein für Puschmann, der immer wieder betont, dass sich Q.One spätestens zu diesem Zeitpunkt von „Agentur zur Manufaktur" gewandelt habe. Plötzlich habe man auf Vollgas umschalten können. Im vergangenen Jahr erhielt das Unternehmen zusätzlich eine Millionenfinanzierung des deutschen Unternehmers Ludwig Fresenius. „Mit ihm haben wir jemanden gefunden, der diese Core-Technologie finanziert. Das ermöglicht uns, den CloudBasket zu einem idealen Moment zur Marktreife zu bringen", sagt Puschmann, Sohn einer Lehrerin und eines Kaufmanns.

Für diesen Prozess braucht es digitale Talente, die in der Lage sind, die Vision der Gründer umzusetzen. Dafür braucht es Software-Entwickler und IT-Fachkräfte – und die sind auch im Ruhrgebiet trotz der Nähe zu den Universitäten immer schwerer zu bekommen. Deshalb setzen Heidelbach und Puschmann in ihrem Unternehmen auf ein Mitarbeiter-Beteiligungsprogramm, mit dem Q.One nicht nur Führungskräfte binden, sondern auch Mitarbeiter anspornen wolle, im Unternehmen zu bleiben. Puschmann, Vater einer Tochter, sagt: „Und wenn es zum Exit kommt, partizipiert jeder."

Gleichzeitig ist der Unternehmer überzeugt davon, dass vor allem das Ruhrgebiet an Attraktivität für Startups gewinnen müsse. Mit der Unterstützung der Wirtschaftsförderung Essen, da sollte der Aufbau eines Factory-Modells gelingen. „Geld ist im Ruhrgebiet doch genug da", weiß Puschmann, „entscheidend ist aber der Zugang zu Knowhow und Netzwerk." Die Factory soll in dem gleichen Gebäude unterkommen wie Q.One. „Die Frage ist doch immer: Wo finde ich Marketing-Leute, Entwickler, SEO-Spezialisten und Sparring-Partner?" Das Factory-Modell wolle künftig als eine Art Company-Builder Antworten auf diese Fragen liefern. „Wir bieten dort den Raum für Austausch", beschreibt er das Modell. Man habe im Ruhrgebiet mit vielen Entscheidern und Playern gesprochen, um die Initiative voranzubringen. „Die mediale Aufmerksamkeit, die dadurch entsteht, wird den Recruiting-Prozess für viele Unternehmen im gesamten Ruhrgebiet einfacher machen."

Von Christina Cassala

„Es gilt, die Initiativen zu vernetzen"
So sieht Carsten Puschmann, Mitgründer von Q.One, die Startup-Szene in Essen und im Ruhrgebiet.

Wenn es um Startups in Deutschland geht, richtet sich der Blick sofort nach Berlin. Was spricht für das Ruhrgebiet als Startup-Standort?
Für das Ruhrgebiet als Startup-Standort spricht der optimal erschlossene Wirtschaftsraum mit breitem Freizeit-, Sport- und Kulturangebot; es besitzt Top-Universitäten und dadurch Top-Recruiting-Potenzial sowie namhafte Corporates, um eine gesunde Mischung zwischen Corporates und Startups zu ermöglichen. Die besondere DNA der Region beinhaltet „Anpacken" und steht dafür, dass man hier seine Ziele erreicht.

Was genau macht den Reiz der Startup-Szene in Essen aus?
Essen wird Scale-up-City in der Region. Die Stadt und die Wirtschaftsförderung treiben alle Initiativen. Mit Andre Boschem besitzt die Essener Wirtschaftsförderungsgesellschaft nun einen Chef, der es ernst meint. Es gilt nun, die Initiativen zu vernetzen. Es fehlt nicht mehr viel, dann rollt der Ball richtig in Essen.

Was ist in Essen einfacher als im Rest der Republik?
Man ist schneller im Essener Grugapark und am Baldeneysee. Im Ernst: Die Inspiration des Gründergeistes alter Tage ist hier für jedermann sichtbar. Das inspiriert und treibt an. Das ist in Essen schon sehr besonders.

Was fehlt in Essen bzw. im Ruhrgebiet noch?
Eine bessere Vernetzung der Städte untereinander. Das ist eine Herausforderung. Man muss nicht in Ökosystemen

denken, sondern ein großes, übergreifendes Ökosystem schaffen. Wir werden mit der Q.One dazu beitragen, eine zentrale Anlaufstelle für Startups zu bauen.

Zum Schluss hast du drei Wünsche frei: Was wünscht du dir für den Startup-Standort Ruhrgebiet?
Dass wir die Kraft der Metropolregion nutzen, um national wie international relevante digitale Geschäftsmodelle auf die Straße zu bringen. Dass wir nicht nur die Leute aus der Region dafür begeistern, hier zu bleiben, sondern mit Hilfe der besonderen DNA der Region dahin kommen, dass immer mehr Leute von außerhalb ihre Aktivitäten im Ruhrgebiet starten und bündeln. Dass Leute wie ihr den Standort mit uns gemeinsam beleuchtet und dass dieses Buch einschlägt.

Myster.de (Dortmund)
Vom Konzernmanager zum Handwerks-Revoluzzer

Diverse Startups kümmern sich – mit unterschiedlichsten Ansätzen – um die wichtige Digitalisierung im altehrwürdigen Handwerkersegment, so auch das junge Unternehmen Myster.de. Die von Mirco Grübel 2016 gegründete Firma konzentriert sich derzeit auf die Renovierung von Wand und Boden. Konkret geht es um das Streichen, Verputzen und Tapezieren von Innenwänden sowie das Verlegen und Entfernen von Bodenbelägen jeglicher Art.

Der in Menden im Sauerland geborene Myster-Macher beschreibt seine Firma als einen „Online-Service für Renovierungsarbeiten". Myster.de ist somit mehr als die „Gelben Seiten", in denen man lediglich Handwerkeradressen aus der Umgebung findet, und bietet auch alle Materialien an, welche die Handwerker für den Auftrag brauchen.

Und so funktioniert der digitale Dienst im Detail: Kunden wählen auf der Online-Plattform zum Beispiel Farbe oder Bodenbelag aus und erhalten kurz darauf ein Angebot für Material und Handwerkerleistung. „Ein anschließendes Telefonat klärt Weiteres und setzt einen verbindlichen Termin fest", erklärt Grübel, der selbst keinerlei Handwerker-Erfahrung hat. „Ich bin eigentlich mein bester Kunde", sagt er. Auch um Grübel herum sitzen keine Handwerker, müssen aber auch nicht! Das Startup arbeitet stattdessen mit rund 300 Handwerkern zusammen.

An diese vermittelt das Myster-Team die eingegangenen Aufträge. Das Unternehmen macht somit den alteingesessenen Handwerkern in der Region keine Konkurrenz, sondern spielt ihnen neue Kunden zu, die der Handwerker sonst sehr wahrscheinlich niemals bekommen hätte. Außerdem nimmt Myster.de den chronisch überlasteten Handwerkern den ganzen Aufwand rund um Materialien und die Kundenwünsche ab. Sie müssen sich lediglich um das kümmern, was sie am allerbesten können.

Für diesen speziellen Service erhält Myster.de eine Abwicklungsgebühr vom Gesamtauftrag. „Mit wachsendem Volumen werden wir auch über Provisionen bei unseren Produktpartnern Geld verdienen“, führt Grübel aus. Dies sei ein relevanter Teil des Geschäftsmodells, da Myster.de die verwendeten Materialien, also Tapeten und Parkettböden und Co., nicht beim Großhandel einkaufe, sondern direkt ab Werk. „Erosion der Vertriebsstufen ist hier das Stichwort“, nennt Grübel das. Viele Startups setzen an diesem Punkt an und schalten so den teilweise uralten Zwischen- und Großhandel aus. – Dies passiert nicht nur im Handwerkersegment, sondern auch in der Welt der Gastronomie, beim Bestellen von Büromaterialien und sogar beim Büdchen um die Ecke.

Seine Zelte hat Myster.de ganz in der Nähe zum Dortmunder Hauptbahnhof aufgeschlagen. Und dort steht die sogenannte Myster-Box. Dahinter verbirgt sich eine Art Showroom für Kunden – es gibt in der Box somit reichlich Boden- und Wandbeläge, die man anfassen kann. Gleichzeitig ist diese Box, die nichts weiter als ein profanes Eckgebäude ist, auch das Büro des kleinen Unternehmens, das rund 10 Mitarbeiter beschäftigt. Wer an daran vorbeischlendert, dürfte sich fragen, was genau die darin wohl so treiben.

Außer in Dortmund unterhält die Firma noch einen Standort in der Hamburger HafenCity, und geplant sind weitere Myster-Boxen in Frankfurt am Main, in Köln, in Berlin sowie in München.

Neben den Themen Böden und Wände will sich die Jungfirma bald auch um Segmente wie Trockenbau, Wärme, Elektrik und Gartenbau kümmern. Allerdings alles zu seiner Zeit. Zunächst will Grübel Myster.de im kleinen Maßstab etablieren. Seine Vision aber ist groß, richtig groß! „Wir haben das Ziel, national die bekannteste und professionellste Marke für Handwerksleistungen zu werden", sagt Grübel, Jahrgang 1976, sehr, sehr selbstbewusst. Und schiebt direkt hinterher: „Wir wollen eine Industrie einnehmen." Die Myster-Box in Dortmund sei dafür die Spielwiese, das Labor der Jungfirma: „Hier bauen wir jeden Tag um, hier können wir experimentieren."

Grübel selbst sieht sich als einen „sehr kreativen, wilden Kopf". Kollegen beschreiben ihn als „unstrukturierten Menschen". Umso erstaunlicher ist, wie strukturiert sein Werdegang nach außen wirkt und wie strukturiert er in beruflichen Dingen vorgeht. Grübels Werdegang ist wild und äußerst kreativ. Immer wieder kämpfte er sich durch und wuchs an seinen Aufgaben.

Sein Geburtsort Menden wurde ihm bereits schnell zu klein. „Wenn man in Menden geboren ist, wird man entweder Schützenfest-König oder Handball-Star", sagt er schmunzelnd. Grübel entschied sich für Letzteres. Fast 20 Jahren spielte er „ziemlich exzessiv" Handball, war mit dem Verein sogar bei einem Turnier in Moskau und Sankt Petersburg. Diese wilde Zeit ist aber vorbei. Sein Fazit zu seiner langen Handballzeit ist pragmatisch: „Nach all diesen Jahren als Handballer kann ich noch immer gerade gehen. Das ist bei diesem Sport nicht ganz so üblich."

Beruflich führte ihn sein Werdegang zunächst an die Verwaltungs- und Wirtschaftsakademie (VWA), und am Ende eines dualen Studiengangs konnte sich der spätere Myster-Gründer, der während des Studiums Vater geworden war, Diplombetriebswirt nennen.

Nach einigen Auslandsreisen, auf denen er insbesondere Englisch gelernt hat, fühlte er sich schließlich fit für die Welt der Konzerne. Denn genau da wollte er immer hin! Mit einer dreiseitigen PowerPoint-Präsentation, auf der auch eine Rakete abgebildet war, bewarb er sich zunächst bei der Beraterfirma Schitag Ernst & Young – und wurde tatsächlich genommen. Nach einer kurzen Phase als Assistent der Geschäftsführung wurde Grübel, der zu diesem Zeitpunkt kaum Berufserfahrung hatte, schließlich Teilprojektleiter bei der damals anstehenden E.ON-Fusion. Von da ging es weiter zu RWE. Vom Projektmanager arbeitete sich Grübel beim Energiekonzern zum Geschäftsführer hoch. Mit 28 Jahren war der Sauerländer schließlich jüngster Geschäftsführer im großen RWE-Konzern. Und dann hat er es dort nicht mehr ausgehalten. „Mit 30 bin ich ausgestiegen." Er wollte einfach nicht länger ein „Konzern-Fuzzi" sein!

Grübel gründete seine eigene Beratungsfirma, das Unternehmen Perpetuo. Auf eigene Rechnung half er fortan Konzernen, sich zu „restrukturieren, neue Wege zu gehen und so weiter". Das Unternehmen Stahlgruber, eine Firma rund um die Themen Kfz-Teile, Zubehör und Werkstattausrüstung, war seine Herkulesaufgabe. „Dabei habe ich gelernt, wie man Unternehmen aus der Scheiße zieht." Grübel führte die quasi gescheiterte Firma zurück auf die Erfolgsbahn. Aus 100 Mitarbeitern wurden – auch durch Übernahmen – nach fünfeinhalb Jahren rund 700. „Das war meine finale Ausbildung", resümiert er.

Danach brauchte er eine neue Herausforderung, hatte einfach „keinen Bock mehr auf Beratung“. Bei einem Workshop mit dem Leuchtenhersteller Trilux, ebenfalls aus dem Sauerland, entstand die Idee für ein Handwerker-Startup, und daraus wurde letztendlich Myster.de. „So bin ich wie die nicht handwerklich begabte Jungfrau zu einem Handwerker-Startup gekommen.“

Familiäre Vorbilder zu der zunächst eingeschlagenen Konzern- oder der späteren Gründerkarriere besaß Grübel keine. Sein Vater war jahrelang Lagerleiter bei einer Getränkefirma, seine Mutter Krankenpflegerin bzw. gelernte Erzieherin. In Myster.de sieht er vorerst seine Lebensaufgabe, an einen Verkauf des Unternehmens denkt er nicht. „Ich habe Bock, das auch noch mit fünfzig zu machen.“ Vor allem weil er das Gefühl habe, dass Myster.de die eine Idee ist, die richtig groß werden könnte. Deswegen findet er: „Es lohnt sich, dafür alles zu geben.“

Von Alexander Hüsing

„Dieser Cocktail ist einzigartig“
So sieht Mirco Grübel, Gründer der Handwerkerplattform Myster.de, die Startup-Szene in Dortmund und im Ruhrgebiet.

Wenn es um Startups in Deutschland geht, richtet sich der Blick sofort nach Berlin. Was spricht für das Ruhrgebiet als Startup-Standort?
Zunächst einmal ist es Teil der größten Metropolregion Deutschlands und somit ein bedeutender Markt an sich. Das Interesse an strukturellen Entwicklungen, gerade im Ruhrgebiet, ist in den letzten Jahrzehnten Teil der Gebietskultur geworden, denn das Ruhrgebiet durchlief und durchläuft immer noch einen starken Strukturwandel, quasi „von der Kohle zum Digitalbusiness“. Hier findet man viele gute Leute mit unterschiedlichen Skills, ob IT-ler, Designer, Sales Experts und natürlich auch professionelle Handwerkspartner.

Was genau macht den Reiz der Startup-Szene in Dortmund aus?
Der Reiz der Szene entsteht gerade. Das bedeutet, dass die Startup-Szene hier noch recht jungfräulich ist und wir dadurch den Vorteil hatten, mit unserer Story sehr schnell in die Köpfe der bedeutendsten lokalen Entscheider und Multiplikatoren zu gelangen. Wir konnten uns also schneller mit unserem innovativen Geschäftsmodell bei den richtigen Leuten positionieren. Man findet generell vielleicht auch schneller die richtigen Ansprechpartner. Andererseits machen Innovationen nicht an der Stadtgrenze halt, sondern betreffen eine Region mit zehn Millionen Menschen und potenziellen Kunden.

Was ist in Dortmund einfacher als im Rest der Republik?
Einen reinen „USP" für Dortmund gibt es leider noch nicht. Doch wir mögen die seltene Mischung von Bodenständigkeit, Ballungsgebiet, logistischer Positionierung/ Nähe zu mehreren Flughäfen, von kurzen Wegen zu großen Konzernen und dem akzeptablen Niveau der Lebenshaltungskosten. Dieser Cocktail ist einzigartig!

Was fehlt in Dortmund bzw. im Ruhrgebiet noch?
Ganz sicher ist hier eine kontinuierliche sowie nachhaltige Vernetzung von Startups und Investoren noch sehr unterentwickelt. Es ist deutlich spürbar, dass das Interesse dafür immer mehr zunimmt, jedoch auch noch viel Aufbauarbeit zu leisten ist. Diverse Veranstaltungen, wie der RuhrSummit, tun der Region gut. Wir haben beispielsweise dort bemerkt, wie viel Awareness wir bei einer solchen Plattform generieren. Wir wünschen uns noch viel mehr davon! Förderlich wäre auch eine stärkere Gesamtvermarktung der Region, zum Beispiel ein gemeinsamer Claim, von dem alle profitieren.

Zum Schluss hast du drei Wünsche frei: Was wünscht du dir für den Startup-Standort Ruhrgebiet?
Erstens: mehr Investoren-Präsenz und Mut zum Investieren. Zweitens: mehr werthaltige, professionelle Events von überregionalen Veranstaltern. Drittens: mehr Imagearbeit und aktive Unterstützung durch die Kommunen sowie ein gemeinsames Dach für die Startups der Region.

Rent-a-guide (Bochum)
Warum in die Ferne reisen, wenn das Gute liegt so nah

Manchmal muss man gar nicht in die weite Welt hinaus, wenn Traumziele wie Rom, Paris, Dubai oder Marrakesch mitten in einem Büro in Bochum locken. Einmal auf den Eiffelturm, eine Führung durch die Sixtinische Kapelle oder rauf auf den 830 Meter hohen Burj Khalifa? – Das kann Florian Ziegler, Jahrgang 1979, allenfalls im Urlaub. Zwar beschäftigen sich der Gründer von Rent-a-guide und sein rund 20-köpfiges Team tagtäglich mit den schönsten Reisezielen und Destinationen, aber zum Reisen fehlt dem zweifachen Familienvater längst die Zeit. „Natürlich habe ich Sehnsucht, wenn ich all die tollen Angebote auf unserer Seite sehe, aber vor allem für Städtereisen, die ich vor der Geburt meiner Kinder regelmäßig unternommen habe, fehlt mir momentan die Zeit“, sagt der Gründer bedauernd. „Aber dafür können jetzt andere ihren Urlaub über uns buchen.“

„Pech“ für den Unternehmer, der 2009 gemeinsam mit seiner Schwester Sarah Ziegler und David Stächele, den die beiden bereits seit Schulzeiten kennen, Rent-a-guide deswegen gegründet hat, weil er bei der Planung einer Städtetour feststellte, dass es im deutschsprachigen Raum bis zu diesem Zeitpunkt keine Plattform gab, auf der die Aktivitäten und Eintrittstickets für die schönsten Sightseeing-Tipps bereits vorab gebucht werden können.

Deshalb ist Rent-a-guide als Website online gegangen, auf der Touristen Aktivitäten wie Führungen und Ausflüge sowie Eintrittskarten für Sehenswürdigkeiten ordern können. Über Rent-a-guide lassen sich Erlebnistouren und Aktivitäten rund um die Uhr und auf der ganzen Welt buchen. Ein lukrativer Markt. „Wie viel Potenzial in diesem Markt steckt, hat uns damals kaum jemand geglaubt", sagt der gebürtige Bochumer, der sich gerne als „Kind des Ruhrgebiets" bezeichnet, rückblickend. Und tatsächlich: So richtig Schwung ist erst vor vier Jahren in den Markt gekommen, als nicht nur Startups entstanden, sondern auch die großen Reiseanbieter plötzlich feststellten, wie viel Geld sich mit Kuratieren von Ausflugspaketen und Ticketing für Sehenswürdigkeiten verdienen lässt.

Nach den Hotel- und Flugbuchungen gehören das Segment des Ticketing für Sehenswürdigkeiten und vorab buchbare Pakete für Ausflüge zum umsatzstärksten innerhalb der Tourismusbranche. Erst danach folgen Bereiche wie das Buchen von Mietwagen und Kreuzfahrtreisen. Nicht nur die ganz Großen der Branche sind von dieser Entwicklung der letzten Jahre überrascht worden, weshalb ein wahres Wettrennen um Marktgröße und Kapitalstärke begonnen hat.

Mittlerweile gibt es sieben Unternehmen, die das Segment für sich entdeckt haben und es auf eine Bewertung von mindestens einer Milliarde Dollar bringen. Dazu zählen der deutsch/schweizerische GetYourGuide und das asiatische Klook. Beide sehen sich aktuell als Marktführer in diesem Bereich. Doch selbst sie werden es wahrscheinlich schwer haben, diesen Status gegenüber Airbnb, Booking und Tripadvisor zu verteidigen.

Die mächtige Konkurrenz spürt Ziegler tagtäglich. „In Investorengesprächen hatten wir GetYourGuide natürlich immer vor der Brust, und das hat die Sache nicht einfacher für uns gemacht, Geld einzusammeln." Dabei war es einfach schlechtes Timing: GetYourGuide war nämlich fast zeitgleich, aber zunächst völlig unter dem Radar in der Schweiz online gegangen. Nach einer ersten Millionen-Finanzierung eroberte das Unternehmen dann jedoch quasi im Stechschritt auch den hiesigen Markt – mit Finanzierungsrunden von bis zu 250 Millionen Euro. „Die sind einfach deutlich aggressiver als wir aufgetreten. Wir sind da anfangs vielleicht etwas zu naiv beziehungsweise zu vorsichtig bei der Kapitalsuche vorgegangen", so der Gründer, der parallel aber ebenfalls Investoren von seinem Unternehmen überzeugen konnte – wenn auch in anderen Größenordnungen.

Dabei sah es für Rent-a-guide im Jahr 2014 schon richtig gut aus, ebenfalls einer der globalen Big Player werden zu können. Seinerzeit investierte nämlich SevenVentures als Investment-Arm der ProSiebenSat.1-Gruppe noch massiv in diesem Segment. Der Deal hätte den Bochumern den nötigen Schwung verleihen können und den Unternehmensaufbau massiv beschleunigt. Leider kam er final nicht zustande.

Bedauern beim Gründer? Nein, denn trotz der Übermacht der Wettbewerber wächst auch Rent-a-guide kontinuierlich. „Es gibt Platz für mehrere Anbieter!", ist Ziegler überzeugt. Im Portfolio haben die Bochumer inzwischen rund 1000 Ausflugsziele in über 130 Ländern und deutlich über 500 000 Kunden. Nächstes Ziel: eine Million Kunden. Partnerseitig arbeitet Rent-a-guide mit Thomas Cook und L'TUR zusammen. Bei den Veranstaltermarken sowie bei den Reisebüro-Filialen und Franchisern wurden die Angebote von Rent-a-guide als White-Label-Produkte auf den Homepages integriert.

Rent-a-guide gehört trotz der globalen Marktteilnehmer im deutschsprachigen Markt mit über 100 000 deutschsprachigen Kunden pro Jahr zu den größten Anbietern.

Bis vor ein paar Jahren sei die Zielgruppe überraschenderweise noch verhältnismäßig alt gewesen, nun habe sie sich spürbar verjüngt. „Von Anfang zwanzig bis in weit in die achtzig ist alles dabei", so der Gründer. Nicht überraschend für ihn, denn in den letzten Jahren sei das Angebot ständig verbreitert und immer weiter den Kundenanfragen angepasst worden. „Wir bieten mittlerweile die komplette Palette an – von ÖPNV-Tickets zu vier Euro bis hin zu großen privaten Rundreise-Ausflügen, die gerne auch 600 Euro kosten. Da ist für jeden etwas dabei."

Italiens schöne Hauptstadt Rom gehört dabei über viele Jahre hinweg zu den beliebtesten Reisezielen der Kunden. Egal ob nur Eintrittskarten für den Vatikan oder das Komplettpaket mit Flughafentransfer und Restaurantguide – die Ewige Stadt am Tiber ist eine der Top-Destinationen von Rent-a-guide, gefolgt von Dubai, New York und selbstverständlich Paris. Früher, so Ziegler, sei es sehr schwierig gewesen, beispielsweise an Kartenkontingente für den Vatikan oder den Eiffelturm zu kommen. Doch seitdem sich die Sehenswürdigkeiten dank zunehmender Technologie auch für kleine Partner öffneten, sei es selbst für Underdogs möglich, in einem stark wettbewerbsgetriebenen Umfeld zu bestehen. Auch Rent-a-guide profitiere von dieser Entwicklung.

Eigentlich wollte Ziegler Sportreporter werden. Man dürfe als Fußballfan – „im Ruhrgebiet geht es fast nicht anders" – von Berufs wegen auf Sportplätzen stehen und könne mit der Berichterstattung auch noch Geld verdienen. Genau das tat Ziegler! Mit 17 heuerte er bei der Bochumer WAZ an und finanzierte sich mit dem Schreiben über Trainertaktiken, Spielaufstellungen und Tordifferenzen sein Studium. Sein parallel begonnenes Wirtschaftsstudium an der Ruhr-Universität Bochum brach er ab und wechselte zu den Fächern Politik und Geschichte.

Was folgte, war jedoch nicht das obligatorische Volontariat in einer großen Zeitungsredaktion, sondern Ziegler blieb seiner Fußballleidenschaft treu und gründete 2006 mit Revierkick seine eigene Redaktion, ein Portal für den Amateurfußball, und er wurde statt Volontär geradewegs Chefredakteur – und ein Unternehmer. „Das Internet war damals noch im Steinzeitalter, und wer sich über Fußball jenseits der Ersten oder Zweiten Liga informieren wollte, hatte keine Chance. Mit Revierkick wollte ich genau das ändern." Ausgestattet mit ein bisschen Kapital von Freunden und Familie, bildete er fortan gemeinsam mit ein paar Studenten redaktionell den Amateurfußball ab – und das so erfolgreich, dass nur kurze Zeit später die renommierte Zeitung Reviersport das kleine Portal aus dem Stand heraus aufkaufte und groß machte.

Ziegler blieb dem Medium noch eine Weile treu, baute dort den Online-Kanal auf, ehe er 2010 Rent-a-guide gründete.

Die klassischen Finanzierungsrunden hat Rent-a-guide seither nie wirklich gemacht, sondern wählte andere Wege: „Wir sind eigenfinanziert und haben nur einen kleinen Beitrag über die KfW, die Kreditanstalt für Wiederaufbau, bekommen. Später kam noch ein Regionalfond hinzu", erzählt der Gründer. Eine erst 2013 erfolgte Crowdfunding-Kampagne über die inzwischen insolvente Plattform Innovestment war für das Reise-Startup erfolgreich. Insgesamt 130 000 Euro kamen dabei zusammen. „Unsere Crowd begleitet und berät uns teilweise noch immer konstruktiv", so Ziegler.

Für den geplanten internationalen Rollout im Jahr 2014 investierte zusätzlich ein Family Office in Rent-a-guide, doch seit dem geplatzten Deal mit SevenVentures liegen diese Pläne auf Eis. Nun aber will Rent-a-guide seine Internationalisierungs-Pläne erneut angehen und auch in den englisch- und französischsprachigen Markt expandieren.

Und wie geht es vor Ort weiter? „Wir haben uns in den letzten Jahren ganz klar auf unser Business konzentriert und hart gearbeitet. Wir werden uns an den Markt und die veränderte Wettbewerber-Situation anpassen", sagt der Unternehmer. Heißt konkret: Rent-a-guide will weiterhin eigene Produkte für seine Kunden entwickeln. Und hofft, letztendlich auch von der Werbung der großen Wettbewerber zu profitieren. Denn obwohl bereits jetzt viel Geld im Markt ist, ist das Thema, Touren und Ausflüge über das Internet zu vermitteln, noch weitgehend unbekannt. In den kommenden Jahren wird sich das stark ändern, und wer dann „das Stichwort ‚Stadtführung Rom' eintippt, wird uns auch in Zukunft weit oben finden", ist Ziegler überzeugt.

Von Christina Cassala

„Sympathisch und überschaubar"
So sieht Florian Ziegler, Mitgründer von Rent-a-guide, die Startup-Szene in Bochum und im Ruhrgebiet.

Wenn es um Startups in Deutschland geht, richtet sich der Blick sofort nach Berlin. Was spricht für das Ruhrgebiet als Startup-Standort?
Die große Anzahl an Universitäten und Studenten, Stichwort Recruiting, und die – noch – relativ günstigen Mieten sind für mich zwei der wichtigsten Faktoren, die für den Standort Ruhrgebiet sprechen.

Was genau macht den Reiz der Startup-Szene in Bochum aus?
Bochums Startup-Szene ist klein, hat sich in den vergangenen Jahren aber wahnsinnig entwickelt. Während meine Schwester im Jahr 2010 mit unserem damaligen Büronachbarn den ersten Bochumer Gründerstammtisch noch selbst ins Leben rufen musste, ist die Anzahl von Events und Network-Veranstaltungen, wie zum Beispiel Fuckup-Nights, BizSlam etc., in den letzten Jahren sehr stark gewachsen. Gleichzeitig ist die Szene dennoch sympathisch und überschaubar geblieben.

Was ist in Bochum einfacher als im Rest der Republik?
Im Herzen des Ruhrgebiets mit seinen Millionen Einwohnern seinen Standort zu haben, vereinfacht es, Mitarbeiter zu finden. Allein unser Team reist jeden Morgen aus zehn verschiedenen Städten aus dem gesamten Ruhrgebiet an. Zudem ist es für Gründer in Bochum relativ einfach, mit der Wirtschaftsförderung, die seit Jahren die Gründerszene unterstützt, ungezwungen in Kontakt zu kommen und schnell weitere Kontakte zu knüpfen.

Was fehlt in Bochum bzw. im Ruhrgebiet noch?
Einer der wichtigsten Punkte ist sicher die noch mangelnde Wahrnehmung und vor allem die damit einhergehende fehlende Präsenz von internationalen Investoren. Nicht nur im Vergleich zu Berlin, sondern auch im Vergleich zu Düsseldorf oder Köln. Es gibt im Ruhrgebiet mittlerweile zwar erste große und bekannte Startups wie Urlaubsguru oder GastroHero sowie millionenschwere Exits – Emploour – und stark wachsende Startup-Cluster in den einzelnen Städten, es braucht aber vielleicht das erste Einhorn, um noch stärker zu Startup-Metropolen wie Berlin, aber auch zu Städten wie Hamburg, München oder Köln aufzuschließen. Aber alles ist auf einem guten Weg.

Zum Schluss hast du drei Wünsche frei: Was wünscht du dir für den Startup-Standort Ruhrgebiet?
Erstens: Präsenz von großen, auch international agierenden Investoren. Zweitens: eine bessere Vernetzung aller Akteure über die Grenzen der jeweiligen Ruhrgebietsstädte hinweg – das betrifft im Ruhrgebiet aber nicht nur die Startup-Szene. Drittens: das erste Einhorn im Revier.

Talpasolutions (Essen)
Das Ruhrpott-Startup ohne Ruhrgebietswurzeln

Kohle. Staub. Bergbau. – Zugegeben, es klingt ein wenig verstaubt, doch wie kann man der alteingesessenen Montanindustrie einen frischen Anstrich verpassen? – Genau das wollen Sebastian Kowitz, Kai Meschede, Artem Zitzer und Philipp Lorenz mit Talpasolutions erreichen. Mit ihren Big-Data-Analysen begleiten sie Unternehmen der Bergbauindustrie. Kunden können so „transparenter, sicherer und effizienter arbeiten".

Um das Startup und seine Arbeit besser verstehen zu können, muss man erst mal wissen, dass der Bergbau weitaus mehr als die RAG Steinkohle oder RWE Braunkohle ist. In Australien gehören Gold und Silber beispielsweise auch zum Bergbau. „Alles, was nun mal nicht auf den Bäumen wächst oder angepflanzt werden kann, kommt aus dem Bergbau", erklärt Ruhrpreneur Kowitz. Von ihrer Idee profitieren vor allem Unternehmen mit millionenschweren Fuhrparks. Rentabel sei das Geschäft allemal.

Talpasolutions, ein Spin-off der Universität Aachen mit 28 Mitarbeitern aus aller Welt, residiert in den denkmalgeschützten Räumen des Gründerzentrums Triple Z auf Zollverein in Essen-Katernberg. Bereits im Sommer 2017 hat sich das Startup vom Gründerfonds Ruhr und dem High-Tech Gründerfonds in einer Seed-Runde 1,5 Millionen Euro gesichert.

Das Startup entwickelt eine Software, die Hersteller für Bergbaumaschinen unterstützt, indem es die Daten verständlicher macht, größere Systemausfälle vorhersagt und die Maschinen- und Flottenverteilung sowie die Wartung optimiert. Das Produkt ist ein kleiner quadratischer Minicomputer, der auf die Maschinen gesetzt wird und die Daten aus der Maschine ausliest.

Mitgründer Kowitz wurde 1987 in Gießen geboren. Sein Vater war bei der Bundeswehr, die Mutter Lehrerin. In seiner Familie gibt es keine Gründer oder Selbstständige. Mitstreiter Lorenz, 31 Jahre alt, kommt aus Daun, einem kleinen Örtchen in Rheinland-Pfalz. Dessen Vater war ebenfalls bei der Bundeswehr. Kowitz und Lorenz lernten sich im Kindergarten kennen. Dann trennten sich ihre Wege. Erst zum Abitur in den Niederlanden trafen sie sich wieder. Lorenz blieb in Maastricht, studierte BWL und fing bei IBM in Amsterdam an. Kowitz' Weg führt nach Aachen, und dort lernte er Artem Zitzer kennen. Beide studierten an der Universität Aachen Bergbau. „Das waren einfach die interessantesten Vorlesungen. Hier ging es richtig zur Sache. Große Maschinen, viel Dreck und Auslandsgeschäft! Da war für mich sofort klar: Das mache ich!", erzählt Kowitz. Die Familie von Talpasolutions-Macher Zitzer kommt aus der Nähe von Sankt Petersburg. Mitgründer Meschede wiederum kommt aus Krefeld, studierte wie Zitzer und Kowitz an der Universität in Aachen.

Für Zitzer und Kowitz ging es nach dem Studium zum TÜV Nord nach Essen. Dort bestand Kowitz' Aufgabe darin, große Maschinen für die Hersteller zu analysieren, um festzustellen, wieso sie kaputtgegangen sind und wer Schuld daran hatte oder ob es sich „nur" um einen Produktionsfehler handelte. Während dieser Zeit kam ihm die Idee der Gründung. „Artem und ich haben zusammen in

Essen gearbeitet, hatten auch denselben Arbeitgeber und haben dann gemeinsam gekündigt." In der Planungsphase stellten sie fest, dass sie jemanden im Team brauchten, der im Bereich Software und Data Science Ahnung hat. „Kai Meschede kannte ich noch aus dem Studium und hab ihn gefragt, ob er Lust hätte, und er hat direkt zugesagt", erinnert sich Kowitz.

Sebastian Kowitz über die Anfänge von Talpasolutions: „Wir haben uns jeweils immer vom einem bis zum nächsten Halbjahr entschieden, ob wir weitermachen, weil wir am Anfang alles selbst finanzieren wollten." Es gab keine Business Angels. Unterstützt wurde das Startup von der Stadt Essen und der Wirtschaftsförderung. „Für uns war es immer schon sehr schwierig, dass es kein Verständnis für den Bergbau gab." Man habe viel Zeit damit verbracht, Investoren den Bergbau zu erklären, statt ihnen ihr Business-Modell vorzustellen. „Investoren haben irgendwie nie wirklich begreifen können, um welche Summen es in unserer Branche geht. So ein Bagger kostet nun mal fünf Millionen Euro. Und in den drei Jahren, in denen er im Einsatz ist, kostet er 250 Prozent des Einkaufspreises an Serviceleistung und Wartung. Genau hier setzt unsere Software an, denn unsere Lösung ist relativ günstig dagegen."

Die Ehefrauen von Zitzer und Kowitz kommen aus Gelsenkirchen. Einer der Gründe, wieso sie im Ruhrgebiet blieben. „Im Grunde hätten wir unser Startup überall gründen können. Außerdem sitzen hier die meisten Hersteller von Maschinen für den weltweiten Bergbau, und letztlich ist es auch marketingtechnisch viel einfacher, wenn man plötzlich vom ‚neuen Bergbau' sprechen kann. Außerdem würden wir lügen, wenn wir sagen würden, dass wir nicht von der Glorifizierung des Bergbaus profitieren", ergänzt Kowitz lachend.

Der Gründer sieht das Problem der Bergbaubranche darin, dass die Industrie „ultraklassisch“ sei. Viele der „alten Herren“ aus den oberen Etagen hätten teilweise sehr große Schwierigkeiten, ihn zu verstehen, vor allem wenn es um das Thema Digitalisierung gehe. Sebastian Kowitz denkt nicht in Problemen, sondern wie auch in diesem Fall in einfachen Lösungen: „Wir haben einfach ältere Mitarbeiter eingestellt, die uns dann zu den Geschäftsterminen begleiten. So konnten wir immer sichergehen, dass wir auch verstanden und ernst genommen werden.“ Auch hätten die Gründer schnell feststellen müssen, dass sich die alteingesessene Industrie gegen die Berliner Startup-Mentalität sträube. Das sei auch der Grund, wieso der für Startups so typische Kickertisch im Büro fehle. „Wenn wir Besuch von den Anzug-tragenden älteren Herren bekommen und sie würden hier einen Kickertisch sehen, hätten sie das Gefühl, ihr Geld wird in eine Spielbude investiert“, lacht er. Sie hätten gelernt, dass in dieser Branche andere Regeln üblich seien. „Bei Terminen wird einfach viel Kaffee getrunken, und es werden noch mehr Plätzchen gegessen.“ Danach seien meistens alle glücklich.

Was andere sich von den Talpasolutions-Gründern abschauen könnten, sei in erster Linie ihr Durchhaltevermögen; und dass die Arbeit mit Großkonzernen durchaus möglich sei und es keinen „Startup-Anstrich“ brauche, um erfolgreich ein Unternehmen groß aufzuziehen. Kurzum: In der digitalen Version der Bergbauindustrie habe man sich ein wenig an die „grauen Männer“ angepasst.

Von Sümeyye Algan

„Das Ruhrgebiet ist spannend und divers"
So sieht Sebastian Kowitz, Mitgründer von Talpasolutions, die Startup-Szene in Essen und im Ruhrgebiet.

Wenn es um Startups in Deutschland geht, richtet sich der Blick sofort nach Berlin. Was spricht für das Ruhrgebiet als Startup-Standort?
Das Ruhrgebiet ist spannend und divers – hier hast du von allem etwas! Neben den offensichtlichen strukturellen Vorteilen gibt es hier im Ruhrgebiet eine sehr interessante Kultur. Im Pott ist vieles geerdet, und hier werden klare Worte gesprochen – meist auch sehr direkt. Ohne Berlin zu nahe treten zu wollen: Im Pott gibt es statt Bio-Sandwiches und Fritz-Cola ein Mettbrötchen und Bier!

Was genau macht den Reiz der Startup-Szene in Essen aus?
Der Pott ist eh und je verbunden mit der Schwerindustrie und der Energiewirtschaft. Der Pott war schon immer Magnet für verschiedene Kulturen und Herkünfte. Alte Industrie-Areale werden jetzt zu neuen interessanten Büros, und das zu erschwinglichen Mieten. Auch ist der Pott als Lebensstandort sehr schön und interessant. Viele glauben, der Pott ist eine graue Stadt mit rauchenden Schloten. Aber das ist Vergangenheit. Hier gibt es Natur, Industriekultur, Multikulti und Großstadtfeeling und vieles mehr. Einfach vorbeikommen und sich selbst einen Eindruck machen.

Was ist in Essen einfacher als im Rest der Republik?
Als Startup mit Industriefokus hast du die wichtigsten und interessantesten Unternehmen aus Deutschland hier vor Ort ansässig. Generell gilt: Der Pott sagt das, was er meint. Wenn man überzeugende Angebote und inno-

vative Lösungen vorzustellen hat, kann man hier relativ schnell einen Vertrag oder eine Kooperation mit den Unternehmen aufbauen. Weiterhin genießt man als Gründer im Pott ein hohes Ansehen, da in der Vergangenheit viele Gründer von Weltkonzernen aus dem Ruhrgebiet stammten und jedem diese Historie bekannt ist. Damals waren diese Unternehmen nicht unbedingt als Startups bekannt, aber die Mechanismen haben sich nicht grundlegend geändert.

Was fehlt in Essen bzw. im Ruhrgebiet noch?
Im Pott fehlt eine übergreifende Wahrnehmung von Startups. Das Thema Startups, insbesondere Startups mit einem Lösungsfokus für die Schwerindustrie, ist noch nicht flächendeckend in der Gesellschaft und Industrie angekommen. So wird man vielfach als Exot wahrgenommen und weniger als ein Partner oder Lieferant auf Augenhöhe. Dies ist in der Regel aber auf die hier angesiedelten konservativen Industrien zurückzuführen. Verschiedene, teilweise von der Politik initiierte oder unterstützte regionale und überregionale Formate haben in der Vergangenheit bereits viel an diesem Denken geändert und werden dies auch in Zukunft vermehrt machen.

Zum Schluss hast du drei Wünsche frei: Was wünscht du dir für den Startup-Standort Ruhrgebiet?
Zuallererst wünsche ich mir, dass die verschiedenen Städte im Pott mehr kooperieren und gerade gegenüber den Startups als eine Einheit auftreten. Weiterhin ist es wichtig, dass auch das Ruhrgebiet speziell bei den Investoren mehr als valider Standort für Startups, insbesondere für die Industrie, wahrgenommen wird. Und als Letztes wünsche ich mir noch mehr Gründer aus dem Ruhrgebiet.

Puppeteers (Dortmund)
Künstliche Welten am künstlichen See

Nicht mal ein Jahr nach dem euphorischen Start war das Dortmunder Unternehmen Puppeteers fast schon wieder Geschichte.

Anfang 2004 hatten sich neun hochmotivierte Menschen – darunter Gerd Kath und Martin Becker, die auch heute noch am Unternehmen beteiligt sind – zusammengefunden, um sich in der damals entstehenden 3-D- und Animationsszene zu etablieren. „Wir wollten 3-D-Animationen machen und fühlten uns in der Gruppe stark", erinnert sich Mitgründer Becker an die wilde, aber lehrreiche Anfangszeit des Unternehmens, das heute am Phoenixsee in Dortmund zu Hause ist.

Zum Start war es der große Wunsch der vielen Puppeteers-Macher, eine animierte Kinderserie zu produzieren – etwa für das ZDF. Mitgründer Becker hatte zuvor schon an „Back to Gaya", dem ersten deutschen komplett am Computer animierten Spielfilm, mitgearbeitet. Aus dem Serienprojekt unter dem Dach von Puppeteers wurde allerdings nichts, und auch Auftraggeber für die Erstellung von animierten Filmchen – etwa für Werbe- oder Präsentationszwecke – fanden die Jungunternehmer damals nicht. Schnell stiegen die ersten Mitgründer und Gesellschafter wieder aus. Mitte, Ende 2004 war Puppeteers im Grunde ein Rohrkrepierer.

Die Kommunikationsdesignerin Ute Baumeister, inzwischen mit Puppeteers-Macher Becker verheiratet, ließ sich davon aber nicht abschrecken und stieg ins Unternehmen ein. Als Startup fühlte sich die Puppeteers-Mannschaft damals nicht. Dabei ist gerade diese Anfangsgeschichte Startup-Feeling pur. Wobei heute niemand mehr auf die Idee käme, ein Unternehmen mit neun Gründern hochzuziehen. Auch in der Unternehmerwelt gilt: Viele Köche verderben den Brei.

Das verbliebene Puppeteers-Team und Ute Baumeister bastelten weiter fleißig Demos, um ihr Können zu demonstrieren, und versuchten via Kaltakquise Kunden zu gewinnen, kamen schließlich mit einer Berliner Spielautomatenfirma in Kontakt und programmierten für diese einen „modernen Glücksspielautomaten mit Echtzeit-3-D-Animation". Rund ein Jahr lang hielten sie sich mit diesem Auftrag über Wasser. Im Hintergrund setzten sie weiter auf Kaltakquise, um weitere Kunden an Land zu ziehen.

Mit Postwurfsendungen machten die 3-D-Spezialisten damals auf sich aufmerksam, boten großen und kleinen Firmen an, Projekte für sie umzusetzen. „Nur wenn die Kunden diese Arbeit auch nutzen wollten, mussten sie sie bezahlen", erzählt Becker, der 1966 in Wuppertal geboren ist. „Das war natürlich mutig", schiebt er mit einem Schmunzeln hinterher. So richtig ins Rollen kam Puppeteers aber noch immer nicht. 2006 war das Unternehmen fast schon wieder am Ende. Rund ein Dreivierteljahr arbeitete keiner der Gründer für das Unternehmen, stattdessen verdienten sie ihre Brötchen mit anderen Aufträgen.

Ende 2006 suchte dann – zum Glück – der Warenhausriese Karstadt einen Produzenten für eine niedliche märchenhafte Weihnachtsbotschaft. Das Filmchen war für Fernseher gedacht, die in den Läden der Kette installiert waren. Das Puppeteers-Team setzte den Weihnachtsgruß um und rettete sich so über das Jahr. „Mit dem Auftrag im Rücken ging es plötzlich weiter“, berichtet Becker.

Die erste große Erfolgsgeschichte ließ dann nicht lange auf sich warten. Das Dentalunternehmen Kulzer suchte eine digitale Figur, eine Art Markenbotschafterin für sich bzw. eines ihrer Produkte. Es blieb nicht dabei, weitere Aufträge von Kulzer folgten. Cara, so heißt die Figur, die Puppeteers dem Unternehmen auf den Leib programmiert haben, begleitet die Wahl-Dortmunder inzwischen seit über zehn Jahren. Als profane Werbefigur oder simples Maskottchen wollen sie ihre Figur allerdings nicht verstanden wissen. Die sogenannten Corporate Character gehören seitdem zu Puppeteers wie der BVB zur Stadt Dortmund. Und sie besitzen mit Yuna sogar eine eigene virtuelle Botschafterin. Die Figur ist quasi das Aushängeschild, aber auch das Vorführmodell des Unternehmens.

„Wir haben gesehen, dass da etwas funktioniert“, sagt Becker rückblickend zu den ersten Erfolgen mit seinen Corporate Characters. Einen Plan, wie sie von dieser Erkenntnis langfristig leben könnten, hatten die Jungunternehmer aber noch immer nicht. Zumindest war spätestens zu diesem Zeitpunkt unbemerkt der Grundstein für das spätere Erfolgsmodell des Unternehmens gelegt worden. Als weiterer großer Kunde kam schließlich Grohe, der bekannte Hersteller von Armaturen und Sanitärprodukten, hinzu. Im Gegensatz zu Kulzer war Grohe aber lediglich ein Kurzzeitpartner der Jungfirma.

Das Unternehmen entwickelte sich dann immer weiter weg von der Gründungsidee, weswegen weitere Gründer die Firma verließen. Auch räumliche Veränderungen standen an. Weg vom Gründungsort, der Ruhrakademie in Schwerte, ging es 2014 nach Dortmund, an den quasi frisch gefluteten Phoenixsee. In Folge gewann Puppeteers Unternehmen wie Schleich, Payback und den Shoppingcenter-Betreiber ECE als Kunden.

Zwei Jahre lief es wirtschaftlich gut. Dann folgte die nächste Krise: Es wurde immer schwieriger, über die vorher genutzten Kanäle Kunden zu gewinnen. Kaltakquise per Telefon oder gar Postwurfsendung führten nicht mehr zu Aufträgen. „Heutzutage muss man raus, mit Leuten sprechen und netzwerken, Reichweite aufbauen", sagt Becker.

Genau zu diesem Zeitpunkt kam der gebürtige Bottroper Sebastian Heger, der die Puppeteers-Macher aus der gemeinsamen Zeit an der Ruhrakademie Schwerte kannte, in die Firma. Für Becker, der sich selbst als Fachidiot in Sachen 3-D-Animation bezeichnet, ist dieser Einstieg die dritte Gründung von Puppeteers. Die erste war die eigentliche Gründung, die zweite begann mit dem Umzug nach Dortmund. Kommunikationsdesigner Heger, 1975 geboren, drehte bei Puppeteers jeden Stein um, machte sichtbar, was das Unternehmen ausmacht. Nach innen, aber – noch viel wichtiger – nach außen. Als Kern arbeitete Heger gemeinsam mit seinen Mitstreitern heraus, dass Puppeteers extrem gut darin ist, für Firmen Charaktere zu erschaffen und mit diesen Figuren Geschichten zu erzählen. Storytelling nennt man das heutzutage. „Wir schaffen digitale Erlebnisse", fasst Heger die DNA von Puppeteers zusammen. Auch Trendthemen wie Augmented Reality, Virtual Reality und Artificial Intelligence haben die Dortmunder jetzt dabei längst auf dem Schirm. Die Zukunft kann somit kommen!

In eine Schublade stecken kann man die Puppeteers-Mannschaft, zu der zehn Mitarbeiter gehören, aber auch künftig nur schwer. Das Unternehmen war nie eine Internet-, eine Digital- oder gar eine Werbeagentur, sondern immer etwas zwischen all diesen Welten und im Grunde noch viel mehr. Vor allen Dingen aber war Puppeteers immer ein Unternehmen im Wandel. Die Gründungsidee war es, eine Serie zu produzieren. Im Kern ging es somit schon damals darum, Geschichten zu erzählen. „Wir haben immer geguckt, wie können wir machen, was wir machen wollen, und gleichzeitig davon leben", bringt es Ute Baumeister, die 1976 in Dortmund geboren wurde, auf den Punkt. Martin Becker muss lachen, als seine Frau das sagt. Und ergänzt: „Das war der abenteuerliche Teil."

Von Alexander Hüsing

„Eine ideale Mischung, um neue Strukturen entstehen zu lassen“

So sieht Martin Becker, Mitgründer von Puppeteers, die Startup-Szene in Dortmund und im Ruhrgebiet.

Wenn es um Startups in Deutschland geht, richtet sich der Blick sofort nach Berlin. Was spricht für das Ruhrgebiet als Startup-Standort?

Das Ruhrgebiet hat in den letzten Jahren – Jahrzehnten – einen starken Strukturwandel mitgemacht. Die alten Geschäftsmodelle – Kohle, Stahl, Schwerindustrie – wurden abgelöst von Hochtechnologie-Unternehmen. Viele dieser neuen Geschäftsmodelle werden jetzt erst entwickelt, von eben den Startups. Dieser Prozess wird noch zusätzlich dadurch beschleunigt, dass die Hochschulen sich ebenfalls nach neuen Forschungsgebieten und Lehrstühlen umsehen, um weiterhin ein zeitgemäßes Angebot bieten zu können. – Eine ideale Mischung, um neue Strukturen entstehen zu lassen. Außerdem ist der Startup-Gedanke im Ruhrgebiet vor allem von Relevanz getrieben, weniger durch ein „Hipster-Lebensgefühl“.

Was genau macht den Reiz der Startup-Szene in Dortmund aus?

Im Ruhrgebiet entwickelt sich gerade eine starke Netzwerk-Kultur, die einen regen Austausch ermöglicht. Die interdisziplinäre Natur dieses Austausches fördert Innovation. Zusätzlich sorgt eine engagierte Wirtschaftsförderung für viele relevante Netzwerkveranstaltungen und Kontaktpunkte.

Was ist in Dortmund einfacher als im Rest der Republik?

Keine Ahnung. Wir sind ja nicht woanders.

Was fehlt in Dortmund bzw. im Ruhrgebiet noch?
Die Wahrnehmung des Ruhrgebiets ein als Innovationsstandort. Selbst vielen hier ansässigen Unternehmen fehlt noch das Bewusstsein für die Möglichkeiten, die sich vor ihrer Haustür bieten, und sie gehen lieber in die großen Metropolen.

Zum Schluss hast du drei Wünsche frei: Was wünscht du dir für den Startup-Standort Ruhrgebiet?
Mehr Sichtbarkeit, mehr Selbstbewusstsein und die Wahrnehmung der tatsächlichen Relevanz.

Soccerwatch.tv (Essen)
Künstliche Intelligenz im Fußballstadion

Wenn Bayern München mal wieder gewinnt oder wenn das Revierderby zwischen Schalke und Dortmund unentschieden ausgegangen ist, dann berichten von der Tagesschau über sämtliche große wie kleine Zeitungen bis zu den Online-Portalen alle. Aber wenn der Kreisliga-Verein um die Ecke den Aufstieg geschafft hat – dann bekommt das mal wieder niemand mit.

Das Ruhrgebiet hat eine lange Fußballtradition. Gleichzeitig hat die Region deutschlandweit die höchste Dichte an Vereinen. Woche für Woche treten die Lokalklubs gegeneinander an, spielen Saison für Saison um Auf- und Abstieg. „25 000 Vereine kicken in Deutschland, 1,8 Millionen Spiele gibt es pro Jahr – die allermeisten finden abseits der Öffentlichkeit statt“, sagt der Gründer von Soccerwatch Georg Moser, Jahrgang 1986. Das Essener Startup will dafür sorgen, dass auch der Amateurfußball die Bedeutung erhält, die er verdient.

Soccerwatch wurde Anfang 2017 gegründet. Entstanden war die Idee, weil ein Vater im Freundeskreis nicht am Spielfeldrand das Match seiner beiden Söhne verfolgen konnte; er musste zur Arbeit. „Wir haben uns alle gefragt, warum es noch nicht einmal eine Webcam gab“, erzählt Moser. Der Grund hierfür: „Bislang gab es keine finanzierbare Technik, die für kleine Vereine in Frage kommen könnte.“ Nur mit großem finanziellen und personellen

Aufwand seien Live-Übertragungen realisierbar. Für Amateurfußballclubs nicht stemmbar! Hinzu komme: Über 90 Minuten müsse der mögliche Kameramann voll aufmerksam sein, den Überblick behalten, stets wachsam bleiben und wenn es spannend wird, im entscheidenden Moment den richtigen Spieler filmen, heranzoomen und den Torjubel einfangen. Moser: „Es sind viele kleine Hürden für Vereine." Der Aufwand sei einfach zu groß.

Soccerwatch wollte das ändern. Anfänglich experimentierte das sechsköpfige Gründungsteam um Moser noch ein bisschen herum und streamte erstmalig auf YouTube Fußballspiele. Als dann mehrere Hundert Fans vor dem heimischen Computer die Matches verfolgten, merkten die Gründer, dass offenbar ein großes Interesse an Spielen im Amateurfußball vorhanden ist. „Es gibt doch immer jemanden, den man kennt, der auf dem Platz steht", so Moser, „sei es der Sohn, der Enkel, dein Bruder oder vielleicht sogar dein nächster Gegner."

Manchmal habe ein Spiel mehr Zuschauer im Stream als am Spielfeldrand, sagt er. Vor allem gegen Ende einer Saison, wenn es richtig um etwas geht, stiegen die Zugriffszahlen noch einmal an. „Das Interesse ist oft so groß, dass Urlauber zuschalten und das Match verfolgen." Ob an einem sonnigen Strand in der Türkei oder während eines Abenteuerurlaubs in Kanada: Man habe mittlerweile eigentlich so gut wie aus jedem Land der Welt schon Zugriffe auf Soccerwatch gehabt.

Mittlerweile hat das Unternehmen, das ein Büro an der Hafenstraße gegenüber dem Stadion des kultigen Fußballklubs Rot-Weiß bezogen hat, 7000 Spiele in seiner Datenbank. Gefilmt wird mit einer Kamera, die nur zwei Jahre nach Entwicklung bereits in die zweite Generation geht. Soccerwatch besteht aus drei Komponenten: aus der

Kamera-Hardware, aus der künstlichen Intelligenz, welche die Kameraführung übernimmt, und aus der Plattform, welche die Videos live ausspielt. Und das alles „Made in Essen“. Die Kamera folgt dem Geschehen auf dem Platz vollautomatisch, erkennt Tore und schneidet direkt nach Schlusspfiff einen Highlight-Clip. Bislang sind die Spiele weitgehend unkommentiert, eine Moderationsfunktion soll aber folgen.

„Wir bauen und entwickeln direkt in Essen, weil wir so schneller und günstiger auf Entwicklungen reagieren und das Kamera-System anpassen können“, sagt Ruhrpreneur Moser. Beispiel: Bei Regen wurde das Gehäuse der Soccerwatch nass und versperrte die Sicht aufs Spielfeld. Die Nachrüstung mit einer Art Regenrinne um das Gehäuse herum konnte das Problem unkompliziert lösen.

Neben Privatinvestoren aus dem Freundes- und Bekanntenkreis hat Soccerwatch mit dem IT-Dienstleister Adesso einen starken Partner an der Seite, der sich mit der Entwicklung von KI auskennt. Mit knapp über 31 Prozent ist Adesso am Startup beteiligt. „Den Gründer und Aufsichtsrat Volker Gruhn habe ich im Rahmen eines Studentenprojektes an der Uni kennengelernt. Er ist ebenso fußballverrückt und hat eine Softwarefirma – das passte gut zusammen“, erzählt Moser.

Eine Soccerwatch-Kamera kostet für Vereine derzeit einmalig rund 3600 Euro oder 99 Euro im Monat. In vielen Städten tragen jedoch Sponsoren die Kosten. Die Vereine verpflichten sich zunächst für drei Jahre. Die Kamera wird vom Startup am mittleren Flutlichtmast auf einer Höhe von 7,50 Meter angebracht, die Übertragung erfolgt per SIM-Karte, WLAN oder LAN-Kabel in eine spezielle Cloud. Innerhalb der Kamera befinden sich weitere sechs Kameras, die verschiedene Richtungen abdecken und ein

Panoramabild erzeugen. Die KI erkennt dann genau, welche Szene für den Zuschauer sehenswert ist. Sie erfasst wichtige Parameter wie Laufrichtung, Anzahl der Spieler, Ballposition und sorgt dafür, dass einzelne Szenen gezoomt werden können.

Geld verdient Soccerwatch bislang an der Spiele-Vermarktung und der Werbung. Je nach Umfang verkauft das Startup Sponsorenpakete schon ab 250 Euro. Die Einnahmen teilen sich Verein und Startup.

Jetzt kommt eine neue Geldquelle hinzu: Die neue Generation des tv-Coaching-Tools bietet den Vereinen nämlich künftig zusätzlich eine KI-gestützte Analysefunktion, die sich bislang nur die großen Vereine leisten konnten. Die Clubs sind dann in der Lage, Kilometerleistungen und Zweikampfbilanzen jedes einzelnen Spielers zu ermitteln und auszuwerten. Das ist nicht nur für die Trainer der Amateurclubs interessant, um Trainingspläne individuell anpassen zu können, sondern vor allem für die Talentscouts der Bundesligisten, die immer auf der Suche nach frischen, jungen Spielern für ihre Nachwuchsmannschaften sind. Für das neue System würden Soccerwatch bereits Anfragen von mehr als 1400 Vereinen vorliegen.

Insgesamt 25 Mitarbeiter sind heute bei Soccerwatch fest angestellt, darunter Informatiker und auch Werkzeugmacher. Hinzu kommt eine Reihe Freelancer. Zum Gründungsteam gehört auch als einziger Nicht-Ruhrgebietler Jan Taube. „Der ist aus Düsseldorf“, lacht Moser. Doch nicht nur das: Taube ist ein ehemaliger Eishockey-Profi, der vier Jahre in der obersten Liga für die Füchse Duisburg und die Iserlohn Roosters auflief. Nach der Sportkarriere ging er in die Beratung, vor vier Jahren wechselte er zu Eurowings und leitete dort zuletzt den europäischen Firmenkunden-Vertrieb. Moser ist Maschinenbauer und hatte gemeinsam mit zwei weiteren Gründern von Soccerwatch Vierkant.xyz an den Start gebracht. „Wir haben unter anderem aus den Klapperplättchen der Abflugtafeln an Flughäfen Design-Objekte gefertigt“, so Moser. „Da ist jeder Buchstabe ein feinmechanisches Wunderwerk.“ Mit den Projekten gewann die Firma 2016 sogar den begehrten Red Dot Design Award. „Da sind wir sehr stolz drauf“, sagt Moser.

Erklärtes Ziel sei es jetzt, „das Wachstum von Soccerwatch weiter zu beschleunigen“. In den kommenden drei Jahren möchte das Essener Unternehmen insgesamt 5000 Kamera-Systeme installieren. „Wir haben innerhalb des letzten Jahres mehr Spiele übertragen als die Bundesliga über die letzten 20 Jahre hinweg. Außerdem will Soccerwatch auch ins Ausland expandieren, zunächst in ebenfalls fußballverrückte Länder wie Spanien, Italien sowie Großbritannien. Doch auch in den USA und in China wächst das Interesse am Fußball. Aber weil die Kamera bald mehr kann als Fußball, rückt die Übertragung anderer Sportarten in den Mittelpunkt. Als Technologiefirma kann Soccerwatch künftig auch als Lizenzgeber im Ausland verdienen. Im Eishockey und im Basketball funktioniert unser System fast schon genauso gut“, so Moser.

Mit dem Deutschen Fußballbund (DFB) wurde unlängst eine Kooperation für die Übertragungsrechte der Zweiten Bundesliga der Frauen geschlossen. „Schon jetzt haben wir eine Menge Übertragungen aus dem Frauenfußball; daher sind wir super stolz, dass wir die Ausschreibung gewonnen haben“, so der Essener. Für das Unternehmen sei die Vereinbarung ein weiterer wichtiger Meilenstein in der bisher zweijährigen Gründungsgeschichte.

Von Christina Cassala

„Mehr Fokus auf das Business“
So sieht Georg Moser, Gründer von Soccerwatch.tv, die Startup-Szene in Essen und im Ruhrgebiet.

Wenn es um Startups in Deutschland geht, richtet sich der Blick sofort nach Berlin. Was spricht für das Ruhrgebiet als Startup-Standort?
Das Ruhrgebiet ist das größte Ballungsgebiet Deutschlands. Die industrielle Infrastruktur ist nicht nur für Apps, sondern auch für „echte“ Produkte perfekt. Das Ruhrgebiet bietet Spitzenforschung an zahlreichen Hochschulen und somit viele junge Talente, die fleißig mitarbeiten können. Hinzu kommen niedrige Mieten. Man bekommt hier mehr Quadratmeter pro Euro. Und es gibt kein Berliner Nachtleben, was mehr Fokus auf das Business bedeutet.

Was genau macht den Reiz der Startup-Szene in Essen aus?
Soccerwatch.tv!

Was ist in Essen einfacher als im Rest der Republik?
Es ist hier einfacher, räumlich zu skalieren.

Was fehlt in Essen bzw. im Ruhrgebiet noch?
Mut zum Gründen und Investieren.

Zum Schluss hast du drei Wünsche frei: Was wünscht du dir für den Startup-Standort Ruhrgebiet?
Erstens: 100 Milliarden Euro mehr Investitionen pro Jahr. Zweitens: 100 000 mehr neue disruptive Firmen pro Jahr. Drittens: Verbot aller nicht-regenerativer Energien bis 2024 – so wird das Ruhrgebiet die sauberste und ruhigste Region der Welt.

Pottsalat (Essen)
Hier kommt das Essen mit dem Fahrrad zum Kunden

„Spargel Tarzan“, „Tofu Trulla“, „Curry Peitsche“. – Auf so klangvolle Namen hören die Salate von Pottsalat.

In Sachen Marketing setzt das knackfrische Unternehmen – es bietet seine Speisen in keinem Restaurant an, sondern liefert sie in einigen Stadtteilen von Essen bzw. angrenzenden Stadtbezirken von Mülheim, Gelsenkirchen und Oberhausen aus – voll und ganz auf Facebook. Und das macht die Pottsalat-Crew extrem gut! Zwei Jahre nach dem Start lobte sogar die bekannte Facebook-Managerin Sheryl Sandberg die Werbeaktivitäten der Jungfirma, bei denen meist die appetitlichen Speisen im Vordergrund stehen. Ein medialer und unternehmerischer Ritterschlag für Ben Küstner, der das Startup 2016 gemeinsam mit seiner Freundin Pia Gerigk und Alexandra Künne auf die Beine gestellt hat.

„Wie Sheryl Sandberg auf uns aufmerksam geworden ist, weiß ich nicht. Fakt ist jedoch, dass Facebook – und später Instagram – seit dem ersten Tag unser Hauptmarketingkanal ist. Ich sehe häufig, dass am Anfang zu viele Kanäle gleichzeitig halbherzig angegangen werden, aber keiner wirklich richtig“, erzählt Pottsalat-Macher Küstner, der sich sein Marketing-Fachwissen über mehrere Jahre und verschiedene Angestelltenjobs, aber auch über mehrere eigene Unternehmungen Schritt für Schritt aufgebaut hat. Heute macht ihm auf Facebook in Sachen Anzeigen so schnell keiner was vor.

Der Marketing-Experte wurde 1984 in Berlin geboren, ist aber im Pott, in Gelsenkirchen, zur Schule gegangen. Sein Vater, gebürtiger Gelsenkirchener und jahrzehntelang bei RWE beschäftigt, führte die Familie, die Mutter ist Tierärztin, damals zurück in den Pott. Nach dem Abi studierte Küstner in Bochum Wirtschaftswissenschaften. Danach wollte er in der Digitalwelt durchstarten, zog 2012 deswegen nach Berlin. Zunächst arbeitet er für Found Fair, einen sogenannten Inkubator, der aus Ideen Unternehmen entwickelt. In dessen Auftrag wirkte er bei Returbo, einer Jungfirma, die Retouren, also die zurückgeschickten Waren von E-Commerce-Firmen, weiterverwertet. Dort stieg er schnell vom Praktikanten zum Verantwortlichen in Sachen Marketing auf und kümmerte sich letztendlich um alle Online-Marketing-Kanäle. Danach zog es Künstner 2013 nach Köln zu Sparhandy. Dort beschäftigte er sich intensiv mit dem Thema Suchmaschinenoptimierung und half dabei, dass der Mobilfunkvermittler bei Google und Co. gut gefunden wurde. Zwei Jahre pendelte er von Gelsenkirchen, wo der Ruhrpreneur während all der Jahre eine Wohnung als Basis behielt.

Gelsenkirchen spielt allgemein eine ganz wichtige Rolle im Leben von Küstner. Ebenso wie Schalke 04! Schon zu Uni-Zeiten veranstaltete er in der Fußball-Metropole gemeinsam mit Florian Beisenbusch und Alexander Schlüter Partys und Events. Bang Bang Gelsen, der Startschuss fiel 2009, wurde schnell zum Geheimtipp. „Unsere ersten Partys habe ich noch über StudiVZ beworben“, erinnert sich Küstner. StudiVZ war zu dem Zeitpunkt das wichtigste soziale Netzwerk in Deutschland. Erst später lief Facebook dem deutschen Wettbewerber den Rang ab.

Als Event-Veranstalter erlebte Küstner viele Höhen, aber auch Tiefen. „Wir hatten ausverkaufte Events, volle Boote, gut besuchte Open-Air-Festivals, aber auch leere Hallen und abgesagte Termine – und dann halt diesen Sturm im Amphitheater." Im Jahre 2000 fegte ein Orkan eine geplante Veranstaltung im Amphitheater Gelsenkirchen mitten im Nordsternpark weg. Die Veranstaltung fiel ganz sprichwörtlich ins Wasser, es entstand ein Schaden – die gemietete Soundanlage wurde ein Opfer der Fluten – in Höhe von 120 000 Euro. In einer Blitzaktion versuchten die Revierler zu retten, was noch zu retten war. Zunächst sah es aber alles nicht gut aus. Nach einem Treffen mit zwielichtigen Vertretern aus der Unterwelt, die die Bang-Bang-Macher aus dem Nachtleben aber zum Glück selbst kannten, folgte eine außergerichtliche Einigung. „Und so konnten wir unsere in den Brunnen gefallene Zukunft dann doch noch retten", erinnert sich Küstner.

Als weitere Spielwiese von Bang Bang Gelsen entstand Ende 2014 mit Bang Bang Burgers & Beer ein stylisches Burger-Restaurant. Selbstverständlich in Gelsenkirchen, direkt in der Innenstadt. „Das mit den Burgern war eigentlich eine spontane Idee", erzählt Küstner. Das Bang-Bang-Trio übernahm sich dabei maßlos. Es waren mehr Umbaumaßnahmen notwendig als geplant, und auch der bürokratische Aufwand war viel höher als gedacht. Infolgedessen konnte der Burger-Laden, der in einem denkmalgeschützten Eckhaus aus dem Jahr 1928 residierte, erst zwei Monate später als geplant eröffnen. „Wir standen mit dem Rücken zur Wand. Die Gründungskosten waren viel höher, als ursprünglich geplant. Am Eröffnungstag war unser Konto so gut wie leer."

Anfangs war der Laden voll, dann aber ließ die Zahl der Besucher jeden Tag nach. Küstner und seine Mitstreiter analysierten den Markt und versuchten ihr Glück mit Anzeigen bei Facebook. Die erste Anzeige, die das Monatsangebot „Den Ernst Kuzorra seine Frau ihr Burger" bewarb, wurde direkt ein Erfolg. Dafür wählten die Burger-Macher gezielt Schalke-Fans als Zielgruppe aus, welche die Werbebotschaft, die auf den legendären Gag „Den Ernst Kuzorra seine Frau ihr Stadion" anspielt, auch verstehen. Erste Kunden tauchten umgehend im Laden auf, weil sie die Anzeige auf Facebook gesehen hatten.

Es folgten weitere Anzeigen, die noch besser angenommen wurden, und plötzlich war Bang Bang Burgers & Beer immer voll. Wie viele Kunden letztendlich tatsächlich in den Laden kamen, weil sie die Werbung gesehen hatten, war dennoch kaum überprüfbar. Am Ende stimmte aber die Kasse: Innerhalb von zwölf Monaten verkauften die Neu-Gastronomen 30 000 Burger, setzen 500 000 Euro um.

Dennoch stiegen Küstner und Mitstreiter Beisenbusch, inzwischen Rechtsanwalt in Gelsenkirchen, bei Bang Bang Burgers aus. „Wir mussten lernen, dass es mehr als Marketing braucht, um in der Gastronomie erfolgreich zu sein. Selbst wenn ein Laden immer bis auf den letzten Platz ausgebucht ist, muss das nicht heißen, dass er sofort profitabel ist", sagt Küstner.

Nach dem Ausstieg formulierte der Seriengründer einen knallharten Entschluss: „Nie wieder Gastronomie!" 2016 gründete er deswegen gemeinsam mit Jan Stranghöner in Köln die Agentur Social Marketing Nerds. Das Unternehmen beriet und schulte seine Kunden bei allen Marketing-Aktivitäten auf Facebook.

Die Gastronomie ließ Küstner dennoch nicht los. Denn auch seine Freundin, die damals in der Modebranche tätig war, verspürte den Drang, sich selbstständig zu machen.

Die treibende Kraft bei der Gründung von Pottsalat war somit Küstners Lebenspartnerin und spätere Mitgründerin Gerigk.

Aus der Idee zu einer Salatbar wurde Pottsalat. Anders als beim Burger-Laden sollte der Kunde nicht zum Essen, sondern das Essen zum Kunden kommen. Das Marketing würde – so viel war schon vor dem Start klar – nach den guten Erfahrungen mit dem Burger-Laden wieder vor allem über Facebook stattfinden. Küstner warf dabei sein ganzes Knowhow in die Waagschale, und Gerigk kümmerte sich im Pottsalat-Team besonders um die Personalführung. Und Mitstreiterin Künne wiederum achtete als Ernährungswissenschaftlerin darauf, dass die Salate möglichst vielen Menschen schmeckten.

In einer alten Pommesbude entstand die Küche, in der die Salate seitdem Tag für Tag hergestellt werden. Und die Stadt Essen wählte das Pottsalat-Team als Standort, weil sie in der Ruhrmetropole „viel Potenzial für ihr Modell sehen, insbesondere wegen der viele Büros in der Stadt“. Anfangs brachten vier Fahrer die Salate „auf klapprigen Bikes“ zu den Kunden. Die Auslieferung auf Fahrrädern, E-Bikes und E-Rollern gehöre dabei zum Konzept von Pottsalat. „Uns liegt die Nachhaltigkeit am Herzen. Deswegen die Auslieferung mit E-Bikes, die mit Ökostrom betrieben werden. Ein anderer Grund, warum wir uns für E-Bikes entschieden haben, ist die Effizienz. In der Großstadt geht es heute oft schneller und einfacher, mit dem Fahrrad auszuliefern als mit dem Auto“, sagt Küstner, der inzwischen auch in Essen wohnt.

Zum ersten Mal lieferte Pottsalat Anfang Januar 2017 aus. „An dem Morgen gab es Neuschnee“, erinnert sich Küstner. Und auch sonst waren die ersten Wochen nicht ganz einfach: „Alles, was man am Anfang nicht braucht, ist in den ersten Tagen passiert. So stand der Laden in den ersten Wochen zweimal unter Wasser." Auch als eines Morgens das schwere Rollgitter vor dem Eingang nicht mehr hochging und somit keiner in die Schaltzentrale der Firma kam, verfielen die Ruhrgründer nicht in Panik. Und so ging es anfangs munter weiter. Und nach zwei Monaten fiel auch noch die zuvor gebraucht gekaufte Spülmaschine aus. „Fast unser gesamtes Equipment hatten wir zu Beginn gebraucht gekauft."

Nachdem sie bewiesen hatten, dass ihr Konzept funktioniert, gingen Küstner und Co. auf Kapitalsuche. Johannis Hatt und Kai Seefeldt, die mit Productsup schon selbst ein Unternehmen erfolgreich aufgebaut hatten, sowie der Ruhr:HUB-Geschäftsführer Oliver Weimann investierten Ende 2017 eine sechsstellige Summe in Pottsalat. Das Geld floss unter anderem in neues Küchen-Equiment und weitere Lieferfahrzeuge.

„Wir sind zu dritt gestartet und haben inzwischen über 40 Mitarbeiter. Am ersten Tag waren wir stolz, alle 50 Salate verkauft zu haben. Inzwischen verkaufen wir bis zu 500 Salate pro Tag", sagt Küstner. Schritt für Schritt erweiterte das Unternehmen, das bereits profitabel arbeitet, dabei sein Liefergebiet. Das große Ziel ist es, irgendwann das ganze Ruhrgebiet und danach vielleicht die ganze Welt mit Salaten zu beliefen. Dafür soll es in naher Zukunft mehrere Lieferhubs, also Basisstationen von Pottsalat, in verschiedenen Städten geben. – Und nebenbei werden mit Bang Bang Gelsen weiter Partys veranstaltet. „Wir sorgen hier und da immer noch für Unruhe", sagt Ben Künstner ganz, ganz ruhig.

Von Alexander Hüsing

„Hier bekommt man viel mehr Aufmerksamkeit“
So sieht Ben Künstner, Gründer von Pottsalat, die Startup-Szene in Essen und im Ruhrgebiet.

Wenn es um Startups in Deutschland geht, richtet sich der Blick sofort nach Berlin. Was spricht für das Ruhrgebiet als Startup-Standort?
Der Ruhrpott ist ehrlich und herzlich. Hier herrscht ein Zusammenhalt, den ich so nirgendwo auf der Welt kennengelernt habe.

Was genau macht den Reiz der Startup-Szene in Essen aus?
Ein frisch gezapftes Stauder nach Feierabend.

Was ist in Essen einfacher als im Rest der Republik?
Hier bekommt man als Startup viel mehr Aufmerksamkeit von Endkunden, Politik und Presse. Wir waren mit Pottsalat in kurzer Zeit in allen Lokalzeitungen, im Radio und sogar in der BILD. In Berlin wäre das mit Sicherheit so nicht passiert. Der Wettbewerb um Aufmerksamkeit ist dort einfach viel größer. Auch junge Mitarbeiter zu finden, die Bock haben, etwas zu bewegen, ist hier, glaube ich, inzwischen leichter als an der Spree.

Was fehlt in Essen bzw. im Ruhrgebiet noch?
Im Vergleich zu den Startup-Hochburgen fehlt hier ganz klar der Zugang zu relevanten Investoren. Das ist in Berlin natürlich viel besser. Dort kann man viele Leute auf dem kurzen Dienstweg in kurzer Zeit treffen. So ein Prozess dauert aus dem Pott heraus natürlich länger. Und auch wenn man jemanden an der Angel hat, bekommt man leider ständig die Frage gestellt, warum man denn nicht nach Berlin, Hamburg oder München gehen würde …

Viele können sich das einfach nicht vorstellen und denken, wir leben hier hinterm Mond. In Sachen Gründergeist hinken wir jedoch noch stark hinterher. Die Angst vorm Scheitern ist hier einfach sehr stark verankert. Aus meinem familiären Umfeld sowie dem Freundes- und Bekanntenkreis waren die meisten sehr skeptisch. Der Großteil hätte so einen Schritt, seine eigene Firma zu gründen und damit eben „alles auf eine Karte zu setzten“, auch nicht gewagt. Auf der anderen Seite bin ich genauso froh, nach Feierabend nicht ständig über irgendwelche Ex-Rocket-Leute, die nächste Finanzierungsrunde und das Uber für X sprechen zu müssen.

Zum Schluss hast du drei Wünsche frei: Was wünscht du dir für den Startup-Standort Ruhrgebiet?
Erstens: mehr echter Gründergeist. Und zweitens: weniger künstlicher Hype. Drittens noch: weniger Coworking Spaces. Sorry, aber die sprießen hier gerade stärker aus dem Boden, als es ernsthafte Gründungen gibt.

Der Palmenmann (Castrop-Rauxel)
Exotische Pflanzen ohne Ende

Dattelpalme, Arikury-Palme oder die Rote Latan-Palme – Thomas Knappe kennt sie alle mit Namen, weiß, was sie mögen und wo sie am besten gedeihen. Die meisten von ihnen hat er sogar selbst ausgesucht. Wenn er durch seine Gewächshäuser geht, dann zupft er hier die verdorrten Blätter ab, steckt dort den Daumen in die Erde, um zu prüfen, ob seine Pflanzen noch ausreichend gewässert sind, und rückt die Töpfe zurecht. „Am liebsten würde ich sie alle in meinem Garten pflanzen“, sagt er, aber in dem ist schon jetzt gar kein Platz mehr für all die unterschiedlichen Gewächse. Von Tropen- und mediterranen Pflanzen bekommt Knappe nämlich nie genug. Das war schon als Kind so.

Statt sie also alle selbst anzupflanzen, werden sich die Palmen, Kakteen, Gräser, Stauden, Farne und Bäume vielmehr auf den Weg zu neuen Besitzern machen – gut verpackt per Paketdienst und Spedition. Die Tropengewächse finden ihre neue Heimat dann bei Gartenfreunden, die für ihren Garten eben nicht die 08/15-Geranie suchen, sondern das Besondere und Einzigartige. Parallel beliefert Knappe auch gewerbliche Abnehmer, darunter eine große Restaurantkette, die in der Mitte ihrer Örtlichkeiten immer einen Olivenbaum stehen hat, eine große Fitness-Kette sowie viele Büros und Freizeitparks, die ihren Besuchern tropisches Flair bieten möchten. „Der Umsatz kommt aber von den Einzelgärtnern", sagt er. 170 000 Kunden, darunter viele Stammkunden, bestellen; davon sind nur rund 25 000 gewerblich. Im April 2019 hat Knappe das erste Mal die halbe Million Umsatz in nur einem Monat geschafft. Premiere!

Ruhrpreneur Knappe, Jahrgang 1971, ist mit dem einprägsamen Firmennamen „Der Palmenmann" einer der deutschlandweit größten Versandhändler für mediterrane und tropische Pflanzen. Die 10 000 Quadratmeter großen Gewächshäuser gehörten einer Gärtnerei, die lange zuvor insolvent gegangen war. „Ein Glücksgriff für uns", sagt Knappe, denn „den richtigen Standort zu finden, war im Ruhrgebiet gar nicht so leicht". Zunächst hatten seine Exoten noch im heimischen Garten und in der Auffahrt zum Haus Unterschlupf gefunden. Schön sei das gewesen, „nach Hause zu kommen und sich wie im Süden zu fühlen". Dann übernahm er die Fläche einer Friedhofsgärtnerei, doch auch dort wurde es schnell zu eng.

Seit zwölf Jahren vergrößert Knappe stetig das Sortiment und die Anbaufläche. Mittlerweile arbeiten 25 Angestellte für das Unternehmen, vor allem Gärtner, Logistiker, Kommissionierer und Marketing-Fachleute. Die Auswahl der Pflanzen aber, sie bleibt Chefsache: Regelmäßig fliegt Knappe nach Spanien und wählt seine Exoten Stück für Stück selbst aus, begutachtet sie, prüft die Qualität und verplombt sie anschließend, damit andere Händler ihm seine Pflanzen nicht mehr wegschnappen können. „Aus dem Hobby ist längst Business geworden", seufzt er und sagt ehrlich: „Manchmal vergesse ich bei all dem ganzen Drumherum schon, dass ich so viel Freude daran habe."

Konkurriert er mit seinem Versandhandel nicht mit den großen Gartencentern auf der grünen Wiese? Nein, im Gegenteil: Vormals große Anbieter haben ihr Sortiment der breiten Nachfrage angepasst und führen meist nur noch die gängigen Garten- und Zimmerpflanzen wie Geranien und Petunien. Wer es etwas exotischer will, landet dann meist beim Versandhandel in Castrop-Rauxel, wo wieder einmal der Spediteur vorfährt, um große Palmen-Transporte abzuholen und europaweit auszuliefern.

„Anfänglich habe ich alles allein gestemmt, dann hat mal meine Schwester ausgeholfen, und auch meine Frau hat mit angepackt", erzählt der Ruhrgründer von den Anfängen. 14 Jahre später erinnert die Gärtnerei bei Sonnenschein und warmen Temperaturen mehr an einen botanischen Garten mitten im Ruhrgebiet als an harte Arbeit bei Wind und Wetter. Die Tropen im Ruhrgebiet. Jetzt fehlen nur noch die Cocktailbar und ein bisschen Sand zwischen den Palmen – und die Urlaubsstimmung wäre perfekt. „Klar, Beachparty, daran habe ich auch schon gedacht", sagt Knappe. Anbieten würde es sich, denn neben dem reinen Versand hat das Geschäft mehrere Tage in der Woche für ein paar Stunden auch für Selbstabholer geöffnet. Dann macht Knappe die Musik an, ein bisschen chillig, easy going. Unter den exotischen Palmen, zwischen Granatäpfeln und Feigenbäumen, stacheligen Kakteen und blühenden Olivenbäumen hat er seine Frau geheiratet.

Dabei begann das Ganze tatsächlich als eine „Schnapsidee in einer Absinthbar", sagt er. „Wenn ich gewusst hätte, wie sich das hier alles entwickelt, hätte ich mir doch nicht so einen Namen gegeben", lacht er sein raues Lachen. Dabei ist „Der Palmenmann" so passend, denn Knappe hat wohl das, was man einen „grünen Daumen" nennt. Unter seiner Hand gedeihen Pflanzen, die in unseren Breitengraden sonst gar nicht vorkommen. „Ach", winkt er ab, „der Trick ist doch ganz einfach: Im Sommer brauchen

Pflanzen Stickstoff und im Winter Kalium." Den richtigen Dünger und das notwendige Zubehör bietet Knappe natürlich gleich mit an.

Wie Pflanzen zu pflegen und zu behandeln sind, das lernte er bereits als kleiner Junge von seinem Opa und seinem Vater. Eine Reise an den Bodensee prägte ihn. „Ich fand es auf der Insel Mainau immer so schön. Dass dort Feigenbäume wuchsen, fand ich toll, und in den Gärten wuchsen Hanfpalmen. Die wollte ich auch", erzählt er. Doch sein Vater dämpfte die Erwartungen: Das Klima im Ruhrgebiet und fehlende Sonne würden den Anbau in Dortmund, wo Knappe als Sohn eines Maurers aufwuchs, unmöglich machen. „Und ich wollte das nicht wahrhaben", sagt der Gründer.

Eigentlich wollte Knappe schon immer Gärtner werden, dennoch folgte er zunächst dem Rat seines Vaters und ging in die Ausbildung, wurde Maurer, entschied sich aber einige Jahre später, erneut die Schulbank zu drücken, paukte Abrechnungswesen, Baurecht und Materialkunde mit dem Ziel, sich selbstständig zu machen.

Mit einem Geschäftspartner baute er Dachböden im Ruhrgebiet aus. Ein lukratives Geschäft. Auch sein eigenes Haus, das er seinen Großeltern abgekauft hatte, gestaltete er ohne fremde Hilfe um, sanierte die Wohnungen und legte Etagen zusammen. Bis heute wohnt der Vater zweier Söhne mit seiner Familie darin. „Von der Elektrik bis zum Fenstereinbau habe ich alles selbst gemacht." Die Stuckarbeiten, die er ursprünglich für die Decken seines eigenen Hauses anfertigte, verkaufte er über eBay und verdiente damit recht schnell genug Geld, um sich vom Ausbau für Dachböden zurückzuziehen. „Es hat mir einfach keinen Spaß mehr gemacht", sagt er. Zeit für ihn, etwas Neues zu beginnen.

Zumal draußen der Garten wartete! Eine riesige Spielwiese, die ihm zeigte, was pflanzentechnisch im Ruhrgebiet möglich ist, was nicht. Also plante Knappe und überlegte, welche Pflanzen dort künftig noch gedeihen sollten. Im Internet entdeckte er durch Zufall einen Großhandel, der Pflanzensamen und Körner verschickte. Allerdings waren das so viele Samen, dass Knappe diese in kleine Päckchen umfüllte und seinerseits wieder über das Internet für ein paar Euro anbot. „Funktionierte", lacht er. Selbst die Anzucht eigener Palmen gelang. Bis heute pult er aus exotischem Obst die Samen heraus, gräbt ein Loch in die Erde, Samen rein, gießen und warten. Für Knappe gibt es kaum eine größere Befriedigung.

Die Kunden können diese Setzlinge über den Versandhandel bestellen, doch der Großteil der manchmal übermannshohen Palmen wird per Lastwagen aus Südeuropa oder Gran Canaria importiert. „Wir sind ein absolutes Saisongeschäft", sagt er. Zwischen den Monaten Februar und Anfang Juni packen alle überall mit an, jede helfende Hand wird gebraucht. Für den Umsatz seien diese Monate entscheidend. Im Winter laufe das Geschäft mit Zimmerpflanzen. „Wenn es draußen nass und kalt ist, wollen die Kunden ihren privaten Dschungel eben in den vier Wänden haben." Für Knappe allerdings könnte es immer Sommer sein. Vor zwei Jahren war er mit seiner Familie auf Mauritius und hat den tropischen Wald hautnah erfahren. Sonne, Süden, tropische Palmen – das wäre der ideale Ort für seinen Ruhestand. Irgendwann. Jetzt ist noch nicht die Zeit dafür, denn in den Gewächshäusern warten die tropischen Pflanzen schon auf ihre neuen Besitzer.

Von Christina Cassala

„Man bleibt länger bei den Kunden in Erinnerung"
So sieht „Der Palmenmann" Thomas Knappe die Startup-Szene in Castrop-Rauxel und im Ruhrgebiet.

Wenn es um Startups in Deutschland geht, richtet sich der Blick sofort nach Berlin. Was spricht für das Ruhrgebiet als Startup-Standort?
Ich kenne mich in Berlin nicht aus, aber vom Gefühl her würde ich sagen, dass in Berlin alles sehr geballt ist und an jeder Ecke ein neues Startup entsteht. Dementsprechend ist es dort alles viel schnelllebiger und auch schnell wieder ohne große Investoren in Vergessenheit geraten. Im Ruhrgebiet hat es meiner Meinung nach mehr Bestand und bleibt länger bei den Kunden in Erinnerung.

Was genau macht den Reiz der Startup-Szene in Castrop-Rauxel aus?
Im Vergleich zu Dortmund, wo ich lebe, ist es hier viel persönlicher und überschaubarer. Man hat direkte Ansprechpartner bei der Stadt, und alle waren sehr offen für Neues und haben geholfen, wo es nur ging.

Was ist in Castrop-Rauxel einfacher als im Rest der Republik?
Kann ich nur schlecht einschätzen, da es meine erste große Firma hier ist.

Was fehlt in Castrop-Rauxel bzw. im Ruhrgebiet noch?
Ein klarer Leitfaden zur Existenzgründung. Viele Dinge, die ich nicht wusste, haben sich nur durch Zufall herausgestellt.

Zum Schluss hast du drei Wünsche frei: Was wünscht du dir für den Startup-Standort Ruhrgebiet?
Auch schwer zu beantworten, ich habe ja einfach gemacht. Durch immer wieder neue Änderungen wie zum Beispiel Datenschutzbestimmung, Verpackungsverordnung usw. wird es einem zurzeit nicht leicht gemacht. Speziell im Online-Handel muss man höllisch aufpassen, was man tut, denn sonst hat man direkt eine Abmahnung mit Unterlassung am Hals. Auch zur neuen Verpackungsverordnung hat man nirgendwo Informationen bekommen und musste sich auf Aussagen der registrierten Entsorgungsfirmen verlassen.

Die Bewerbungsschreiber (Bochum)
Aus der Garage ins Wohnzimmer und dann zum Millionenumsatz

Das Bochumer Startup Die Bewerbungsschreiber, das im Jahre 2011 an den Start ging, hilft seinen Kunden beim Verfassen von Bewerbungen – egal ob für Lagerarbeiter, Betriebswirte oder Vertriebsassistenten. Neben kompletten Bewerbungsmappen schreibt und designt das Startup auch einzelne Bewerbungsschreiben, Lebensläufe sowie sogenannte Motivationsschreiben.

Geführt wird das erfolgreiche Unternehmen von Stefan Gerth und Holger Manzke. Inzwischen erwirtschaftet die Firma mit rund 40 Mitarbeitern – darunter viele Freelancer – pro Jahr einen siebenstelligen Umsatz. Dies alles war zum Start nicht absehbar und auch nicht wirklich geplant. Die Bewerbungsschreiber entstand eher zufällig. „Für mich ging es damals vor allem darum, meine Kenntnisse in Sachen Online-Marketing in der Praxis auszuprobieren", sagt Ruhrpreneur Gerth zur Anfangsphase.

Die Idee, ein Unternehmen rund um die Erstellung von Bewerbungsunterlagen ins Rollen zu bringen, geht zurück bis ins Jahr 2009. Während des Studiums an der Ruhr-Universität Bochum erstellte Gerth, der Wirtschaftswissenschaft studiert hat, im Frühjahr 2011 die erste Version der späteren Firmen-Website. Die Steilvorlage dafür lieferte Tim Nowotny. „Er hatte sich in unserem Freundeskreis am intensivsten mit dem Thema Bewerbungen auseinandergesetzt. Alle sind zu ihm gekommen, damit er sich unsere Unterlagen einmal anschaut", erinnert sich Gerth, der 1983 in Wanne-Eickel geboren wurde.

Mitstreiter Nowotny glaubte schon damals daran, dass man mit solch einem digitalen Bewerbungshelfer auch Geld verdienen könnte. Er sollte recht behalten! Anfangs betrieben Gerth und Nowotny ihren Bewerbungsservice zusammen, aber nur nebenbei. Die Bewerbungsschreiber war ein klassisches Moonlight-Startup. Das Duo probierte sich nach dem Studium hauptberuflich in anderen Jobs aus, und zwei Freunde, die damals noch studierten, kümmerten sich währenddessen um das operative Geschäft. Damals muss es recht chaotisch im Mini-Unternehmen zugegangen sein. Irgendwie lief es aber auch ohne Strukturen, feste Arbeitszeiten und richtige Absprachen.

Stefan Gerth wurde trotz Beförderung und Verantwortung in seinem anderen Job überhaupt nicht glücklich. „Ich war als Angestellter eher untauglich", erzählt er freimütig. Eine weitere Festanstellung wollte er nicht annehmen. In ihm reifte stattdessen die Idee, Die Bewerbungsschreiber zu seiner beruflichen Heimat zu machen. Der Revierler wollte einfach sein eigener Chef sein. Mitgründer Nowotny dagegen entschied sich für einen anderen Weg, er wollte in einem großen Unternehmen Karriere machen – was ihm auch gelungen ist. 2012 stieg deswegen Holger Manzke, ehemaliger Kommilitone von Gerth, ins Unternehmen ein und kaufte Nowotny seine Anteile ab. „Dies war eine schwierige Zeit", erinnert sich Gerth. Nowotny wäre gerne irgendwie weiter dabeigeblieben. Ein Startup neben einem Vollzeitjob zu führen, und sei es nur als stiller Teilhaber, ist immer eine sehr große Herausforderung. Auch für das Team, das Tag für Tag am und im

Unternehmen arbeitet. Letztendlich war Nowotnys kompletter Ausstieg der richtige Weg, um aus dem Hobbyprojekt ein echtes Unternehmen zu machen. Und auch wenn Nowotny lange nicht mehr zum Unternehmen gehört, ist er dennoch weiter ein gewichtiger Teil der Firmenhistorie.

Holger Manzke, 1983 geboren, stammt aus Bergkamen. Der Wirtschaftswissenschaftler schaute sich Die Bewerbungsschreiber erst einige Zeit lang an, arbeitete im Unternehmen mit und war dann noch immer Feuer und Flamme für das Konzept. Auch wenn Die Bewerbungsschreiber schon vorher unterwegs war, ist 2012 der eigentliche Startschuss für das jetzige Unternehmen. „Alles vorher war pillepalle", sagt Gerth in schönstem Ruhrdeutsch.

Ohne fremde Kapitalgeber, ohne Anspruch auf staatliche Unterstützung, weil die Firmengründung schon vorher erfolgt war, ging es dann nahtlos weiter. Ein wichtiger Meilenstein für das Unternehmen war das erste richtige Büro im Jahre 2012. Zunächst war die Jungfirma in Wanne-Eickel zu Hause. Davor hauste das Startup zeitweise in der Garage einer Rollerfirma. „Wenn neue Roller angeliefert wurden, war die ganze Luft in der Garage, die auch Abstellraum und Showroom war, komplett verpestet", erzählt Gerth. „Und im Winter war es schweinekalt."

Danach arbeitete das kleine Bewerbungsschreiber-Team in der Wohnung von Gerths Oma; die Räume hatte der Firmengründer zuvor übernommen, weil seine Großmutter ins Altersheim gezogen war. Stilecht zwischen den rustikalen Möbeln der Oma arbeiteten die Jungunternehmer damals im Wohnzimmer an ihrem Startup und fanden dieses „Arbeiten bei Omma" ziemlich cool. Für Mitarbeiter war das Wohnzimmer allerdings nicht der passende Ort. 2013 zog das Unternehmen deswegen nach Bochum, ins angesagte Ehrenfeld. Durch die Nähe zur Ruhr-Uni erhofften sich die Startupper mehr Praktikanten anheuern zu können. In Wanne-Eickel war das nicht so einfach.

Der große Durchbruch in finanzieller Sicht kam bei Die Bewerbungsschreiber erst 2018, etliche Jahre nach dem Start. „Wir haben immer alle Gehälter zahlen können. Wir haben auch nie Miese gemacht. – Konnten wir auch nicht, wir hatten ja kein Geld. Aber erst im verflixten siebten Jahr haben wir gemerkt, dass wir auch richtig profitabel sein können“, sagt Gerth. Davor lag aber ein großes Krisenjahr. 2017 war das Unternehmen zu schnell gewachsen. „Wir haben nur auf den Umsatz geguckt, dabei aber ein bisschen vernachlässigt, was am Ende rauskommen muss“, erzählt der Ruhrgebietler. Nach einer intensiven Analyse gab es dann einige Entlassungen, um das Unternehmen vor dem Aus zu retten. „Zwei, drei Monate weiter, und es hätte richtig bedrohlich für uns werden können“, sagt Gerth, dessen Vater Maschinenbauingenieur und dessen Mutter Bürokauffrau ist.

In rund acht Jahren wurde aus dem Hobbyprojekt Die Bewerbungsschreiber so ein echtes Unternehmen, das bereits viele Höhen, aber auch etliche Tiefen mitgemacht hat. Gerth und Manzke sind dabei mit ihren Aufgaben gewachsen. Nach einem ähnlichen Prinzip versucht Gerth auch „Weine vor Freude“, eine Weinmarke samt Wein-Festival, und auch Koks.digital, eine Konferenz für digitales Marketing, zu etablieren. Das Motto dabei lautet immer: „Einfach machen!“

Von Alexander Hüsing

„Wir machen hier mehr und labern weniger"
So sieht Stefan Gerth, Mitgründer von Die Bewerbungsschreiber, die Startup-Szene in Bochum und im Ruhrgebiet.

Wenn es um Startups in Deutschland geht, richtet sich der Blick sofort nach Berlin. Was spricht für das Ruhrgebiet als Startup-Standort?
Das ist relativ einfach: Es gibt auf vielen von unseren zahlreichen Hochschulen gut ausgebildete Menschen, ein gutes Verkehrsnetz, kurze Wege, bezahlbare Mieten und unsere Malocher-Mentalität. Ich habe auch das Gefühl, dass wir hier mehr machen und weniger labern als in anderen Regionen.

Was genau macht den Reiz der Startup-Szene in Bochum aus?
Neben den oben genannten Punkten, die für das Ruhrgebiet sprechen und insbesondere in Bochum allesamt etwas stärker ausgebildet sind als in anderen Städten, muss man hier noch das Bermuda3eck, eine motivierte Wirtschaftsförderung und unseren seit Jahren existierenden und aus der Szene gewachsenen Gründerstammtisch nennen.

Was ist in Bochum einfacher als im Rest der Republik?
Das kann ich nur bedingt beurteilen, aber das Thema Recruiting könnte ein Punkt sein.

Was fehlt in Bochum bzw. im Ruhrgebiet noch?
Das Mindset des Mittelstands und der Konzerne, aber auch vieler Menschen, was Gründungsförderung anbelangt, ist im gesamten Ruhrgebiet suboptimal. Damit verschwenden wir Potenzial.

Zum Schluss hast du drei Wünsche frei: Was wünscht du dir für den Startup-Standort Ruhrgebiet?
Erstens: noch weniger Laberei und noch mehr Machen. Zweitens: stärkeres, nachhaltiges Engagement der Konzerne und des Mittelstands. Drittens: eine bessere Vernetzung der Akteure – Städte, Institutionen, Unis, Unternehmen – untereinander. Wir haben mittlerweile zum Beispiel einfach zu viele Veranstaltungen ähnlicher Art. Eine Konsolidierung täte dem Ruhrgebiet schon jetzt gut.

Point 8 (Dortmund)
Der achte Schacht als Inspiration

Unternehmen auf dem Weg in die Digitalisierung zu begleiten und aus riesigen Datenmengen Wissen auszulesen – das ist die Mission des Dortmunder IndustrialTech-Startups Point 8, Weihnachten 2015 von Florian Kruse, Tobias Brambach und Christophe Cauet gegründet. Der Name Point 8 sei, so Brambach, dem achten Schacht des Teilchenbeschleunigers und seinem Tunnel unter der Erde geschuldet. „Wir haben am Cern, der europäischen Organisation für Kernforschung, gearbeitet. Und das Experiment, an dem wir gearbeitet haben, lag am Zugangspunkt acht, wo der Schacht 100 Meter unter der Erde zu den Rechnern, der Infrastruktur und dem Teilchendetektor geht. Mit Point 8 verbinden wir also eine Erinnerung an unsere damalige Forschungszeit“, erinnert sich Brambach. „Außerdem war die Domain noch frei“, lacht Kruse.

Die Gründer, alle studierte Teilchenphysiker, lernten sich während des Studiums an der Uni Dortmund kennen. Während ihrer Zeit am Cern haben sie festgestellt, dass Wissen und Knowhow ihrer Forschungen für die Industrie hoch relevant sein könnten, erzählt Ruhrpreneur Kruse. „Wir können insbesondere mittelständischen Unternehmen unter die Arme greifen und helfen im Grunde dabei, für deren Kunden beim Kauf der Produkte mehr Sicherheit zu garantieren, einen nachhaltigen Mehrwert zu bieten und verlässlicher zu produzieren", fügt Mitstreiter Brambach hinzu. Dabei gehe es bei großen Maschinen beispielsweise um die Vorhersage und Abnutzungsleistung der Verschleißteile. „Wir bringen Big-Data-Knowhow vom Cern in die Wirtschaft und unterstützen Unternehmen und Organisationen mit Machine Learning und Simulationen, und wir fertigen gemeinsam mit den Kunden einen Datenanalyse-Maßanzug", erklärt Kruse.

Anfangs nahmen die Jungunternehmer jede Investition aus dem laufenden Geschäft heraus vor. Ihren ersten Mitarbeiter konnten sie erst nach eineinhalb Jahren einstellen. 2018 erwirtschaftete Point 8 einen Umsatz von knapp einer Million Euro. Inzwischen arbeitet das Team daran, die magische Millionenmarke zu knacken. Mittlerweile beschäftigt das Unternehmen 13 Mitarbeiter.

„Die Idee der Gründung hatten wir bereits während des Studiums. Irgendwann saßen wir als bunte Truppe bei einem kühlen Dortmunder Bier zusammen und sind so ins Blaue gestartet", erinnert sich Mitgründer Brambach. Ohne Produkt und Investition gingen sie zur Hannover Messe. Ihre Idee, Unternehmen mit Datenanalyse helfen zu können, habe Anklang gefunden, die Umsetzung aber gedauert. „Es ist üblich, dass Vertriebszyklen im Mittelstand etwas länger als woanders dauern. So leider auch bei uns", erzählt Brambach. Nach sechs Monaten haben sie den ersten Auftrag bekommen. Seitdem wächst das Startup aus dem Tagesgeschäft heraus.

Finanziert haben die Gründer den Aufbau von Point 8 „vom Taschengeld". Sie legten ihr Gespartes auf den Tisch und arbeiteten nebenbei. Außerdem wurden sie von ihren Frauen unterstützt. „Wir hatten wirklich das Glück, dass wir im Hintergrund fleißige Ehefrauen hatten, die zu dem Zeitpunkt über ihre Stellen die Familien finanziell tragen konnten“, sagt Brambach, der 1983 in Herdecke in einer klassischen Arbeiterfamilie geboren wurde. Er lebt in Dortmund. Während die Großväter noch in einem Kraftwerk arbeiteten, war der Vater Straßenbahner, die Mutter Bankkauffrau. Selbstständigkeit wurde ihm weder in die Wiege gelegt noch vorgelebt. Die erste Skepsis seitens der Familie erfuhr Brambach bereits bei seiner Entscheidung, Physik studieren zu wollen. „Niemand konnte wirklich etwas damit anfangen.“ Doch ihn reizte die Tatsache, als Physiker ein breites Spektrum an Einsatzmöglichkeiten auf dem Arbeitsmarkt bedienen zu können.

Mitgründer Kruse wurde 1982 in Wesel geboren, wuchs aber im Münsterland auf. „Genauer im Kreis Borken, wo es mehr Nutztiere als Menschen gibt“, erzählt er lachend. Nach seinem Abitur zog er fürs Studium nach Dortmund. Seine Eltern, beide Lehrer, nahmen die Idee der Gründung mit Bedenken auf. Mittlerweile seien die Fragen aus der Familie, ob es denn funktioniere, was sie machten, aber seltener geworden. Der 1984 in Dortmund geborene Mitgründer Cauet hat sich aus familiären Gründen seit 2016 in Landau niedergelassen und hält dort „die Stellung“.

An die Anfangszeit erinnern sich die drei Ruhrpreneure gerne zurück. „Sowohl von der Dortmunder Wirtschaftsförderung als auch durch den Essener Ruhr:HUB haben wir große Unterstützung erhalten.“ Für Brambach stellte sich daher nie die Frage des Standorts: „Wir haben von Anfang an in der Community im Ruhrgebiet mitgewirkt. Deshalb hätte es auch gar nicht gepasst, wenn wir nach Berlin oder München gegangen wären.“

Ein weiterer Grund, die Zelte in Dortmund aufzuschlagen, sei, so Brambach, der Tatsache geschuldet, dass das Feld von Data Sciences im Ruhrgebiet wenig bis kaum erschlossen sei. „Alle, die mit uns studiert haben und sich beruflich auf Data Science spezialisiert haben, sind woanders hingegangen.“ In München und Berlin würden sie mit vielen anderen Startups konkurrieren. Und Mitstreiter Kruse ergänzt: „Die große Hochschuldichte, dann die gute Ausbildung der Studenten und nicht zuletzt die Vielfalt der Studienmöglichkeit im Bereich Daten und Datenanalyse an der Universität Dortmund, diese Vorteile sind nicht von der Hand zu weisen.“

Rückblickend kann Brambach Gründern, die noch in den Startlöchern stecken, angelehnt an die Theorie des sogenannten Survivorship Bias einen weisen Rat geben: „Es ist nicht das Sinnvollste, unmittelbar von den Überlebenden zu lernen.“ Womit gemeint ist, dass Gründer dazu neigen, vor allem von erfolgreichen Unternehmern zu lernen. Dabei lernen Menschen insbesondere durch Fehler. „Wir hatten einfach zum richtigen Zeitpunkt die richtigen Kontakte. Ob wir also von Anfang an wirklich alles richtig gemacht haben, ist aus der jetzigen Situation schwierig zu sagen.“

Vordergründig solle man sich in erster Linie auf die Dienstleistung statt auf das Produkt konzentrieren. „Wir haben uns recht schnell von dem Produktgedanken gelöst“, so Brambach. Das größere Problem seien die langen Vertriebszyklen im Mittelstand und die weniger große Innovationsbereitschaft von Industrie-Unternehmen. Auch müssten Digitalisierungsthemen viel schneller umgesetzt werden als bisher, so Kruse. „Es geht darum, agil nicht nur zu sagen, sondern auch zu sein.“

Von Sümeyye Algan

„Auf kleinem Fuß mit wenig Kapital zu gründen“
So sieht Florian Kruse, Mitgründer von Point 8, die Startup-Szene in Dortmund und im Ruhrgebiet.

Wenn es um Startups in Deutschland geht, richtet sich der Blick sofort nach Berlin. Was spricht für das Ruhrgebiet als Startup-Standort?
Im Ruhrgebiet herrscht eine bodenständige Anpackermentalität. Startups wollen und müssen hier durch Leistung und Substanz überzeugen, Hype und Buzzwords ziehen weniger. Der Fokus liegt stark auf B2B und Industrie. Durch diese thematische Fokussierung ist man hier viel näher an anderen passenden Startups, es bilden sich Partnerschaften und Allianzen, Austausch ist elementar.

Was genau macht den Reiz der Startup-Szene in Dortmund aus?
Dortmund erzeugt außerhalb des Ruhrgebiets leider noch immer das nostalgische Bild von Kohlenstaub und rauchenden Schloten. Tatsächlich aber ist die Stadt längst ein Standort für IT, Dienstleistung und Hochtechnologie, den man nicht unterschätzen sollte. In dieser Diskrepanz zu leben und Außenstehenden jeden Tag aufs Neue zu beweisen, dass das „alte“ Ruhrgebiet schon lange Geschichte ist, macht einen Teil des Reizes aus.

Was ist in Dortmund einfacher als im Rest der Republik?
Auf kleinem Fuß mit wenig Kapital zu gründen. Die Mieten in Dortmund sind günstig, die Lebenshaltungskosten gering. Man kann einfach mal anfangen und ausprobieren und ist nicht schon für die ersten Schritte auf einen finanzstarken Investor angewiesen, der das Unternehmen womöglich direkt in eine bestimmte Richtung beeinflussen

möchte. Aufgrund der zahlreichen guten Hochschulen im Umkreis stehen außerdem viele erstklassige Absolventen als potenzielle Mitarbeiter zur Verfügung. Weiterhin sind mit vielen Mittelständlern und Konzernen die potenziellen Kunden und Partner direkt vor der Haustür.

Was fehlt in Dortmund bzw. im Ruhrgebiet noch?
Eine größere Bereitschaft des lokalen Mittelstands, sich den Startups zu öffnen. Die großen Konzerne sind da schon weiter und bilden Allianzen mit Startups. Den mittelständischen Unternehmen in der Region droht gerade, sich in Sachen der Digitalisierung abhängen zu lassen, obwohl die passenden Partner dafür schon vor Ort sind.

Zum Schluss hast du drei Wünsche frei: Was wünscht du dir für den Startup-Standort Ruhrgebiet?
Als Erstes mehr Innovationsbereitschaft des Mittelstands, dann noch mehr Vernetzung unter den Startups und vor allem, dass das Ruhrgebiet auch in der Außenwahrnehmung endlich den Kohlenstaub abschütteln kann.

MySugardaddy (Dortmund)
Fisch sucht Fahrrad

Der große Holztisch eines befreundeten Schreiners aus dem Ruhrgebiet nimmt in dem Konferenzsaal eine Menge Raum ein, aber der Eyecatcher ist das neon-grün-gelbe Graffiti links an der Wand. Darauf: ein Kaffeebecher, mehrere Geldscheine, der Fernsehturm von Shanghai, ein dicker Schlitten – ein wildes Sammelsurium von Dingen, die irgendwie nicht recht zusammenpassen wollen. Dabei erzählt das Bild die Geschichte von MySugardaddy, einem Startup, das reiche ältere Männer, die sogenannten Sugardaddys, mit jungen, zumeist überaus attraktiven Damen, den Sugarbabes, zusammenbringen will.

Hinter dem Dortmunder Unternehmen stehen die beiden Gründer Thorsten Engelmann und Philip Cappelletti, die seinerzeit ihre gemeinsame Tätigkeit bei Thyssen-Krupp in der internen Revision zusammenbrachte. Eine „echt tolle und abwechslungsreiche Zeit“ sei das gewesen, sagen beide. „Wir waren viel gemeinsam auf Geschäftsreise, saßen häufig im Flieger nebeneinander, verstanden uns prima, und wir sprudelten nur so über vor Ideen“, erzählt Cappelletti. Für immer im Konzern? Auf gar keinen Fall!

Während Cappelletti, Jahrgang 1981, aus einer Unternehmerfamilie stammt, wurde dem zwei Meter großen Engelmann, Jahrgang 1980, das Unternehmer-Gen nicht mit in die Wiege gelegt: „Allerdings wollte ich als Kind Investmentbanker und ganz schnell Millionär werden.“

Viele Business-Ideen der beiden verliefen im Sand, andere wurden verworfen oder funktionierten nicht – bis ihnen im Jahr 2009 die Idee zu MySugardaddy bei einer Tasse Kaffee in einem Starbucks-Laden kam. Es war die Zeit, als auch andere Dating-Seiten das Licht der Netzwelt erblickten. Aber einfach so eine weitere Kennenlernplattform wollten Engelmann und Cappelletti nicht an den Start bringen. In den USA gab es bereits Dating-Seiten, die junge Frauen, die sich zu Luxus-Lifestyle-Ambitionen bekennen, mit älteren Männern, die einen entsprechenden finanziellen Background besitzen, zusammenbrachten. – Den beiden Arbeitskollegen gefiel der Gedanke. Schätzungen gehen von rund 600 000 Millionären in Deutschland aus. Ein riesengroßer Markt also, und „die Nische war damals noch nicht besetzt", sagen die Ruhrpreneure.

Der Zurückhaltung ihrer jeweiligen Partnerinnen zum Trotz ließen die beiden ihren ersten Prototypen in Indien bauen. „Wir hatten echt keine Ahnung, wie das geht, und die damalige Seite ist uns immer noch peinlich", lacht Cappelletti. Ohne Geld, ohne Ahnung und ohne weiteren Mitarbeiter entstand die erste Version von MySugardaddy an den Wochenenden, in den Mittagspausen bei geschlossener Bürotür und langen Nächten mit wenig Schlaf und dafür sehr viel Kaffee. „Wir wollten schnell am Markt sein, um die Idee zu validieren." Neudeutsch würde man dieses Vorgehen vermutlich als Lean-Startup bezeichnen.

Mit nur einigen Hundert Nutzern ging die Plattform im September 2010 offiziell an den Start. „In dem Moment, als das erste Mitglied bereit war, knapp 25 Euro für unseren Service zu bezahlen, stand für uns fest, dass unsere Idee funktionieren würde. Da waren wir gerade in Shanghai, haben gefeiert und dabei vor Freude vermutlich das Zehnfache unserer Einnahme wieder ausgegeben", so

Cappelletti. Im Portfolio befinden sich aktuell neben der Dating-Seite das Buchungsportal Monteurzimmer-1a.de und das VR-Computerspiel Dungeons and Treasure.

Bei MySugardaddy können sich Sugarbabes kostenlos anmelden, und auch die Männer zahlen erst dann, wenn sie an einer Frau interessiert sind und mit ihr chatten wollen. Anders als bei anderen Dating-Portalen, auf denen sich deutlich mehr Männer als Frauen registrieren, sind bei MySugardaddy 80 Prozent der Mitglieder weiblich, lediglich 20 Prozent männlich. Mittlerweile zählt das Dating-Portal rund 500 000 Mitglieder. „Frauen fühlen sich auf anderen Seiten belästigt, weil sie von so vielen Männern angeschrieben werden. Bei uns ist das anders, und die Frauen und die Männer genießen das", erklärt Engelmann den Erfolg der Seite.

Im Durchschnitt ist ein Sugarbabe Anfang bis Mitte 20, ein Sugardaddy hingegen nahezu doppelt so alt. „Viele Sugardaddys haben in ihrem Beruf erst einmal richtig Gas gegeben und hatten kein Privatleben", beschreiben die Gründer ihre männlichen Nutzer. „Jetzt denken sie an Familie, Haus und Privatleben. Manche suchen auch einfach eine nette Begleitung für den Urlaub." Ob das romantisch ist oder nicht, das fragen sich Engelmann und Cappelletti dabei nicht. „Wir stellen die Plattform für das Kennenlernen zur Verfügung, ohne Fake-Profile und im legalen Rahmen", sagen beide ganz klar. „Die Profile der Nutzer matchen wir nicht."

Gegen den Vorwurf des möglichen Missbrauchs der Seite durch Escort-Angebote oder dem der Kuppelei wehren sich beide entschieden. Dafür habe man Kontrollschleifen eingebaut, die sehr gut funktionierten. „Wenn getroffene Absprachen nicht eingehalten werden, kann das Mitglied bei uns gemeldet und gesperrt werden", sagen beide.

Wie viele Partnerschaften seit 2009 bis heute entstanden sind, wissen die Gründer nicht. Doch anlässlich einer Hochzeit wurden sie um den alten Chatverlauf des ersten Kennenlernens gebeten. „Da versuchen wir natürlich alles, was in unserer Macht steht“, sagt Engelmann. Auch das ein oder andere Sugardaddy-Baby hat bereits das Licht der Welt erblickt. Bis heute ist MySugardaddy komplett eigenfinanziert, ein großer Investor ist nicht beteiligt.

Als ehemaliger Ruderer und Ruderachter-Weltmeister von 2006 und von 2001 bis 2008 Mitglied des Deutschland-Achters trat Engelmann 2010 in der ProSieben-Sendung „Schlag den Raab“ auf und war nah dran, Stefan Raab zu schlagen und 500 000 Euro Siegprämie zu kassieren. Doch im Wetttrinken, beim Frisbeewerfen und beim Kartfahren hatte Engelmann keine Chance mehr gegen Raab. Ob er sich geärgert habe, sich nicht gegen den Fernsehmoderator durchgesetzt zu haben? „Als Sportler will man immer gewinnen“, sagt der in Berlin gebürtige Engelmann, „aber ich bin als Unternehmer angetreten, ich hatte ein T-Shirt mit dem MySugardaddy-Logo an.“ Und das sei in der Rückschau peinlicher als die Niederlage.

Ohne das erhoffte Geld und ohne die große TV-Kampagne fingen die beiden klein an und schalteten Anzeigen auf StudiVZ und Facebook. Zudem druckten sie damals noch ganz klassisch Werbeflyer, mit denen sie in Düsseldorf die Kö rauf und runter gegangen sind und sie „hinter die Windschutzscheibe gepinnt“ haben, erzählen sie. Ihre größte Angst dabei: einen Kratzer in die dicken Schlitten zu machen. „Unser weniges Geld wäre dann schneller weg gewesen, als wir hätten gucken können“, so Engelmann. Heute haben die beiden diese Probleme nicht mehr. Die Nutzer finden sie über kreative SEO-Ideen und vor allem über Mundpropaganda.

Von der Sportlichkeit ihrer beiden Chefs haben sich die 25 Mitarbeiter anstecken lassen: Jeder hat ein eigenes Rudergerät zu Hause und trägt Fitness-Tracker. Die Ergebnisse werden im Team regelmäßig verglichen. Doch für Engelmann und Cappelletti ist das nicht genug: Die beiden arbeiten jeweils an einem Deskbike, das ist ein zu einem Schreibtisch umgebautes Ergometer, und strampeln im Wettstreit im Büro gegeneinander an. Jeder will der Beste sein, auch beim Tischfußball.

Derzeit arbeiten Engelmann und Cappelletti an der Internationalisierung der Dating-Seite. Sie gibt es seit dem Start auch auf Englisch, neu hinzugekommen sind Spanisch, Portugiesisch, Französisch und Italienisch. Nächstes Ziel: Das Ausrollen des Dienstes nach Südamerika und in die USA. Dependancen in den jeweiligen Ländern sind jedoch nicht geplant. Stattdessen versuche man, mit Muttersprachlern in Deutschland zu arbeiten und die Expansion weiterhin von Dortmund aus zu steuern. Gleichzeitig betreiben die beiden noch MyGaySugardaddy, das schwule Pendant zur Ursprungsplattform.

Viel Aufmerksamkeit schenken die Gründer derzeit vor allem dem Thema Virtual Reality. Bei dieser Anwendung können Onliner dann – nach Aufsetzen einer VR-Brille – in einem virtuellen Raum flirten. Die Nutzer werden an einem digitalen Empfang gefragt, welche Vorlieben sie haben, also zum Beispiel, ob sie Akademiker suchen oder einen Partner aus einer bestimmten Region. Danach geht es in den entsprechenden virtuellen Raum. „Das ist die moderne Version von Chaträumen", sagen beide unisono.

Von Christina Cassala

„Jeder kocht hier sein eigenes Süppchen"
So sehen Thorsten Engelmann sowie Philip Cappelletti, Gründer der Datingplattform MySugardaddy, die Startup-Szene in Dortmund und im Ruhrgebiet.

Wenn es um Startups in Deutschland geht, richtet sich der Blick sofort nach Berlin. Was spricht für das Ruhrgebiet als Startup-Standort?
Für das Ruhrgebiet spricht die hohe Dichte an Universitäten, Fachhochschulen und damit auch gut ausgebildeten jungen Menschen. Zudem gibt es hier viele Mittelständler, Hidden Champions und Unternehmer der „älteren" Economy. Nur leider kommen beide Parteien zu selten zusammen.

Was genau macht den Reiz der Startup-Szene in Dortmund aus?
Es gibt in Dortmund keine Startup-Szene, wie sie vielleicht in Berlin vorhanden ist. Jeder kocht hier mehr oder weniger sein eigenes Süppchen.

Was ist in Dortmund einfacher als im Rest der Republik?
In Dortmund sind die Lebenshaltungskosten gering, und da die Startup-Konkurrenz nicht so hoch ist, findet man relativ leicht gute Mitarbeiter.

Was fehlt in Dortmund bzw. im Ruhrgebiet noch?
Um die Startup-Szene hier größer zu machen, fehlen vor allem Geld und Investoren. Ansonsten werden auch in Zukunft die besten Ideen ins Ausland oder nach Berlin abwandern, wo größere Investments locken.

Zum Schluss hast du drei Wünsche frei: Was wünscht du dir für den Startup-Standort Ruhrgebiet?
Erstens: flächendeckend schnelles Internet – Glasfaser. Zweitens: dass Gründer hier bleiben und nicht nach Berlin gehen. Drittens: mehr Austausch zwischen erfahrenen und erfolgreichen Startups.

Brytes (Dortmund)
Das Lächeln im Netz

Im Zeitalter von künstlicher Intelligenz lassen sich digitale Ideen immer besser realisieren. Das lächelnde Internet bleibt auf den ersten Blick aber weiter ein scheinbar unerreichbares Unterfangen. – Nicht für Andreas Christiani, Lukas Fahr, Tim Hausweiler, Hendryk Hosemann und Deni Vidovic, die mit ihrer Firma Brytes seit der Gründung 2017 in einem denkmalgeschützten Anwesen am Rombergpark in Dortmund residieren. Sie haben es sich zum Ziel gesetzt, dem Online-Handel das Lächeln beizubringen. Kunden sollen sich beim Kauf im Internet genauso verstanden fühlen wie in einem Geschäft in der Fußgängerzone jeder beliebigen Innenstadt.

Wie das funktionieren soll? Die Software von Brytes beobachtet das Verhalten des Kunden und zeichnet es auf, während er im Onlineshop nach Produkten sucht, vergleicht oder einkauft. Die Software versteht dessen „Körpersprache“ und weiß, wie sie mit ihm umgehen muss. Wie genau das gehen soll, erklärt der 1991 in Witten geborene Ruhrgründer Hosemann: „Im Grunde registriert die Software deine Bewegungen mit der Maus, wie du die Seite scrollst, wie lange du auf Bildern stehenbleibst oder wie du auf Buttons klickst. Gemeinsam mit acht Mitarbeitern entstand so unsere Idee, Internetseiten ein Stück empathischer zu machen und Online-Personalisierung auf die Bedürfnisse und Gefühle der Besucher zuzuschneiden, eine Technologie, die auf psychologischen Prinzipien und Erkenntnissen aus der Wissenschaft basiert."

Im nächsten Schritt möchte das Startup, das für 2019 einen Umsatz im sechsstelligen Bereich erwartet, den unsicheren vom markenaffinen und zielstrebigen Kunden unterscheiden können. Ihren Traumkunden beschreiben die Revierler als jemanden, der versteht, dass es nicht um den reinen Verkauf geht, sondern um gute Beratung und darum, emphatisch auf den Kunden einzugehen. In der Zusammenarbeit mit großen Unternehmen sehen sie sich nicht; die seien laut Mitgründer Vidovic mit der Startup-Mentalität nicht kompatibel. Als Startup würde man ganz anders ticken.

Die Geschichte von Brytes begann während des gemeinsamen Studiums der Gründer in Maastricht. „Letztlich haben wir etwas auf die Beine gestellt, das unser unterschiedliches Wissen ergänzt", erinnert sich Hosemann. Vor Brytes hatte er, wie seine Mitgründer, eine Festanstellung bei einer Unternehmensberatung. Er kündigte seine Stelle in München, kam nach Dortmund und gründete. Co-Founder Christiani, er hatte sich bereits Jahre zuvor in Dortmund mit seiner Firma Synoggy einen Namen gemacht, holte ihn ins Ruhrgebiet zurück, und Anfang des Jahres 2018 entschloss sich Hosemann, in Dortmund zu bleiben.

„Das Rekrutieren ist im Ruhrgebiet um einiges leichter. Unis und Headhunter sind hier einfach aufmerksamer als in Berlin oder München." Für Hosemann ist das ein typisches Phänomen des Ruhrgebiets. Dadurch dass es im Ruhrgebiet nicht so viele Tech-Startups gebe, werde die Attraktivität für Mitarbeiter gesteigert. Als Arbeitgeber sei man schneller sexy.

Für Hosemann entwickelte sich durch die Erfahrungen mit Brytes ein wichtiges Lebensmotto: „Nichts ist so unsicher, wie es scheint." Für ihn sei schnell klar geworden, dass sich in einer Festanstellung niemals die Möglichkeiten ergeben können wie in einer Selbstständigkeit. Wer sich einmal bewege, dem würden sich immer neue Türen öffnen, und es gebe immer eine Möglichkeit zu überleben und neue Sachen auf die Beine zu stellen. Die anfängliche Angst, dass ihre Idee von Dritten geklaut werden könnte, habe sich ebenfalls recht schnell gelegt. „Sobald man die Hemmschwelle überwindet und mit anderen über die eigene Idee spricht, wird man sicherer in seiner Sache." An junge Gründer appelliert er, die Dinge auszuprobieren, bevor sie perfekt sind.

Eine weitere hilfreiche Lektion, die sich im Laufe der Zeit herauskristallisiert habe, sei laut Vidovic die richtige Auswahl des Teams. „Es ist unglaublich wichtig, mit wem man auf die Gründungsreise geht. Es braucht Sprinter und Marathonläufer. Ich gehöre definitiv zu den Sprintern." Eine Balance im Team sei unumgänglich, um erfolgreich zu sein, sagt Vidovic, dessen Eltern 1993 aus ihrem Heimatland Bosnien flohen; damals war er gerade einmal ein Jahr alt. Die Reise endete in Aachen. Sein einziger Bezug zum Ruhrgebiet ist seine eigene Unternehmensgründung. „Aber auch, weil ich Dortmund-Fan bin", erzählt er lachend. Vidovics Vater ist selbstständiger KFZ-Mechaniker, die Mutter Hausfrau; beide unterstützten ihn von Anfang an. „Ich für meinen Teil wollte schon immer meine eigene Firma haben und hatte vor Brytes schon kleinere Unternehmen gegründet."

Von Sümeyye Algan

„Der Wettbewerb ist relativ überschaubar"
So sieht Hendryk Hosemann, Mitgründer von Brytes, die Startup-Szene in Dortmund und im Ruhrgebiet.

Wenn es um Startups in Deutschland geht, richtet sich der Blick sofort nach Berlin. Was spricht für das Ruhrgebiet als Startup-Standort?
Das Ruhrgebiet bietet eigentlich eine ideale Struktur für Startups, denn durch die vielen Unis gibt es sehr viele gut ausgebildete junge Menschen, insbesondere aus dem IT-Bereich. Insgesamt ist das Lohnniveau jedoch relativ moderat, durch niedrige Mieten und relativ geringe Lebenshaltungskosten. Natürlich gibt es hier nicht das gleiche Netzwerk wie in Berlin. Allerdings sind Berlin und auch viele andere Städte sehr gut erreichbar.

Was genau macht den Reiz der Startup-Szene in Dortmund aus?
Die Startup-Szene bei uns in Dortmund ist natürlich noch relativ klein. Das hat jedoch den Vorteil, dass ein Startup hier schneller mehr Aufmerksamkeit bekommen und auf regionaler Ebene Präsenz schaffen kann. Für Marketing und Recruiting-Veranstaltungen hat sich das als sehr reizvoll für uns erwiesen.

Was ist in Dortmund einfacher als im Rest der Republik? Definitiv das Recruiting.
Der Wettbewerb ist im Vergleich zu Berlin relativ überschaubar. Da es nicht so viele Startups gibt, hat man sehr schnell ein Alleinstellungsmerkmal, das auch größere Firmen nicht einfach so bieten können.

Was fehlt in Dortmund bzw. im Ruhrgebiet noch?
Im Ruhrgebiet fehlt immer noch eine bessere Vernetzung der Städte, auch wenn schon intensiv daran gearbeitet wird. Ich denke, der Prozess dauert einfach eine gewisse Zeit. Zusammengenommen leben hier mehr als fünf Millionen Menschen, die theoretisch ein riesiges Potenzial haben. Generell sind viele andere Entwicklungen noch am Anfang, aber grundsätzlich fühlt man sich als Startup insbesondere durch Institutionen wie den Ruhr:HUB sehr gut aufgehoben und unterstützt.

Zum Schluss hast du drei Wünsche frei: Was wünscht du dir für den Startup-Standort Ruhrgebiet?
Erstens: neue spezialisierte Acceleratoren. Zweitens: mehr globale Präsenz bei speziellen Themen – zum Beispiel bei Cybersicherheit. Drittens: eine bessere Vernetzung der Startups untereinander.

MotionMiners (Dortmund)
Wenn der Bus plötzlich losfährt

Ein Mittwochnachmittag im Dortmunder Technologiezentrum. Vor dem Fenster das Fraunhofer-Institut. – Ende 2017 gründeten Sascha Feldhorst, Sascha Kaczmarek und René Grzeszick dort MotionMiners. Das Unternehmen, ein Spin-off des Fraunhofer-Instituts für Materialfluss und Logistik (IML), zeichnet mit mobilen Sensoren und Kleinstfunksendern, sogenannten Beacons, die Bewegungen von Mitarbeitern auf. Ziel dieser Technologie ist es, die körperliche Belastung von Mitarbeitern zu messen, sie zu reduzieren und die Prozesszeiten in Unternehmen zu verkürzen. Derzeit gehören elf Vollzeitmitarbeiter und zehn Studenten zum Team des Startups.

Eigentlich, da wollten die MotionMiners zunächst ihre Promotion zu Ende bringen, aber „irgendwie ist der Bus plötzlich losgefahren“, erinnert sich René Grzeszick an die Anfänge. „Da konnte man dann nicht mehr aussteigen“, lacht er. Sascha Kaczmarek arbeitete damals noch mit unbefristetem Vertrag in einem großen Unternehmen. Für die Gründung kündigten beide. Als sie 2017 loslegten, hatten sie noch keine richtigen Kunden. 2018 erwirtschaftete das Unternehmen Umsätze im sechsstelligen Bereich.

Die drei Gründer kommen nicht nur alle aus dem Ruhrgebiet, sie haben auch alle an der Universität Dortmund studiert, und zwei von ihnen arbeiteten sogar am selben

Lehrstuhl. Während Feldhorst, Jahrgang 1981, zum Thema Motion Mining promovierte, schrieb die Freundin von Kaczmarek ihre Projektarbeit über Motion Mining bei ihm. Kaczmarek las Korrektur. „Damals schon wollte Sascha gerne etwas Eigenes gründen, aber die zündende Idee fehlte ihm. Als ich dann die Arbeit meiner Freundin las, wusste ich: Das ist es“, erinnert sich Kaczmarek. Er griff zum Telefon, rief Feldhorst an. Nach dem Telefonat stand für beide die Gründung fest.

Über den Gründungsstandort wurde nicht lange nachgedacht. „Wir sind alle von hier, und wieso sollte man für eine Gründung woanders hingehen?“, sagen beide fast zeitgleich. Außerdem seien die Startvoraussetzungen im Ruhrgebiet definitiv einfacher als im Rest der Republik. „Wir kennen hier einfach alle Netzwerke, die es gibt“, erzählt Grzeszick. Außerdem sei in Berlin der Umgang mit Zahlen sehr merkwürdig. „Wenn wir mitbekommen, wie Startups irgendwelche Summen an die Wand projizieren und behaupten, man würde mit dem Unternehmen zehn Millionen einsparen, obwohl jeder weiß, wie viel alleine der Standort an Kohle schluckt“, weiß Kaczmarek, „dann kratzen wir uns nur noch am Kopf.“ Die Kommunikation sei im Ruhrgebiet zudem geerdeter und sympathischer. „Wir wissen wirklich nicht, was es für einen Grund geben sollte, nach Berlin zu gehen. Selbst wenn wir aus Berlin eine Finanzierung mit der Bedingung, auch da hinziehen zu müssen, bekommen würden, müsste man uns erklären, warum das Geld nicht auch hier gut investiert ist.“ Etwas zu entwurzeln, das hier schon verwachsen sei, mache doch wenig Sinn. „Schließlich sind wir alle von hier. Und außerdem könnten wir unseren Mitarbeitern niemals sagen: ‚Leute, wir ziehen jetzt alle gemeinsam nach Berlin. Und vergesst nicht, euch einen Hipster-Bart wachsen zu lassen'", sagt Grzeszick mit besorgtem Gesichtsausdruck. „Naja, außer wenn wir einen Fashionblog gründen würden, dann könnte ich mir vorstellen, nach Berlin zu gehen", wirft Kaczmarek lachend ein.

Sascha Kaczmarek wurde 1987 in Unna geboren, Sascha Feldhorst 1981 in Herne, René Grzeszick 1987 in Wanne-Eickel. Er ist der Einzige in der Runde, der es bis „über den Atlantik" geschafft hat. „Während des Studiums war ich sechs Monate in den USA." Wieso er nicht geblieben ist? Die Antwort liege doch auf der Hand. Schließlich sei ein Studium im Ausland „abartig teuer". Seine Eltern hätten, was seine Selbstständigkeit angehe, sich nur schwer in seine Lage versetzen können. „Ich habe aber trotzdem mein Ding gemacht." Mitgründer Feldhorst hat während der Schulzeit ein Jahr in Hamm gelebt. „Das gilt, glaub ich, nicht mehr als Ruhrgebiet – oder?", grinst er. Während er seine Schulaufgaben im Betrieb seiner Eltern machte, schmiedete er bereits in sehr jungen Jahren Pläne für seine Selbstständigkeit.

Beim Start von MotionMiners im Jahr 2017 stellten die Gründer schnell fest, dass es die Technologie zwar schon gab, das Produkt in der von ihnen geplanten Form aber auf dem Markt noch nicht existierte. Ein halbes Jahr bevor es zur Gründung kam, gingen sie auf die Suche nach Kunden. Grzeszick erinnert sich: „Wir wollten mit Kunden Pilotprojekte machen und haben dann mit einem in Bruchteilen fertigen Produkt einfach mal angefangen." Ihre erste Lektion hätten sie durch die ersten potenziellen Kunden gelernt. „Ein bezahltes Produkt kam nie zustande. Hinterher haben wir aber gelernt, dass man nichts für umsonst machen sollte."

Auf einer Messe stellten die Gründer ihre Technologie schließlich vor und bekamen dort erste Aufträge. Für sie war dieser Schritt entscheidend, denn danach konnten sie sicher sein, dass ihr Produkt auf Nachfrage stoßen würde. „Hätten wir gesehen, es gibt überhaupt keinen Bedarf, dann wäre es gar nicht erst zur Gründung gekommen“, sagt Feldhorst rückblickend. Durch die Nutzung der eigenen Technologie konnten sie lernen, was für die Produktentwicklung entscheidend ist. „Wir waren bei den Kunden vor Ort und konnten sehen, wie die Technologie genutzt wird, wo die Kinderkrankheiten stecken und was verbessert werden muss“, erzählt Kaczmarek, und Grzeszick ergänzt: „Das hätten wir hier im Büro nie rausfinden können, und allein deswegen war der Weg Gold wert.“

Langfristig will MotionMiners eine Kombination aus Hard- und Software zur Analyse von mangelnden Arbeitsprozessen in Produktion und Logistik entwickeln.

Anfang des Jahres 2017 wurde das Startup durch die Fraunhofer-Gesellschaft gefördert. „Dadurch konnten wir unsere halben Stellen finanzieren“, erinnert sich Feldhorst. „Aber danach brauchten wir wieder Geld und haben den EXIST-Forschungstransfer im August 2017 bekommen.“ Zwei Monate später gründeten sie MotionMiners.

„Die Finanzierung auf die Beine zu stellen, das war eine große Herausforderung“, sagt Kaczmarek. Und Feldhorst ergänzt: „Ich kann mich gut erinnern, da stand ich auf der Messe und hab im Hinterraum gepitcht, um Geld reinzubekommen, damit ich die Stelle, die Sascha gekündigt hatte, um für MotionMiners zu arbeiten, überhaupt realisieren kann.“ Vorerst sei das Ziel, aus der finanziellen Förderung zu „Freischwimmern“ und aus dem Dienstleistungsgeschäft zu einem Produktgeschäft zu werden.

Von Sümeyye Algan

„Verstecken braucht sich Dortmund nicht"
So sieht René Grzeszick, Mitgründer von MotionMiners, die Startup-Szene in Dortmund und im Ruhrgebiet.

Wenn es um Startups in Deutschland geht, richtet sich der Blick sofort nach Berlin. Was spricht für das Ruhrgebiet als Startup-Standort?
Es tut sich aktuell sehr viel im Ruhrgebiet. Die Unterstützung, die wir von verschiedenen Stellen erhalten haben, hat uns wirklich überzeugt. Dazu zählt die Wirtschaftsförderung Dortmund, das Centrum für Entrepreneurship und Transfer der TU Dortmund, aber insbesondere auch das Fraunhofer-Netzwerk. Gerade für ein Logistik-Startup ist Dortmund mit dem Digitial.Hub Logistics – in dem wir seit Oktober 2017 sitzen –, dem Fraunhofer-IML und weiteren Initiativen ein äußerst attraktiver Standort. Es gibt hier ein enorm starkes Netzwerk und damit eine enge Verzahnung mit der Industrie. Und durch die Nähe zu den Universitäten Dortmund, Bochum, Duisburg-Essen und den vielen Fachhochschulen in der Umgebung haben wir zudem direkten Zugriff auf Studierende der Studiengänge Logistik, Information, Elektrotechnik und BWL. Von daher spricht unserer Meinung nach viel für das Ruhrgebiet und insbesondere Dortmund als Standort für junge Logistikunternehmen.

Was genau macht den Reiz der Startup-Szene in Dortmund aus?
Die Wirtschaftsförderung der Stadt Dortmund setzt sich seit langem dafür ein, die örtliche Startup-Szene zu fördern. Darunter fällt beispielsweise auch der überregionale start2grow-Wettbewerb. Dabei ist die Quantität mit Sicherheit nicht mit Berlin oder München zu vergleichen,

aber verstecken brauchen sich Dortmund und das Ruhrgebiet trotzdem nicht. Was uns an der Startup-Szene hier gut gefällt, das ist, dass man es mit bodenständigen, ehrlichen und hart arbeitenden Menschen zu tun hat. Vermutlich hängt das Ganze auch mit der Geschichte dieser Region zusammen.

Was ist in Dortmund einfacher als im Rest der Republik?
Das ist schwer zu beurteilen, da noch keiner von uns außerhalb von Dortmund an einem Startup gearbeitet hat. Wir denken aber, dass es in Dortmund einfacher ist, Aufmerksamkeit und Unterstützung für das eigene Startup zu bekommen, da hier die Gründerszene vergleichsweise kleiner ist.

Was fehlt in Dortmund bzw. im Ruhrgebiet noch?
Da ich als Schalker im ewigen Streit mit meinen Mitgründern stehe: ein guter Fußballverein. Spaß beiseite – aktuell mangelt es uns eigentlich an nichts. Bundesweit gesehen wird die Attraktivität des Standortes Dortmund allerdings nicht wirklich wahrgenommen; das finden wir sehr schade. Ein großer Unterschied ist auch, dass es in Berlin und München scheinbar leichter ist, junge Menschen für die Arbeit in einem Startup zu begeistern. Viele wollen in diese Städte ziehen und das Abenteuer Startup auf sich nehmen. Aus unserer Erfahrung muss man sich hier mehr strecken, um Absolventen von einer Vision zu begeistern. Vielleicht ist das die Kehrseite der Bodenständigkeit hier in der Region, dass viele Menschen lieber einen Job mit mehr Sicherheit, aber weniger Gestaltungsmöglichkeit suchen.

Zum Schluss hast du drei Wünsche frei: Was wünscht du dir für den Startup-Standort Ruhrgebiet?
Die Sichtweisen junger Unternehmen sowie auch die der regionalen Förderprogramme konzentrieren sich im Ruhrgebiet sehr auf die einzelnen Städte. Um mit Standorten wie Berlin und München mithalten zu können, müssen wir geschlossen als Ruhrgebiet auftreten.
Wunsch Nummer 1 lautet daher: weg von der regionalen Haarspalterei hin zum kollektiven Verständnis als „Metropole Ruhr". Außerdem würde der Region ein besseres Selbstbild guttun. In Berlin und München sagt man „seht her, wir sind wer". Zum Beispiel Veranstaltungen wie Bits & Pretzels in München sind überregional bekannt, während der RuhrSummit, ein ähnliches Format, kaum bekannt ist. Als Letztes würden wir uns wünschen, dass junge Menschen in der Region etwas mutiger sind. Wir denken, dass Startups als Arbeitgeber sehr attraktiv sein können; es ist natürlich ein ganz anderes Arbeiten als im großen Konzern. Und wir hoffen natürlich, unseren Teil dazu beizutragen, diese Dinge zu verändern.

Couponplatz (Dortmund)
Mit Rabattmarken Geld sparen

Die Deutschen gelten als Sparfüchse. Ihre Devise lautet: „So viel und so günstig wie möglich." 50 Cent beim Shampoo, ein Euro bei dem beliebten Langnese-Eis oder zwei Packungen Waschpulver statt einer – mit dem Versprechen, beim Einkauf möglichst viel Geld sparen zu können, erfreuen sich nicht nur die Discounter und günstige Modeketten großer Beliebtheit, sondern auch das Thema Couponing – ein Trend, der vor rund zwei Jahrzehnten aus den USA über den großen Teich nach Deutschland schwappte. Zwei, die das Thema hierzulande maßgeblich voranbringen, sind Alexander Schüle, Jahrgang 1972, und Christoph Thye, Jahrgang 1973, Gründer von Couponplatz. Sie sagen: „Deutschland ist in Sachen Couponing ein Entwicklungsland, aber daran arbeiten wir."

Hierzulande gibt es maßgeblich zwei Systeme im Couponing, die aktuell beide gut funktionieren: Entweder erhält der Kunde seine Rabattgutscheine nach dem Einkauf an der Kasse, steckt sie in seine Geldbörse und löst sie beim nächsten Einkauf ein, oder der Kunde sammelt sie bereits vorher. Coupons findet er auf Handzetteln, online auf Gutschein-Portalen oder mobil in entsprechenden Apps. Die Rabattmarken für Produkte wie Kekse, Joghurt, Shampoo oder Waschpulver werden auf dem heimischen Drucker ausgedruckt oder analog per Post zugeschickt. Sie können im Anschluss an der Kasse eingelöst werden.

„Deutsche Haushalte haben 2018 beim täglichen Einkauf im Supermarkt insgesamt circa 130 Millionen Euro gespart", rechnet Schüle vor.

Die beiden Gründer waren zunächst Arbeitskollegen beim Debis Systemhaus, seinerzeit der größte deutsche herstellerunabhängige IT-Dienstleister mit Sitz in Frankfurt. Nach Abschluss einer Banklehre und dem Studium der Wirtschaftswissenschaften an der Universität Hohenheim arbeitete Schüle dort als Consultant und beriet in dieser Funktion Großbanken im Bereich Risikomanagement. Mitstreiter Thye hatte sein Betriebswirtschaftsstudium in Paderborn durchlaufen. Als Absolvent des International Executive Programme bei Insead in Fontainebleau und Singapur hatte er sich bereits in den 1990er Jahren mit Informationstechnologie beschäftigt.

Thyes Eltern führten ein Kinocenter, und so fingen die beiden Arbeitskollegen mit etwas an, das sie kannten: mit Kino-Gutscheinen. Der Clou: die Realtime-Prüfung, ob die Gutscheine überhaupt noch gültig sind. Der Haken jedoch: Zur damaligen Zeit konnte dies nur mit einem aufwendigen System über Eingabe der Codes per Telefon erfolgen. Das Unternehmen war deswegen noch wenig erfolgreich, aber 2001 spielte ihm der Fall des Rabattgesetzes in die Karten. Statt Gutscheinen standen jetzt Coupons im Mittelpunkt. Im Gegensatz zu den bis dahin noch sehr manuellen Prozessen planten die beiden nun, die Coupons direkt in die Kassensysteme großer Händler zu integrieren. Obwohl Branchenexperten zunächst skeptisch waren, gelang ihnen damit der Einstieg bei Real – für sie das Tor in die Kassensysteme der großen Handelsketten.

Bis heute setzen die beiden mit ihrem Unternehmen, der 2000 in Zweibrücken gegründeten Acardo Group, den technischen Standard für den Markt. Sie haben geschafft, was eigentlich als unmöglich galt: In das Kassensystem der großen Handelsketten zu kommen. Das Unternehmen arbeitet beim Couponing bzw. Gutschein-Marketing für 180 Konsumgüterhersteller, „darunter alle Top-20-Hersteller in Deutschland", betreut mehr als 30 000 Stores in den Branchen Lebensmittelhandel, Apotheken und Kinos und hilft bei der Konzeption und Abwicklung von Couponing-Kampagnen.

Für Konsumgüterhersteller haben Coupons den Vorteil, dass sie damit neue Produkte schnell auf den Markt lancieren können; sie können Konkurrenzmarken preislich unterbieten und Kunden langfristig an ihre Produkte binden. „Die Aktionen werden vom Hersteller bezahlt, wir verdienen an der Beratung, der Durchführung, dem Dialog mit dem Handel und an der Einlösung der Rabattmarken", sagt Schüle.

Beste Warengruppen für Coupons: Getränke, Wasch- und Putzmittel, Drogerie- und Kosmetikprodukte sowie Milchprodukte, Süßes und Salziges, Nudeln, Reis und Brot. In puncto Haushaltsnettoeinkommen liegen Couponnutzer mit dem deutschen Durchschnitt gleichauf: Fast 70 Prozent hat ein Haushaltsnettoeinkommen von mehr als 1500 Euro, fast ein Drittel sogar über mehr als 2500 Euro. Gerade wegen ihres nachhaltigen Kaufverhaltens macht sie das für eine große Bandbreite an Markenherstellern und Händlern zu einer außergewöhnlich attraktiven Zielgruppe unter den Verbrauchern.

Nach Dortmund zog es die beiden Gründer nach kurzem Zwischenstopp in Zweibrücken in der Pfalz im Jahr 2001. Die Dortmunder Wirtschaftsförderung lobte damals erstmalig den Gründerwettbewerb start2grow aus. Bewerben können sich bis heute technologische und digitale Ideen. Auch Acardo machte mit und konnte mit seiner technischen Lösung die Jury überzeugen. Als Dritter gewann das Unternehmen 60 000 Mark. Auch die örtliche Sparkasse wollte investieren. Doch das Geld konnte nur in Unternehmen mit Sitz in Dortmund fließen. „Da ist uns der Umzug natürlich nicht schwergefallen. Die Wirtschaftsförderung hat uns in vielerlei Hinsicht super unterstützt", lobt Schüle das Engagement der Stadt. Als Gäste von der Wirtschaftsförderung zu einem Fußballspiel eingeladen, wurden sie vor 80 000 Fans im Stadion sogar persönlich über die Lautsprecher begrüßt. Gänsehaut pur! Und noch etwas stellt Schüle fest: In Dortmund ist ja gar nicht alles „grau in grau". Im Gegenteil: „Hier gibt es Ecken, die sind so grün und schön – dort sieht es fast so aus wie bei meinen Schwiegereltern in Zehlendorf in Berlin", schwärmt er.

2012 bezog die Firma als eine der Ersten am Phoenixsee ihre neuen Büros. Abseits vom Trubel der Innenstadt und in Nachbarschaft zu anderen Startups blicken Schüle und Thye aus ihren Büros auf den künstlich angelegten See, auf leichte Hügel und teure Villen, in denen mitunter die Fußballprofis des BVB wohnen.

Um die Sichtbarkeit von Coupons gegenüber dem Endkunden zu erhöhen, gründeten Schüle und Thye im Jahr 2017 als Spin-off ihres Unternehmens Acardo das Gutscheinportal Couponplatz, das sich seither um die digitale Verbreitung der Rabattmarken beim Nutzer kümmert. „In Deutschland nutzen bereits mehr als 43 Prozent der Haushalte Coupons", sagt Schüle. Allein im letzten Jahr wurden rund 18 Milliarden Coupons von Markenherstellern und Handelsunternehmen an deutsche Kunden verteilt. Dem Unternehmen wird es über die zum Teil sogar personalisierten Coupons künftig möglich sein, das Kaufverhalten der Kunden zu analysieren. „Wir werden ermitteln können, wer was wann wie und wo eingekauft hat. Das ist ein riesiger Datenschatz, auf den wir künftig zurückgreifen können."

86 Prozent der Coupon-Nutzer sind weiblich und vor allem in den jüngeren Altersklassen anzutreffen. Nur etwas mehr als ein Viertel ist älter als 40 Jahre, nicht einmal jede(r) Zehnte älter als 50 Jahre. Coupons kommen vor allem in Mehrpersonenhaushalten mit Kindern zum Einsatz. Klassische Coupon-Medien wie das Check-out-Couponing, bei dem die Coupons an der Kasse ausgegeben werden, so auf dem Kassenbon, und Couponing am Regal, bei dem ein Coupon-Block am Regal beim beworbenen Produkt angebracht wird, werden derzeit noch am häufigsten eingesetzt.

Mobile Couponing, also Couponing per Smartphone, erfülle die Erwartungen noch nicht. Was unter anderem daran liege, dass sich die Technologien für die Einlösung bei den einzelnen Händlern unterschieden. Doch es bewege sich etwas. „So langsam kommen flächendeckend Scanner zum Einsatz, die QR-Codes auf mobilen Displays erkennen können", sagt Schüle und ist sich sicher: „Die Zukunft heißt Mobile Couponing."

Durch den Zukauf der Mobile-Couponing-Plattform Coupies, die 2010 in Köln an den Start ging, schlägt das Dortmunder Unternehmen ein weiteres Kapitel auf. „Die Beteiligung stellt eine ideale Ergänzung und Erweiterung unseres eigenen Coupon- und Gutschein-Marketing-Angebotes dar. Sie sichert uns nicht nur führendes Cashback-Lösungs-Knowhow, sondern eröffnet uns auch zahlreiche Synergiepotenziale", sagt Schüle. Die App des Unternehmens kann mit einer Million Downloads punkten.

Von Christina Cassala

„Hier herrscht ein sehr offenes, kreatives Klima“
So sieht Alexander Schüle, Mitgründer der Couponplattform Couponplatz, die Startup-Szene in Dortmund und im Ruhrgebiet.

Wenn es um Startups in Deutschland geht, richtet sich der Blick sofort nach Berlin. Was spricht für das Ruhrgebiet als Startup-Standort?
Einiges. Zum einen bietet Nordrhein-Westfalen mit einer ambitionierten Digitalstandortpolitik und mit Initiativen wie „Digitale Wirtschaft NRW“ ein sehr innovations- und gründungsfreundliches Umfeld. Dann ist das Bundesland traditionell die Heimat großer Markenartikler bzw. Konsumgüterhersteller, die unsere direkten Zielgruppen sind. Generell tut sich sehr viel im Ruhrgebiet, gerade auch in Sachen Vernetzung von Hochschulen und Industrie. Darüber hinaus war unsere Standortwahl natürlich auch ein wenig historisch bedingt: Couponplatz ist ein Spin-off der Acardo Group, eines der beiden großen Coupon-Clearing-Häuser im deutschen Markt. Da lag es nahe, auch für Couponplatz das Ruhrgebiet als Standort zu wählen, um gerade zum Start und in der ersten Wachstumsphase Synergien optimal nutzen zu können.

Was macht den besonderen Reiz der Startup-Szene in Dortmund aus?
Dortmund und das gesamte Ruhrgebiet unterliegen seit längerem einem tiefgreifenden Strukturwandel. Das Wegbrechen alter Industrien und der Zwang zu Veränderungen haben Innovation, Unternehmensgründungen und die Entwicklung neuer Branchen natürlich sehr befördert. Insgesamt herrscht hier ein sehr offenes, kreatives Klima, das längst nicht mehr nur der Not zum Wandel entspringt,

sondern inzwischen auch stark von dem Anspruch geprägt ist, Dortmund und das Ruhrgebiet, eine Metropolregion, als Wirtschaftsstandort wieder attraktiv und relevant zu machen. Das gilt insbesondere für den Bereich Digitalisierung. Mit der Wirtschaftsförderung Dortmund, deren Hauptgewicht auf der Förderung technologischer und insbesondere digitaler Innovationen liegt, haben die jungen Unternehmen die entsprechend starke Unterstützung.

Was ist in Dortmund einfacher als im Rest der Republik?
So generell ist das schwer zu sagen, weil uns die Vergleichsmöglichkeiten fehlen. Aber zum Beispiel, dass Dortmund für seine Digitalisierungsstrategie als „Digitalste Stadt" ausgezeichnet wurde, hat sicher auch positive Abstrahlungseffekte auf Startups. In den letzten zwei Jahrzehnten ist es hier gelungen, zahlreiche Startups zu entwickeln, die heute starker westfälischer Mittelstand sind – die Acardo Group ist das beste Beispiel dafür. Vielleicht war es dabei auch von Vorteil, dass es kein Einhorn gibt, das alle anderen überstrahlt hat, sondern eine gesunde Breite an digitalen Unternehmen, die allesamt zum Erfolg der Digitalisierungsoffensive beitragen. Und dann hat Dortmund eine der größten Informatikfakultäten in Deutschland. Es ist trotzdem nicht leicht, geeignete IT-Fachleute zu bekommen, aber vermutlich leichter als an anderen Standorten. Das merkt man auch daran, dass andere Tech-Firmen Zweigniederlassungen in Dortmund betreiben.

Was fehlt in Dortmund bzw. im Ruhrgebiet noch?
Ich glaube, ein bisschen mehr Vernetzung und ein engerer Austausch mit anderen Startup-Regionen in Deutschland wie Berlin und München, aber auch auf europäischer Ebene würde uns sicher guttun. Eine starke, eigenständige

und unabhängige deutsche bzw. europäische Digitalwirtschaft kann nur entstehen, wenn wir nicht zu kleinteilig denken und die Startup-Hubs sich zusammentun.

Zum Schluss hast du drei Wünsche frei: Was wünscht du dir für den Startup-Standort Ruhrgebiet?
Ich habe nur zwei. Erstens: Dass der digitale Wandel auf lokaler und auf Landesebene weiter nachhaltig verfolgt und getrieben wird, was als Umfeldfaktor wichtig für die Startup-Szene hier in Dortmund und im ganzen Ruhrgebiet ist. Und zweitens: Dass Startups einen besseren Ruf als Arbeitgeber bekommen. In vielen Bereichen herrscht Fachkräftemangel, der sich gerade in starken Wachstumsphasen fatal auswirken kann. Hier würde ich mir manchmal einfach noch mehr Mut – auch bei älteren Arbeitnehmern – wünschen, den Schritt in die Digitalbranche und junge Wachstumsunternehmen zu wagen.

WG Held (Essen)
Digitale Malocher in Feierlaune

Zu jeder guten Studentenzeit gehören Partys! Das Essener Startup WG Held, das 2014 an den Start ging, setzt genau an diesem Punkt an. Die Jungfirma, die von Chuong Nguyen und Genia Lewitzki gegründet wurde, versorgt Partys, besonders Feierlichkeiten in studentischen Wohngemeinschaften, mit Getränken und Snacks – und zwar komplett kostenlos. „Wir platzieren die Produkte unserer Kunden durch unsere studentischen Markenbotschafter, die Campus-Helden, in den privaten vier Wänden der Studenten“, erklärt Mitgründer Lewitzki das simple, aber erfolgreiche Konzept seines Unternehmens.

Brauereien, Spirituosen- sowie Snackhersteller können ihre Produkte über WG Held an die passende Zielgruppe bringen. Wofür die Firmen WG Held selbstredend bezahlen. Die junge Zielgruppe wiederum bekommt leckere und coole Produkte für umme. Ein guter Deal für alle Seiten! Da es aber viel mehr Partys als Party-Ausstattungen gibt, müssen sich die Studenten gehörig ins Zeug legen, um die kostenlosen Produkte abzustauben. „Die Studenten müssen mit einer kreativen Bewerbung bei uns vorstellig werden. Hier selektieren unsere Campus-Helden die besten Bewerbungen heraus“, sagt Lewitzki.

Bundesweit gibt es aktuell 85 Campus-Helden. „Diese Truppe ist unser ganzer Stolz: unsere Augen und Ohren auf dem Campus, unser interner Berater und das Gesicht für unsere Brands", ergänzt der WG-Held-Macher im feinsten Marketingsprech. In diese Sprechweise verfällt er immer mal wieder. Etwa wenn er von „emotionaler Markenbindung" in Bezug auf WG Held und die Studenten spricht. Bei Lewitzki sind dies aber keine plumpen, aufgesetzten Worthülsen, er brennt einfach für sein Unternehmen und das Konzept dahinter.

Die Idee zu WG Held hatten die Ruhrpreneure während ihrer eigenen Studienzeit. „Abgesehen von ziemlich bunten WG-Partys haben wir damals größere Mensa-Partys veranstaltet. Wir haben sehr schnell erkannt, dass wir durch unser Netzwerk eine charmante Brücke zwischen Industrie und Studenten aufbauen können, und haben die Chance ergriffen", sagt Nguyen, der Jahrgang 1986 ist. So wurde aus der Idee, Partys zu veranstalten, ein weiteres Unternehmen, das Partymacher und Sponsoren zusammenbringt. Jahr für Jahr statten die Jungunternehmer inzwischen rund 2000 Partys mit Bier und Chips aus und erreichen so über eine Million Studierende. 15 Mitarbeiter arbeiteten zuletzt für WG Held.

Das Konzept funktioniert auch wirtschaftlich; das Unternehmen, das ohne fremde Finanzspritzen entstanden ist, schreibt schwarze Zahlen. Bei einem Umsatz von rund einer Million Euro. „Wir haben im Grunde ab dem ersten Moment profitabel gewirtschaftet", sagt Lewitzki, der aus Bochum stammt.

Er und Nguyen kennen sich seit der Grundschule, sind in der gleichen Straße aufgewachsen. Nach dem Abi und dem Studium, Nguyen studierte Mediendesign und Lewitzki zunächst Jura, dann aber Sport und Geschichte auf Lehramt, stand für beiden fest, dass sie auf jeden Fall im Ruhrgebiet gründen. Zuvor hatte der gebürtige Bochumer

Nguyen während des Studiums einige Jahren in England verbracht, kehrte aber freudig wieder zurück in den Pott. Lewitzki wiederum studierte erst in Bochum, danach in Dortmund, dann wieder in Bochum. „Wir haben hier im Ruhrgebiet, auch wenn das viele in Deutschland anders sehen, ein wunderschönes Fleckchen Erde. Mit viel Natur und vielen tollen Veranstaltungen", bricht Lewitzki eine Lanze fürs Revier. Auch hier sind es keine Worthülsen. Man spürt die Liebe zum Revier auch in seinem Gesicht.

WG Held Lewitzki wurde 1986 in der Ukraine geboren, kam mit neun Jahren ins Revier. „Das Ruhrgebiet ist die absolute Heimat für uns. Für uns stellte sich die Frage, ob wir anderswo, in Berlin oder Hamburg, gründen sollten, einfach nicht. Hier ist unsere Heimat, hier bleiben wir." Mitstreiter Nguyen, dessen Eltern nach dem kommunistischen Umsturz aus Vietnam nach Deutschland gekommen sind, sieht dies genauso. Er unterstreicht Lewitzkis Worte mit einem kurzen und prägnanten: „Ja!" Nguyen liebt das Bodenständige und das Direkte im Ruhrgebiet, sieht aber auch Probleme: „Als ein Startup aus dem Ruhrgebiet wird man nicht so wahrgenommen wie eines, das in Berlin gegründet wurde."

Dadurch lassen sich die Ruhrgründer nicht von ihrem Ziel abbringen. Und von viel Arbeit erst recht nicht! „Wir im Pott sind Malocher", sagt Nguyen. Und schiebt ein „heute halt digitale Malocher" hinterher. Seine Eltern, sie betreiben einen kleinen asiatischen Lebensmittelladen, waren in diesem Punkt immer ein Vorbild für ihn. „Meine Eltern sind nicht mehr die Jüngsten, stehen aber noch jeden Tag im Laden. Davor habe ich einen Heidenrespekt. Das ist echt Knochenarbeit. Aber dadurch habe ich diese Mentalität, dass man immer hart arbeiten muss, wenn man etwas im Leben erreichen will."

Auch Lewitzki teilt diese Sichtweise. Seine Mutter arbeitet seit Jahren in der Altenpflege. Sein Vater, der in der Ukraine seinen Doktor in Physik gemacht hat, musste sich in Deutschland erst ins Berufsleben kämpfen. Schließlich fand er als Netzwerkprogrammierer seine berufliche Erfüllung. Nebenbei gab er später auch Nachhilfeunterricht.

Zu Uni-Zeiten, als die späteren Macher von WG Held wilde Partys veranstalteten, taten ihre Eltern dies als simplen Freizeitspaß ab. Inzwischen betrachten sie mit Stolz, was die Kinder auf die Beine gestellt haben. Auch wenn Partys noch immer zum Lebensinhalt der Jungunternehmer, die beide in festen Händen sind, gehören.

In den kommenden Jahren wollen die beiden Ruhrgründer WG Held noch weiter voranbringen. Aber auch an weiteren Projekten arbeitet das Duo bereits. So hört ihre neueste Spielwiese auf den Namen Uniheld. Dahinter verbirgt sich eine App, die sich gezielt an Studierende wendet. „Wir wollen mit Uniheld etwas erschaffen, das das Studentenleben noch angenehmer gestaltet, etwas, das tagtäglich genutzt wird und einen großen Mehrwert bietet", erklärt Lewitzki. Im Grunde erschaffen die Jungunternehmer, die weiter in Bochum wohnen, mit ihrer kleinen Anwendung eine Art digitalen Studentenausweis, der den Zugang zu Angeboten und Rabatten – etwa in Restaurants – in der jeweiligen Region ermöglicht. Wenn dies gelingt, können die WG-Helden ihr Party-Image zumindest ein klein wenig ablegen.

Von Alexander Hüsing

„Außenstehende bekommen den Wandel gar nicht mit“
So sieht Genia Lewitzki, Mitgründer von WG Held, die Startup-Szene in Essen und im Ruhrgebiet.

Wenn es um Startups in Deutschland geht, richtet sich der Blick sofort nach Berlin. Was spricht für das Ruhrgebiet als Startup-Standort?
Abgesehen von der einzigartigen und herzlichen Mentalität, den günstigen Wohnräumen, dem vielen Grün, der multikulturellen Vielfalt und den unzähligen Studenten, die jedes Stadtbild prägen, würden mir noch locker mindestens hundert weitere Gründe einfallen, wieso wir diesen Standort gewählt haben. Wir sehen das Ruhrgebiet als großes Ganzes, quasi als das größte Ballungszentrum Deutschlands. Somit ist es für uns eine Startup-Szene, die weitaus größer ist als „nur“ Berlin.

Was genau macht den Reiz der Startup-Szene in Essen aus?
Auf den ersten Blick ist es sehr überschaubar; setzt man sich jedoch intensiver mit der Entwicklung auseinander, dann bemerkt man schnell, mit welchem Tempo das Ganze voranschreitet. Ob Ruhr:HUB, die EWG: Die Akteure setzen sich sehr engagiert für die Startup-Szene ein.

Was ist in Essen einfacher als im Rest der Republik?
Die Infrastruktur in Essen ist einfach nur einmalig. Man kommt von hieraus blitzschnell überall hin. Ich brauche von unserem Office ganz genau entspannte 15 Minuten, um in meiner Wohnung in Bochum zu sein, weitere 10 Minuten, um in Dortmund um die Häuser zu ziehen, und weitere 20 Minuten, um in Düsseldorf an der Rheinpromenade zu chillen. Dies ist auch einer der Gründe, wieso das Netzwerkeln in Essen so unheimlich gut funktioniert.

Was fehlt in Essen bzw. im Ruhrgebiet noch?
Also wir sind rundum glücklich! Wir bemerken jedoch immer wieder, wie das Ruhrgebiet von Berlinern, Hamburgern oder Münchnern ganz klar unterschätzt wird. Irgendwie bekommen Außenstehende diesen Wandel von der Kohlehauptstadt zum digitalen Ballungszentrum gar nicht mit. Am Ruhrgebietsimage könnte man auf jeden Fall noch etwas basteln, ganz nach dem Motto: Tue Gutes und rede darüber.

Zum Schluss hast du drei Wünsche frei: Was wünscht du dir für den Startup-Standort Ruhrgebiet?
Erstens: bessere Kommunikation zwischen den jeweiligen Kommunen und Städten – weniger Ellbogenverhalten. Zweitens: noch mehr Formate wie den RuhrSummit, der unheimlich gut und wertvoll für das Ruhrgebiet ist. Drittens: eine noch bessere Förderung von jungen, ambitionierten Menschen, die Bock haben, was zu bewegen.

Babymarkt (Dortmund)
Vom Ladenlokal zum Online-Schwergewicht

Kinderwagen, Babybettchen, Wickeltisch, Spieluhr und Schnuller – alles da? Wenn sich ein Baby auf den Weg macht, ist die Vorfreude bei den werdenden Eltern groß, und mit wachsendem Bauch der Schwangeren steigt der Nestbautrieb. „Unsere Zielgruppe sind Frauen im 5./6. Monat“, sagt Bastian Siebers, Geschäftsführer von Babymarkt, dem größten Online-Händler rund um Babys und Kleinkinder. Das Dortmunder Unternehmen hat etwa 100 000 verschiedene Produkte im Sortiment – von der Erstausstattung über Babyspielzeug bis hin zu Stramplern und Matschhosen für den Kita-Besuch. Durchschnittlich 5000 Pakete werden täglich an die Kunden verschickt.

Die Geschichte von Babymarkt beginnt bereits im Jahr 1989. Albert Lütgenau eröffnet damals eine erste Filiale unter dem Namen Babymarkt. An der B 1 in Dortmund entsteht ein stationärer Anbieter für Baby- und Kinderausstattung. Zwei Jahre später kommt eine Filiale hinzu, bis 1999 weitere sechs Filialen in Hamburg und eine in Lübeck. 2003 verlagert Lütgenau einen Teil seines Geschäftes ins Internet. eBay bietet dem Unternehmer eine Zusammenarbeit an, und bereits am ersten Tag können 23 Artikel verkauft werden. Lütgenau begründet in Folge eine Kooperation mit der Auktionsplattform, den Online-Versandhandel – Produkte aus den Filialen werden fortan in die Wohnungen der Kunden verschickt. Um gleichzeitig auch unabhängig agieren zu können, eröffnet er parallel den ersten eigenen Onlineshop für Babyprodukte in Deutschland.

2012 die Wende: Die Geschäfte in Hamburg verkauft der Ruhrpreneur an den größten Konkurrenten Baby One und den Online-Handel an Tengelmann, das seither 90 Prozent am Unternehmen hält, die restlichen 10 Prozent gehen an die ProSiebenSat.1-Gruppe. Die Filialen werden im Zuge der Übernahme verkauft, um sich ausschließlich auf den E-Commerce zu konzentrieren. Firmengründer Lütgenau ist seither komplett raus, allerdings gibt es weiterhin eine Verbindung. „Seine Tochter Friederike ist bei uns Prokuristin und Leiterin des Projektmanagements", sagt Siebers. Außerdem gehören dem Unternehmer die Büro- und Logistikgebäude im Indupark in Dortmund. Babymarkt ist dort Mieter.

Demnächst wird sich dies jedoch ändern. Zu den strategischen Zielen, die Siebers in den kommenden Jahren mit Hochdruck verfolgen will, gehört auch der Umzug auf ein neues Areal. Während die Logistik zunächst weiter am Standort in Dortmund bleiben wird, zieht der Rest des mittlerweile 450 Mitarbeiter starken Unternehmens, das sozusagen wortwörtlich seine Wiege in Dortmund hat, in das ehemalige Opel-Werk in Bochum. „Der Standort hier ist angesichts des rasanten Wachstums zu klein geworden", sagt Siebers, der in der Nähe von Iserlohn groß geworden ist, und schiebt dann schnell hinterher: „Aber wir bleiben unserer Heimat, dem Ruhrgebiet, treu."

Siebers, Jahrgang 1975, ist seit 2014 für Babymarkt tätig und krempelte seinerzeit das Business komplett um. Seine Aufgabe: Die Firma in das Zeitalter eines „Zalando für Baby- und Kleinkindprodukte" zu führen. Siebers zog auch unangenehme Entscheidungen durch: Produkte wurden aus dem Sortiment gestrichen, Nebenbaustellen wie eine Shopping-Community wurden eingestellt, personelle Veränderungen durchgesetzt, und die Marke bekam einen optischen und inhaltlichen Relaunch – von quietschbunt á la Toys „R" Us hin zu einer neutraleren, farblich zurückhaltenden Corporate Identity, die sich seitdem über alle Kanäle wiederfindet.

Siebers ist Sohn eines Berufssoldaten, und es fällt ihm nicht schwer, sich auf das Wesentliche zu konzentrieren. Er, der nach dem Aufstehen erst einmal 50 Minuten Sport macht „als Ausgleich zum vielen Sitzen am Schreibtisch", führte Möglichkeiten zur Teilnahme an sportlichen Aktivitäten innerhalb des Unternehmens ein – Fußball, Bouldern, Beachvolleyball, Laufen. Die Teilnahme sei rege. „Jeder kann bei uns eine Sportgruppe ins Leben rufen." Regelmäßig stellt die Belegschaft von Babymarkt die teilnehmerstärkste Gruppe in der Kategorie „Institution unter 1000 Mitarbeitern" beim jährlichen b2Run in Dortmund. Und den alljährlichen Höhepunkt der Sportevents bildet die Teilnahme am Strong Viking, einem Obstacle Run, den das Babymarkt-Team geschlossen bewältigt und bei dem es zusammen die Ziellinie überquert.

Gemeinsam mit Sven Bogatzki, Bastian Salewsky und Roland Zacharias bildet Bastian Siebers die Geschäftsführung. Dass alle vier Väter sind, „spielt in unserer Arbeit eine sehr untergeordnete Rolle", sagt er. Seine beiden Kinder sind dem Kleinkindalter längst entwachsen. Er lacht: „Früher habe ich für Tengelmann für Garten XXL gearbeitet und habe dabei Rasenmäher verkauft. Da wurde ich auch nicht gefragt, ob ich Gärtner bin." Von seinem Knowhow in Sachen Babyausstattung profitierten jetzt seine noch sehr kleinen Patenkinder. „Mittlerweile kenne ich mich ganz gut aus und kenne die Qualität der Produkte."

Im vergangenen Jahr setzte Babymarkt, online und den Umsatz der sechs in Eigenregie betriebenen Filialen im Ruhrgebiet eingerechnet, circa 150 Millionen Euro um. In den nächsten fünf Jahren will Siebers den Umsatz auf 500 Millionen Euro steigern. Einen Großteil macht der Verkauf von Kinderwagen aus. Vom 250-Euro-Kombi-Kinderwagen mit allem Zubehör bis hin zur 1300 Euro teuren Luxusvariante ist alles dabei. In diversen Ländern Europas, darunter in Österreich, der Schweiz, in den Niederlanden und Belgien, in den skandinavischen Ländern und Finnland, ist Babymarkt schon vertreten, in einigen davon – so in Frankreich – spiele er bereits eine ebenso wichtige Rolle wie auf dem deutschen Markt. Beim Verkauf gebe es allerdings durchaus Unterschiede: Während in Italien beispielsweise die Marke „Chicco" führend sei, habe sie in Deutschland eine nachrangige Bedeutung. Und Holzspielzeug in Frankreich? – Zu vernachlässigen! „Das Schöne ist, dass wir als internationale Plattform auf das komplett gleiche Sortiment und die komplett gleiche Logistik zurückgreifen können. Entscheidend für den Erfolg ist, die richtigen Marken und die richtigen Artikel zu führen." Der Online-Vertrieb solle in Zukunft länderübergreifend noch stärker zusammenwachsen.

Weitere Wachstumschancen sieht Siebers vor allem im Internet. Die deutsche Shoppingplattform zählte im Jahr 2018 zusätzlich 10 Prozent mehr Besucher sowie eine Steigerung des durchschnittlichen Warenkorbwertes um 20 Prozent. „Der Warenkorb beträgt rund 140 Euro."

Neben dem deutschen betreibt Babymarkt 14 internationale Webshops, bei denen man unter der Marke „Pink or Blue" auftritt. In den ganz großen Absatzmärkten wie Spanien, Frankreich und Italien wurde der Name in die jeweilige Landessprache übersetzt. Für die einzelnen Länder arbeiten jeweils Muttersprachler für die Marke. Das habe den Vorteil, dass sie wüssten, welche Themen vertrieblich gefeiert werden könnten. Bestes Beispiel: „Bei den Holländern kommt nicht das Christkind am 24., sondern Sinteklaas traditionell am 6. Dezember."

Doch egal ob in Skandinavien oder in Südeuropa: Die Erstausstattung fürs Kind ist über alle Grenzen hinweg nach wie vor ein klares Frauenthema. 80 Prozent der Kunden seien weiblich. „Der Mann spielt beim Einkauf für den Nachwuchs nur eine Nebenrolle", sagt der Geschäftsführer. Bei ihm sei es damals auch nicht anders gewesen. „Hat auch alles meine Frau gemacht", erinnert er sich.

Ein Drittel des Babybedarfs bis zum dritten Lebensjahr werde bereits online gekauft und „rund 80 Prozent des Traffics mittlerweile mobil generiert", weiß Siebers. Die größte Konkurrenz seien für die Tengelmann-Tochter daher nicht die Filialketten wie ein Baby Walz oder Franchise-Unternehmen wie Baby One, das deutschlandweit rund 100 Filialen betreibt, sondern es sei Amazon. Umso überzeugter fügt Siebers hinzu: „Bereits heute verkaufen wir jeden dritten Kinderwagen und jeden vierten Kindersitz im deutschen Internet. Für den für uns relevanten Bereich sind wir stärker als Amazon. Die dürften etwa zwei Drittel unserer Größe in dem Segment haben." Um diesen Vorsprung auszubauen, müsse eine ganze Menge Arbeit erledigt werden. Der Aufbau eines Filialnetzes stehe bei den Geschäftsführern daher nicht so sehr im Mittelpunkt. „Zwar können wir uns vorstellen, in Städten über 250 000 Einwohnern weitere Filialen aufzubauen", so der Geschäftsführer, „allerdings dann ganz klar mit dem Ziel, der digitalen Marke ein stationäres Zuhause zu geben."

Von Christina Cassala

„Eine zu stark in der Vergangenheit positionierte Marke"
So sieht Bastian Siebers, Geschäftsführer von Babymarkt, die Startup-Szene in Dortmund und im Ruhrgebiet.

Wenn es um Startups in Deutschland geht, richtet sich der Blick sofort nach Berlin. Was spricht für das Ruhrgebiet als Startup-Standort?
Das Ruhrgebiet ist eine Region im Auf- und Umbruch. So konnte in Sachen Startup und Hochtechnologie in den letzten Jahren stark aufgeholt werden, ohne dass dies wirklich von außen wahrgenommen wird. Ein großes Einzugsgebiet für Mitarbeiter, vergleichsweise günstige Mieten, zahlreiche Hochschulstandorte sowie die Diversität und regionale Kultur von über 50 Städten bilden die Grundlage für den Aufbruch in eine neue Zeitrechnung.

Was macht speziell den besonderen Reiz der Startup-Szene in Dortmund aus?
Analog zum Ruhrgebietsfußball: Die Einstellung der Menschen ist ein zentraler Unterschied. Der Claim von Borussia Dortmund „Echte Liebe" und der von Schalke 04 „Wir leben dich" zeigt auf, wohin die Reise geht. Hier geht es um Identifikation mit Region und Verein. Diese Einstellung, dieses Feuer, verbunden mit einer Geschäftsidee bzw. einem Unternehmen, führt zu einzigartigen Ergebnissen.

Was ist im Ruhrgebiet einfacher als in Berlin – und umgekehrt?
Dortmund bzw. das ganze Ruhrgebiet befinden sich noch am Anfang der digitalen Reise. Die Entwicklung erfolgt mit hoher Dynamik, gleichzeitig können Fehler aber gemacht werden. Der Zugang zu guten Mitarbeitern ist hier noch nicht der limitierende Faktor. Zahlreiche Talente aus

Hochschulen, Industrie und Forschung stehen bereit, um Unternehmen zu gründen oder ambitionierte Firmen zu unterstützen.

Was fehlt in Dortmund bzw. im Ruhrgebiet noch?
Eigentlich fehlt es dem Ruhrgebiet an nichts. Das Ruhrgebiet hat ganz im Gegenteil eine zu stark in der Vergangenheit positionierte Marke. Noch immer verbinden die Menschen in Deutschland und darüber hinaus das Ruhrgebiet mit alten Industrien wie Kohle, Stahl und Automobilbau. Diese Marke gilt es digital neu zu erfinden und bekannt zu machen.

Zum Schluss hast du drei Wünsche frei: Was wünscht du dir für den Startup-Standort Ruhrgebiet?
Zur Etablierung des Ruhrgebiets auf der Landkarte für Startups und Technologie-Unternehmen benötigt es eine digitale Neupositionierung der Marke sowie einen sicht- und hörbaren Impuls für eine Kommunikationsoffensive. Das erste „Ruhr-Unicorn" wäre hierfür natürlich hilfreich. Des Weiteren wünsche ich mir eine stärkere Vernetzung der Szene über ihre Heimatstädte und Hochschulstandorte hinaus. Eine zentrale Austauschplattform und regelmäßige Treffen wären hierzu bestimmt hilfreich. Dies führt mit Sicherheit dazu, dass die Aufmerksamkeit und damit auch weiteres Kapital seinen Weg in das Ruhrgebiet findet und das Wachstum weiter belebt.

Beautyself (Bochum)
Vom Startup zum Konzern und wieder zurück

Unter dem Namen Beautyself will das Bochumer Gründerpaar Olivia und Sebastian Janus Transparenz in den milliardenschweren Hautpflege-Markt bringen. Nutzerinnen und Nutzer, welche die Plattform ansteuern, finden dort eine Mischung aus Community, Verkaufsservice, aus Preisvergleich sowie Beratungs- und Infodienst rund um das breite Thema Hautpflege.

Für Olivia Janus, die vorher im Marketing bei einem Bekleidungsunternehmen gewirkt hat, ist Beautyself die erste Gründung. Sebastian Janus, 1985 in Bochum geboren, ist bereits seit rund 20 Jahren unternehmerisch unterwegs. „Ich habe immer geschaut, wie ich aus einem Euro zwei machen kann", sagt der Ruhrgründer, dessen Eltern Anfang der 1980er Jahre aus Polen nach Deutschland gekommen sind. Als Jugendlicher versuchte Janus sich unter anderem als Verleger, fertigte am heimischen Computer eine Zeitung an, samt selbst erstelltem Kreuzworträtsel, und versuchte diese in der Nachbarschaft für eine Mark pro Exemplar zu verkaufen. Die Zeitung wurde allerdings kein Erfolg. „Die Menschen haben eher aus Mitleid eine Ausgabe gekauft", erzählt Janus. Zu Schulzeiten verkaufte er dann selbstgebrannte Musik-CDs.

Im Jahre 2003 stieg der Ruhrgründer in den An- und Verkauf von Handys, Laptops und anderem Technikkram ein. Seine Spielwiese damals war vor allem eBay. Die Eltern, beide hatten jahrelang bei Opel am Band gestanden, sahen die Online-Abenteuer mit Skepsis, wollten, dass ihr Sohn studiert. Bereits zwei Jahre später wurde dann aus dem E-Commerce-Hobby aber ein echtes Unternehmen, das Janus gemeinsam mit Sebastian Labud gründete. Im großen Stil klapperte das Duo fortan deutschlandweit stationäre Händler ab und kaufte vor Ort Schnäppchen, um sie bei eBay mit Aufschlag weiterzuverkaufen.

2008 kamen die Revierler intensiv mit Runners Point in Kontakt. Fortan kauften sie den Lagerverkauf der Sportkette, der in Recklinghausen stattfindet, leer. „Schuhe, die dort 30 Euro gekostet haben, konnten wir teilweise für 90 Euro weiterverkaufen“, erzählt Janus rückblickend. Nach dem Verkauf bei eBay und Amazon folgte der Versuch, einen eigenen Shop zu etablieren. Sp24.com ging 2009 an den Start. „Über Flyer, die wir unseren eBay-Kunden in die Pakete gelegt haben, und Preissuchmaschinen haben wir es damals geschafft, sehr stark zu wachsen“, berichtet der Ruhrgründer. 2010 erwirtschaftete das Unternehmen mit Namen Tredex bereits zehn Millionen Euro Umsatz und beschäftigte 50 Mitarbeiter. Das Wichtigste dabei: Die Jungfirma fuhr all die Jahre fast immer Gewinne ein. Insbesondere weil das Unternehmen nie viel Geld in Marketing stecken musste. „Darauf sind wir auf heute noch sehr stolz“, sagt Janus. Geplant war dieser Weg nie, die beiden Gründer wollten einfach nur vor dem geplanten Studium etwas Geld verdienen.

Als die Ruhrgebietler ihr Unternehmen erfolgreich im Markt etabliert hatten, kam die Runners-Point-Führung, die damals im Netz noch keine Erfolge feiern konnte, auf die Tredex-Macher zu und kaufte den Gründern schließlich 75 Prozent der Firmenanteile ab. „Es war strategisch gesehen der richtige Schritt", sagt Janus. Auch wenn die jungen und wohl auch unerfahrenen Unternehmer eigentlich gerade mal 25 Prozent an ihrer Firma abgeben wollten. „Gemeinsam mit Runners Point hatten wir dann aber viel mehr finanzielle Power", erzählt Janus. Nun konnten die Ruhrpreneure Turnschuhe und Co. auch direkt bei den Herstellern einkaufen und mussten nicht mehr nur die Restposten verkaufen. Zusätzlich übernahm Tredex auch den offiziellen Onlineshop von Runners Point und baute auch noch für Sidestep, einen Ableger von Runners Point, das E-Commerce-Geschäft auf.

Bis 2013 wuchsen die Umsätze der E-Commerce-Experten auf 30 Millionen Euro. Ein wichtiger Meilenstein für die Jungfirma. Janus, der sich selbst als „Autodidakten" bezeichnet, übernahm in dieser Zeit immer mehr die Rolle eines Finanzchefs; er kümmerte sich um alle wirtschaftlichen Aspekte der Jungfirma. Und das Jahr 2013 markierte einen weiteren Meilenstein für Tredex: Der US-Riese Foot Locker übernahm Runners Point. Im Zuge der Übernahme mussten die Tredex-Gründer – wie drei Jahre zuvor bereits vertraglich festgelegt – ihre restlichen Anteile an ihrem Unternehmen abgeben. Janus stieg in Folge zum Finanzchef des E-Commerce-Geschäftes von Foot Locker auf, war plötzlich in finanzieller Hinsicht für das Internet-Geschäft in mehr als zehn Ländern zuständig.

Mehrere Jahre gab Janus den „klassischen Konzern-Finanzchef", pendelte regelmäßig zwischen dem Ruhrgebiet und New York, war für einen dreistelligen Millionenumsatz verantwortlich. Glücklich aber war er nicht! „Ich hatte ein geiles Gehalt, einen geilen Firmenwagen, bin immer Business Class geflogen. Nach außen hin sah alles gut aus, ich selbst habe mich nach vier Jahren aber komplett leer gefühlt." Er kündigte seinen Job.

Fast zeitgleich stieg auch seine Frau aus ihrem Job aus, und das Ehepaar beschloss den Komplettausstieg, tingelte um die Welt, gab Englischunterricht in Laos, arbeitete auf Reisfeldern und jobbte in einem Tierheim in Thailand. „Wir mussten einfach mal raus aus unserer Komfortzone“, sagt Janus. In zehn Monaten besuchten die beiden 21 Länder und kehrten Mitte 2018 glücklich und zufrieden nach Hause zurück. „Wir haben uns super auf Deutschland gefreut, wir wollten endlich unsere Ideen umsetzen. Ich bin einfach ein Unternehmer, ich sehe Sachen und will diese umsetzen.“ Mit seiner Firma Janus Digital berät der ehemalige Tredex-Macher inzwischen Startups sowie Grownups bei der Skalierung ihrer Geschäftsmodelle. Ein besonderer Schwerpunkt liegt dabei auf finanziellen Aspekten. Zeitweise wirkt er dabei auch als sogenannter Interims-CFO bei jungen Unternehmen. Ansonsten geht es bei ihm um digitale Projekte, die er mit Startups umsetzt – etwa die Digitalisierung der Buchhaltung. „Ich habe hautnah die Skalierung eines Geschäftsmodells von einer Million Umsatz auf einen dreistelligen Millionenbetrag mitbekommen; dieses Wissen möchte ich weitergeben.“

Daneben zieht er gemeinsam mit seiner Frau die Kosmetikplattform Beautyself hoch. Ziel: Die „größte Hautpflegeplattform in Europa“ werden. Treibende Kraft ist Olivia Janus. Die Idee dazu stammt auch von ihr. „Wir ergänzen uns super“, sagt Sebastian Janus zur Herausforderung, als Paar solch ein Startup zu führen. Die größte Schwierigkeit sei es, Startup und Privatleben voneinander zu trennen. Zumindest bei gemeinsamen Reisen können die beiden aber auch jetzt noch entspannen und mal ein paar Stunden die Arbeit Arbeit sein lassen.

Von Alexander Hüsing

„Es fehlt der ganz große Riesen-Exit"
So sieht Sebastian Janus, Mitgründer von Beautyself, die Startup-Szene in Bochum und im Ruhrgebiet.

Wenn es um Startups in Deutschland geht, richtet sich der Blick sofort nach Berlin. Was spricht für das Ruhrgebiet als Startup-Standort?
Es tut sich gerade sehr viel. Das Ruhrgebiet hat erkannt: Die Startup-Szene kann nach dem Strukturwandel das nächste große „Ding" werden. Dies spürt man dadurch, dass viele alte Flächen zum Beispiel von Opel nun zu Startup-Hubs oder Coworking Spaces umgebaut werden.

Was genau macht den Reiz der Startup-Szene in Bochum aus?
Aktuell ist der Reiz insbesondere, dass sie noch sehr übersichtlich ist und man sich sehr schnell vernetzen kann und schnell ein großes Netzwerk hier aufbauen kann. Dazu kommt, dass gefühlt jede Woche neue Initiativen für Startups von verschiedenen Stellen ins Leben gerufen werden.

Was ist in Bochum einfacher als im Rest der Republik?
Hier in Bochum gibt es nur eine Stelle, wo man sich als Gründer mit anderen Gründern trifft, und das ist im Bermuda3eck. Die Stadt ist übersichtlich, und man weiß genau, wo man auf Gleichgesinnte trifft.

Was fehlt in Bochum bzw. im Ruhrgebiet noch?
Es fehlt hier noch der ganz große Riesen-Exit oder die ganz große Finanzierungsrunde. Klar, gab es schon mehrere größere in den letzten Jahren, aber es fehlt so der richtige Leuchtturm für das Ruhrgebiet oder für NRW.

Zum Schluss hast du drei Wünsche frei: Was wünscht du dir für den Startup-Standort Ruhrgebiet?
Erstens: ein Einhorn! Zweitens: eine engere Zusammenarbeiten der großen Städte im Ruhrgebiet bezüglich Startup-Initiativen. Drittens: einen Venture-Capital-Investor, der seine Fokussierung auf das Ruhrgebiet setzt.

G Data (Bochum)
Die Antiviren-Pioniere aus dem Revier

Auf vielen Computern weltweit ist die Antivirensoftware von G Data installiert. Kein Wunder: Bereits im Jahre 1985 gegründet, ist das Unternehmen einer der größten Hersteller von IT-Sicherheitslösungen. G-Data-Mitgründer Andreas Lüning war sogar der erste Mensch überhaupt, der eine Antivirensoftware programmiert und kommerzialisiert hat. Das Softwarehaus erwirtschaftet pro Jahr inzwischen rund 40 Millionen Euro Umsatz, beschäftigt knapp 500 Mitarbeiter. Und was die wenigsten wissen: G Data ist ein Unternehmen mit Sitz in Bochum.

1987 – lange vor dem Internet- und dem damit verbundenen Viren-Boom – entdeckte Lüning auf Disketten seines Atari-ST-Computers die ersten in Umlauf befindlichen Viren. Es waren in Summe genau zwei. Heute untersuchen die Experten von G Data locker rund 600 000 schädliche Dateien am Tag. – Damals richteten die Viren keine Schäden an, sie waren einfach da. Lüning schrieb trotzdem ein Programm zur Prüfung und Reinigung seiner Disketten. „Es gefiel mir einfach nicht, dass auf meinen Disketten Viren waren.“ Aktuell müssen sich nicht nur Privatanwender abschirmen, auch Unternehmen benötigen immer komplexere Sicherheitssysteme, um sich vor Cyberangriffen zu schützen. Beide Zielgruppen bedient G Data inzwischen mit verschiedenen Software-Lösungen.

G-Data-Mitgründer Kai Figge erkannte Ende der 80er Jahre des letzten Jahrhunderts schnell das wirtschaftliche Potenzial des Antivirentools. „Denn natürlich musste jeder Atari-ST-Besitzer enormes Interesse daran haben, seinen Computer frei von Schädlingen zu halten", sagt er. Die Jungunternehmer nannten ihr Programm AntiViren-Kit und vermarkteten es in einer unscheinbaren Schachtel, die ein Totenkopf zierte. Der Virenschutz – damals noch auf Diskette – wurde ein Verkaufshit.

Das Wörtchen „Kit" fiel irgendwann weg. Und der hässliche Totenkopf wurde später „gegen eine schönere Grafik ausgetauscht", wie Lüning betont. Drei Jahre nach dem Start war das erfolgreiche Antivirenprogramm bereit für den entstehenden PC-Massenmarkt. Zeitgemäß erschien das Tool für MS-DOS, das weit verbreitete Betriebssystem von Microsoft, mit einer grafischen Benutzeroberfläche. – Wodurch sich das kleine Programm seitdem besonders einfach nutzen lässt. Spätestens mit dem Sprung in die große und weite Microsoft-Welt war das Antivirentool der jungen Revierler, beide waren damals Mitte 20, ein noch größerer Hit. Dem G-Data-Team wurde nun immer klarer, dass sie im gerade entstehenden Segment Antivirenprogramme wirklich eine große Nummer waren. Zumal das Schutzprogramm der jungen Software-Schmiede auch für ordentlich Umsatz sorgte.

Als Figge, Lüning und der inzwischen verstorbene Frank Kühn das Unternehmen G Data vor mehr als 30 Jahren aus der Taufe hoben, da hätten sie nicht im Traum daran gedacht, ihr Geld mit Sicherheitssoftware verdienen zu können. „Im Mittelpunkt stand der Spaß am Programmieren, wir haben aus unserem Hobby ein Geschäft gemacht", erzählt Lüning. „Es war mehr oder weniger ein Gefühl, wir hatten keine Strategie oder gar einen Plan.

Die ersten Programme, die ich geschrieben habe, waren einfache Tools“, erinnert sich Lüning. In der Gartenlaube von Figges Eltern werkelten die Informatikstudenten, die sich in einem Copyshop kennengelernt hatten, an ihrer Software für den zur dieser Zeit angesagten Atari ST. „Dabei ging es um die Uhrzeit, denn der Atari ST vergaß nach jedem Ausschalten die eingestellte Zeit; das nervte uns“, erzählt Lüning. G Data versorgte die Atari-ST-Fans im Lande deswegen mit einem Programm und einer Uhr, die man an den Rechner stecken konnte. „Und von da an wusste der Atari stets, was die Stunde geschlagen hat“, sagt Lüning, der in 1966 in Wanne-Eickel geboren wurde. Mitstreiter Figge erblickte 1964 das Licht der Welt.

Um den Vertrieb ihrer Software kümmerten sich die Gründer von Anfang an selbst, bauten sich ein Verzeichnis von Atari-ST-Händlern auf und informierten diese über ihre Tools. Auch in späteren Jahren machte sich G Data mit unterschiedlichster Software einen Namen – dann aber nicht mehr für den Atari ST, sondern für die große Windows-Welt. Eines der erfolgreichsten Produkte war der Routenplaner PowerRoute. Lange vor dem Internetzeitalter und vor Google Maps konnte man damit seine Autofahrten digital planen und Strecken abchecken. Einer weit verbreiteten Legende nach wird das auf CD-ROM vertriebene Programm, das schon seit Ewigkeiten nicht mehr neu aufgelegt wird, noch bis zum heutigen Tag in dem einen oder anderen Finanzamt zur Überprüfung von Entfernungen genutzt.

Und auch als Digitalisierer von Telefonbüchern wurde G Data bekannt. Mit PowerInfo Auskunft konnte jeder am heimischen Rechner in Deutschlands Telefonbüchern stöbern. Jahrelang warf G Data immer wieder neue Versionen des digitalen Telefonbuchs auf den Markt. Diese

Nebenschauplätze sind inzwischen allerdings überhaupt kein Thema mehr bei G Data. Spätestens seit 2006 liegt der Fokus komplett auf IT-Sicherheit.

Das Unternehmen gönnte sich 2015, zum 30. Geburtstag, ein eigenes Museum. Das G-Data-Museum ist wie das gesamte Unternehmen auf dem Gelände des ehemaligen Konsumvereins Wohlfahrt beheimatet – direkt an der Bochumer Königsallee. Auf über 200 Quadratmetern bietet das liebevoll gestaltete Museum, das im Untergeschoss der ehemaligen Direktorenvilla untergebracht ist, historische Computer, alte Disketten und quasi alles, was jemals bei G Data programmiert und erstellt worden ist.

Aber nicht nur das Firmenmuseum ist sehenswert; das gesamte Gelände, der sogenannte „G Data Campus", ist einen Besuch wert. 2014 kaufte das Unternehmen, das sich auch heute noch in der Hand der Gründer befindet, das insgesamt 2,3 Hektar große Areal und baute die alten Gebäude um und aus zu einem modernen Bürokomplex – samt Wohlfühlecken und stylischer Kantine. Das seit 1990 unter Denkmalschutz stehende Hauptgebäude, das über 100 Jahre alt ist, wurde dabei komplett entkernt. Bereits seit 1991 residiert G Data an der Königsallee. „Es gab nie Überlegungen, aus Bochum wegzugehen", sagt Lüning mit voller Überzeugung. Nach und nach mieteten die Virenprofis immer mehr Büroflächen auf dem Gelände an. Bis sich die Chance ergab, das gesamte Gelände zu kaufen. „Wir hatten Mietverträge für die ersten beiden Etagen des Hauptgebäudes unterzeichnet und dann erfahren, dass der Vermieter verkaufen musste", sagt Lüning. Auf dem Campus tummeln sich aber nicht nur die Mitarbeiter von G Data, sondern auch die firmeneigenen Honigbienen.

Von Alexander Hüsing

„Die Dichte an Universitäten und Hochschulen bietet einen idealen Nährboden für Ausgründungen aus Forschungseinrichtungen"
So sieht Andreas Lüning, Mitgründer von G Data, die Startup-Szene in Bochum und im Ruhrgebiet.

Wenn es um Startups in Deutschland geht, richtet sich der Blick sofort nach Berlin. Was spricht für das Ruhrgebiet als Startup-Standort?
Das Ruhrgebiet ist ein dezentraler Wirtschaftsraum, der eine einzigartig mannigfaltige gesellschaftliche, kulturelle und bildungsorientierte Landschaft bietet. So lassen sich leichter Ideen entwickeln und miteinander vernetzen. Die Dichte an Universitäten und Hochschulen ist ein hervorragendes Werkzeug zur Zusammenarbeit und zur Übernahme von qualifiziertem Personal. Sie bietet aber auch einen idealen Nährboden für Ausgründungen aus Forschungseinrichtungen.

Was genau macht den Reiz der Startup-Szene in Bochum aus?
Der Standort Bochum bietet viele Möglichkeiten zur Vernetzung von Ideengebern, von bestehenden Unternehmen, von Bildungseinrichtungen und von Investoren. Bochum hat sich außerdem zu einem IT-Security-Hotspot entwickelt. Nicht nur unser eigenes Unternehmen trägt dazu bei, sondern auch der Lehrstuhl für IT-Sicherheit an der Ruhr-Universität, das Horst-Görtz-Institut sowie die Ansiedlung der Max-Planck-Gesellschaft mit ebenfalls einem Institut für dieses Feld. Die Stadt Bochum hat sich das Thema Bildung sehr groß auf die Fahne bzw. sein Stadtlogo geschrieben – eine Strategie, die aufgeht.

Was ist in Bochum einfacher als im Rest der Republik?
Ich denke, es ist der Faktor Mensch, der uns in dieser Region von anderen unterscheidet. Wir knüpfen hier sehr schnell Kontakte, und wir sind gegenüber neuen Unternehmern aufgeschlossen, sehen ihn oder sie als Mehrwert, nicht als Mitbewerber. Bei uns werden neu gesponnene Ideen nicht blockiert, sondern treffen auf interessierte Zuhörer, Gleichgesinnte, Kritiker, Unterstützer und „Strippenzieher".

Was fehlt in Bochum bzw. im Ruhrgebiet noch?
Leider fehlt es Bochum und auch der Metropole Ruhr, trotz vielversprechender Kampagnen, immer noch an einem gesunden Selbstbewusstsein. Ich bemerke zwar eine spürbare Verbesserung dieser Situation, merke aber auch, dass es noch sehr viel Kraft bedarf, das Image als aufgegebenen Kohle- und Stahlstandort abzulegen. Viele Unternehmen, egal ob Startup oder etabliert, tragen maßgebend zur Digitalisierung aller Wirtschaftsbereiche weit über die Grenzen des Ruhrgebiets bei, bleiben aber meist unter einer „medienwirksamen Hörschwelle".

Zum Schluss hast du drei Wünsche frei: Was wünscht du dir für den Startup-Standort Ruhrgebiet?
Kohle und Stahl gehören zur Historie des Ruhrgebiets – das ist gut, kann und sollte auch vermittelt werden. Es darf jedoch nicht zu dem Eindruck führen, das Ruhrgebiet sei nicht länger handlungsfähig und dem Verfall preisgegeben. Längst hat sich die Region darüber hinaus weiterentwickelt. – Das medienwirksame „zu Grabe tragen" des Bergbaus sollte aufhören und die „Glorifizierung der Old Economy" in Bezug zur außerordentlichen Entwicklung der letzten Jahrzehnte gebracht werden. Und auch ein

Zusammenspiel der teilweise politisch unterschiedlich aufgestellten Städte der Metropole Ruhr wäre wünschenswert. Die Städte sollten an einem Strang ziehen und sich gemeinsam strategisch orientieren und nicht in Wettbewerb zueinander treten. Leider eine Aufgabe, die nicht allein den Stadträten zuzuordnen ist, sondern eine Herausforderung an die Bevölkerung, sich nicht länger an Stadt- oder Stadtteilgrenzen zu orientieren. Teil dessen wäre ein einheitliches, von der Tarifstruktur einfach zu verstehendes und gut zu nutzendes öffentliches Nahverkehrssystem, das von allen Teilen der Bevölkerung akzeptiert, und – im wahrsten Sinne des Wortes – zielführend und schnell eingesetzt werden kann.

RuhrSummit (Ruhrgebiet)
Ein Thema braucht eine Spielwiese

Wer über Startups im Ruhrgebiet spricht, der kommt nicht vorbei am RuhrSummit, der sich innerhalb von drei Jahren von einer kleinen, aber feinen Provinz-Veranstaltung zu einem der größten Startup-Events in Deutschland gemausert hat. Zum RuhrSummit 2018 kamen knapp 4500 Teilnehmer. Insgesamt über 700 Startups aus 50 Ländern, 150 Vortragende aus Wirtschaft, Politik und der Startup-Szene – sie zeigten eindrucksvoll, dass der RuhrSummit das zentrale Event der regionalen Startup-Szene ist. Diese Entwicklung veranschaulicht, dass der RuhrSummit selbst irgendwie auch ein Startup ist.

„Beim allerersten RuhrSummit ging es darum, der hiesigen Szene zu zeigen, wie groß sie eigentlich schon ist, und ein Format zu entwickeln, das genug Publikum anzieht, dass auch die wirklich coolen Speaker von außen ins Ruhrgebiet kommen", sagt Oliver Weimann, der Kopf und Initiator der gelungenen Veranstaltung.

Schon zum Start im Jahre 2016 war der RuhrSummit auf mehrere Jahre angelegt. Ziel war es, die Community der kompletten Region zu vereinen. Aus diesem Grund war von Anfang an klar, dass das Format durch die Region wandern würde, bevor es schließlich mit der Jahrhunderthalle in Bochum eine Heimat finden sollte. Mit seinen drei wesentlichen Säulen, der Konferenz, dem Pitch und der Match Making, ist das Event aus dem Kalender der deutschen Startup-Szene inzwischen nicht mehr wegzudenken und bietet den hier ansässigen Teams eine hervorragende Option, sich selber und die Innovationskraft der ganzen Region zu präsentieren.

Weimann selber gründete sein erstes Startup im Jahre 2007. Zuvor sammelte er als Unternehmensberater viele wertvolle Erfahrungen in der Entwicklung und Vermarktung von digitalen Geschäftsmodellen. Als Kind des Potts wuchs er in Essen auf, verließ die Region allerdings direkt nach dem Abitur 1997. Über Stationen in den USA, England und Mexiko, aber auch Frankfurt sowie Sachsen landete er 2005 wieder im Ruhrgebiet, genauer gesagt in Dortmund, und konnte das teilweise vorherrschende Kirchturmdenken noch weniger nachvollziehen als jemals zuvor. Nach ersten Projekten im Bereich Prozessoptimierung und Restrukturierung begann er, bereits im Ausland erfolgreiche Wachstumsunternehmen beim Markteintritt in Deutschland zu unterstützen. Der Fokus hierbei lag immer auf der Anpassung des Geschäftsmodells auf den deutschen Markt sowie der – digitalen – Kommunikation, um Bekanntheitsgrad und Kundenzahl zu steigern. Der Kundenstamm reichte von Online-Brokern über Sportwetten-Anbieter bis zu E-Commerce-Plattformen.

Schließlich wurde aus dem Berater ein Unternehmer, und Weimann gründete die 360 Online Performance Group. Mit knapp 20 Mitarbeitern unterstützt er inzwischen etablierte Firmen bei der digitalen Kommunikation und investiert in sehr frühen Phasen in Startups, wenn er vom Team überzeugt ist, das Geschäftsmodell spannend findet und vor allem selber einen signifikanten Mehrwert für das Team bieten kann. Überdies unterstützt er ausgewählte kleine und mittlere Unternehmen (KMU) sowie bekannte Firmen der Region bei deren digitalen Transformationsprojekten und Startup-Initiativen. Und 2016 wurde Weimann gefragt, ob er den Ruhr:HUB aufbauen würde, ein Projekt von sechs Städten des Ruhrgebiets und dem Wirtschaftsministerium, um Startups zu fördern und Impulse für die digitale Transformation zu geben.

Beim Projekt RuhrSummit setzte Weimann, der Vater von drei Kindern ist, von Anfang an auf viel Mithilfe aus der Region. Maßgeblich unterstützt wurde er von Carmen Radeck, die mit ihrem Blog RuhrGünder seit Jahren für Transparenz in der regionalen Szene und Reichweite für die lokalen Gründer sorgt. Die Journalistin ist fasziniert von Gründern, interessiert sich für die Geschäftsmodelle wie auch für die Geschichten dahinter und war vom ersten Moment an begeistert, alle entstandenen Aktivitäten und Initiativen der Region in einem Event zusammenzubringen. Sie konzentriert sich mittlerweile auf die begleitende Kommunikation innerhalb ihres Blogs, ist aber bis zum heutigen Tage stets mit dabei. Der dritte Initiator des ersten RuhrSummit war der Initiativkreis Ruhr. Dirk Opalka und sein Team unterstützen das Event und die gesamte Bewegung finanziell, vor allem aber mit viel Engagement und wertvollen Kontakten zur hiesigen Wirtschaft.

Beim allerersten RuhrSummit wollten die Initiatoren mindestens 500 Menschen in der Zeche Carl in Essen versammeln und dort einen Tag lang die Startup-Szene feiern. Das Ziel für 2017 hieß, zu wachsen und gleichzeitig deutlich internationaler zu werden. Partnerschaften mit dem Deutschen Industrie- und Handelskammertag (DIHK) und den Deutschen Auslandshandelskammern (AHK) sowie mit NRW.Invest, viele persönliche Kontakte und natürlich unfassbar viel Arbeit machten aus dem RuhrSummit, der im zweiten Jahr in Dortmund stattfand, eine Zwei-Tage-Veranstaltung mit insgesamt knapp 2000 Teilnehmern. Und wenn man Weimann heute fragt, was ihn besonders beeindruckt hat, dann antwortet er: „Das Dortmunder U für eine eigene Party zu buchen, stand ehrlicherweise nicht wirklich auf meiner To-do-Liste fürs Leben. Das allein macht deutlich, wo wir mit dem RuhrSummit gelandet sind." Highlights waren Speaker wie Eckart von Hirschhausen, Hans Sarpei und Reinhold Achatz sowie die Gründer von Urlaubsguru.

2018 folgte der Umzug in die Bochumer Jahrhunderthalle, in die größte Location mit Industrie-Charme in der Region. Gleichzeitig wurde der Fokus darauf gelegt, dem Charakter des Ruhrgebiets zu entsprechen sowie neben den großen Konzernen auch den ansässigen Mittelstand anzusprechen und ihn von der Zusammenarbeit mit Startups überzeugen zu wollen. Das Team entwickelte hierzu Formate wie DeepDives, quasi also Themenschwerpunkte, in denen Interessierte in kurzer Zeit ein sehr kompaktes Wissen sammeln und gleichzeitig ein intensives Netzwerk aufbauen können. Oder die sogenannten Corporate Challenge Pitches, bei denen etablierte Unternehmen ihre digitalen/technischen Herausforderungen ausschreiben und Startups deren individuelle konkrete Lösung präsentieren – immer mit dem Ziel, kurzfristig gemeinsam in ein Pilotprojekt einzusteigen.

Wie bei allen Startups war ein solcher Kraftakt, eine solch mühevolle Aufbauarbeit nur mit starker Motivation möglich. Neben den persönlichen positiven Effekten wie der Platzierung der eigenen Startups bzw. Investments oder dem hieraus entspringenden Bekanntheitsgrad wollte Weimann als Kopf einer „Allianz der Willigen" insbesondere das Thema für die Region anschieben. Auf der einen Seite gibt ihm der anhaltende Erfolg absolut recht, auf der anderen Seite muss – von außen betrachtet – klar festgestellt werden, dass auch bei einem so großen Event keiner der großen Konzerne der Region als Partner auftritt, obwohl diese immer wieder öffentlich betonen, wie wichtig die Community, wie relevant der Aufbau einer Innovationslandschaft wäre. Hier scheint das Ruhrgebiet leider noch immer mit mindestens zwei unterschiedlichen Geschwindigkeiten unterwegs zu sein.

Von Alexander Hüsing

Serinus (Hagen)
Das 2017 gegründete Startup Serinus positioniert sich als „Anbieter für Alarm- und Krisenmanagement-Software". Das Unternehmen aus Hagen kommt etwa bei Alarmierungsszenarien, zum Beispiel einem Evakuierungsalarm, oder beim Krisenmanagement, etwa Produktrückrufen, zum Einsatz. Serinus wird von Benjamin Lieber geführt. „Im Krisenfall zählt jede Minute. Zusätzlich passieren in Krisensituationen besonders häufig menschliche Fehler. Deswegen haben wir eine Lösung entwickelt, die bereits bei den ersten kritischen Anzeichen automatisch alle wichtigen Akteure informiert und die dabei so einfach und intuitiv gestaltet ist, dass keine Zeit beim Einleiten der nötigen Schritte zur Krisenbewältigung verloren geht", sagt Ruhrgründer Lieber. Der Bad Homburger Kapitalgeber Creathor Ventures, der auch bei jungen Unternehmen wie HeyJobs, Wunderflats und Klara an Bord ist, investierte bereits eine Million Euro in Serinus. Spannend dabei ist, dass ausgerechnet ein hessischer Geldgeber das kleine Ruhrpott-Startup entdeckt und finanziert hat.

Nonomo (Gelsenkirchen)
Im Sommer 2010 startete Angela Koszewa – mit gerade einmal 470 Euro Startkapital – das Startup Nonomo. Der „Ein-Frau-Betrieb", der selbst entwickelte Federwiegen für Babys verkauft, hatte seinen Sitz zunächst im heimischen Wohnzimmer. Zuvor hatte die gelernte Bankkauffrau bereits den Onlineshop Babydreamers ins Leben gerufen. Dort verkaufte sie Babyhängematten. „Schnell wurde uns klar, dass Qualität, Produktionsweise und Funktionalität der Wiegen nicht mit unserem Verständnis übereinstimmen", sagt Ruhrgründerin Koszewa, die das Unternehmen

später mit Ehemann Robin Koszewa hochzog. Aus Babydreamers entstand Nonomo, ein Shop für Federwiegen. In diesen liegt das Baby wie in einer Hängematte – immer ein bisschen in Bewegung. Über den Ableger Fidella verkauften die Revierler später zudem Tragetücher. 2014 erwirtschaftete das Familienunternehmen erstmals mehr als eine Million Euro Umsatz. Inzwischen haben die Nonomo-Gründer ihr Startup verkauft und sind ausgestiegen. Zuletzt wirkten rund 20 Mitarbeiter für die Jungfirma.

Aware7 (Gelsenkirchen)

Bei Aware7, einer Ausgründung aus dem Institut für Internet-Sicherheit – if(is) – dreht sich alles um Sicherheitslücken. Womit die Firma im Boomsegment Cybersecurity unterwegs ist. Die beiden Gründer Matteo Cagnazzo und Chris Wojzechowski haben es sich zur Aufgabe gemacht, für Unternehmen, Behörden und Organisationen „menschliche und technische Sicherheitslücken zu finden und zu schließen". Ins Leben gerufen wurde Aware7 im Jahre 2018. Sitz des Startups ist Gelsenkirchen. „Wir sind ein Gelsenkirchener Unternehmen – durch und durch. Aber der Prozess der Unternehmensgründung und -anmeldung war hier alles andere als einfach und intuitiv. Und das zieht sich leider durch den gesamten Verwaltungsapparat", sagt Aware7-Mitgründer Cagnazzo. Eine „richtige" Startup-Szene in Gelsenkirchen kann er nicht ausmachen: „Ich würde das – aufs ganze Ruhrgebiet betrachtet – folgendermaßen formulieren: Es ist eine Chance für junge Unternehmen, Arbeitsplätze zu schaffen und positive Geschichten im Revier zu schreiben sowie dadurch positiv zum Strukturwandel beizutragen."

Replex (Duisburg)

Das im Jahre 2016 gegründete Unternehmen Replex bietet eine Software zum Management von IT-Infrastrukturen an. Dabei geht es darum, die Kapazitäten von Servern auszuschöpfen und die Effizienz zu steigern. Weltweit laufen viele Server teilweise ungenutzt, andere wiederum bleiben weit unter ihrer möglichen Auslastung. Die Software von Replex erkennt solche ungenutzten Kapazitäten, und sie liefert den Kunden entsprechende Optimierungsberichte. Investoren wie der Entrepreneurs Investment Fund (EIF), EnBW New Ventures, der High-Tech Gründerfonds (HTGF) sowie der Technologiegründerfonds Sachsen (TGFS) investierten in den vergangenen Jahren bereits mehr als 3,5 Millionen Euro in die Jungfirma. Replex wurde zwar in Duisburg gegründet, mittlerweile verfügt das Startup aber auch über Niederlassungen in Berlin, Leipzig, Boston und San Francisco. Besonders im US-Markt wittern die Replex-Gründer Patrick Gruhn, Dennis Jacobfeuerborn, Patrick Kirchhoff, Costantino Lattarulo und Christian Falk das große Geschäft.

Physec (Bochum)

Das Bochumer Startup Physec, ein Spin-off des bekannten Horst-Görtz-Instituts für IT-Sicherheit (HGI), ist auf die angewandte Kryptographie im sogenannten Internet der Dinge (IoT) spezialisiert. Das Unternehmen, das 2016 von Heiko Koepke und Christian Zenger gegründet wurde, beschäftigt sich konkret mit Sicherheitskonzepten für smarte Waschmaschinen, vernetzte Heizungen oder Telemedizin-Anwendungen. „Das Ruhrgebiet ist der perfekte Standort in Deutschland für Startups, insbesondere für den Bereich B2B. Wir haben hier alles, was für ein erfolgreiches Ökosystem benötigt wird: gute Infrastruktur, viele potenzielle Kunden – Konzerne und Mittelstand –, sehr gut ausgebildete Leute, eine strategisch optimale Lage für den europäischen Markt – Amsterdam, London, Paris –, bezahlbare Flächen – gewerblich/privat – und das richtige Mindset", ist sich Physec-Macher Zenger sicher. Der Bochumer sieht aber auch Nachholbedarf – etwa bei der Vernetzung der Städte untereinander: „Hier hat sich in den letzten zwei bis drei Jahren zwar schon einiges bewegt, es gibt aber noch Luft nach oben."

Svh24.de (Dortmund)

Die Historie von Svh24.de, einem Onlineshop für Werkzeuge, geht zurück bis ins Jahr 1998. Zunächst positionierte sich das Dortmunder Unternehmen, von Alexander Schmidt direkt nach seiner Ausbildung zum Industriekaufmann gegründet, als Ladengeschäft mit dazugehörigem Katalogversand. Später dann wurde der Fokus auf den Onlineshop gelegt. Der Weg dahin war fast schon vorgezeichnet: Svh24.de-Macher Schmidt verkaufte bereits früh Werkzeuge auf Flohmärkten. „Und danach habe ich mir den Kofferraum wieder vollgepackt und bin direkt zu Firmen gefahren", sagt der BVB-Fan. 2004 erwirtschaftete das Unternehmen schon 2,5 Millionen Euro Umsatz. Bereits 2010 sowie 2011 flossen rund 12 Millionen Euro Investorengelder in das Startup – auch vom Münsterschen Geldgeber eCapital. 2014 wanderte Svh24.de unter das Dach des Großhändlers Würth. Aktuell finden Onliner bei Svh24.de mehr als 300 000 Produkte. Inzwischen erwirtschaftet der Werkzeug-Shop, der weiter von Schmidt geführt wird, zweistellige Millionenumsätze im Jahr.

Zolitron (Bochum)
Das Zolitron-Team rund um den Gründer Arndt-Hendrik Zinn entwickelt ein innovatives System, mit dem Strom aus Licht, Wärme und Vibration gewonnen und vor allem auch gespeichert werden kann. Ziel dabei ist es, dezentrale Systeme wie Sensoren mit Energie zu versorgen. Stadtreinigungen etwa können mit solchen Sensoren dann den Füllstand von Mülleimern überwachen. Der Bonner High-Tech Gründerfonds (HTGF) und der Privatinvestor Christoph Mause, Gründer der von IBM übernommenen Digitalagentur Exc.io, steckten bereits eine hohe sechsstellige Summe in das Unternehmen, das 2016 aus der Ruhr-Universität Bochum ausgegründet wurde. Refinanzieren soll sich Zolitron über ein Abo-Modell, bei dem die Kunden die Hardware des Unternehmens samt der Datenplattform zur Auswertung mieten müssen. Das bietet dem jungen Startup zunächst einmal regelmäßig wiederkehrende Einnahmen – sorgt aber auch dafür, dass Zolitron zunächst in Vorleistung treten muss. Knapp 20 Mitarbeiter wirkten zuletzt für die Jungfirma.

XignSys (Gelsenkirchen)
Seit 2016 werkeln die Gelsenkirchener Data-Security-Experten Markus Hertlein und Pascal Manaras, die sich seit der Grundschule kennen, an XignSys. Das Duo hat mit seinem Startup nicht weniger als eine zukunftsfähige Alternative zum klassischen Passwort erschaffen. Damit das neue Sicherheitskonzept funktioniert, müssen die Nutzer zunächst einmal die App von XignSys installieren. Dabei werden digitale Zertifikate auf dem Gerät des jeweiligen Anwenders hinterlegt, die das Smartphone in eine Art digitalen Ausweis verwandeln. Nutzernamen und Passwort

sind damit Geschichte. Wer sich irgendwo einloggen will, muss nun einen QR-Code mit dem Handy einscannen. Das Merken von Passwörtern ist damit ein für alle mal passé! Zielgruppe für dieses bahnbrechende System sind zum einen Privatanwender, aber auch Unternehmen, etwa Banken, Autokonzerne oder Energie-Erzeuger. Die Idee zu XignSys entstand, als Hertlein und Manaras an der Westfälischen Hochschule an einem System gearbeitet haben, das die Authentifizierung an elektrischen Ladesäulen ermöglichen sollte.

Logarithmo (Dortmund)

Hinter dem im Jahre 2016 gegründeten Unternehmen mit Sitz in Dortmund stecken die promovierten Ingenieure Felix Friemann, Sven Christian Müller und Sebastian Ruth. Das Trio entwickelt eine cloudbasierte Lösung für Energie- und Logistik-Probleme. Kunden finden bei Logarithmo etwa ganz schnell Datenanalysen, Prognoseverfahren und Big-Data-Lösungen, die sie auf die Daten des eigenen Unternehmens anwenden können. Spezialwissen sei dafür nicht nötig. „Wir bauen für unsere Zielgruppen maßgeschneiderte Lösungen. Wir haben eine Art App-Store entwickelt, in dem wir für Industrie-Unternehmen verschiedene Anwendungen direkt bereitstellen“, erklärt Mitgründer Müller das Konzept hinter Logarithmo, einer Ausgründung der TU Dortmund, die unter anderem mit ThyssenKrupp, Amprion, Gelsenwasser sowie Energieversorgern wie EWE zusammenarbeitet. Den Start von Logarithmo ermöglichte ein EXIST-Gründerstipendium. So konnten sich die Gründer vom Start weg Vollzeit um ihr Digitalbaby kümmern.

Capitalheads (Bochum)
Im Jahre 2014 entstand im Rahmen der Gründerwerkstatt der Universität Witten-Herdecke das Job-Startup Capitalheads. Das Unternehmen, von Oliver Meywirth und Moritz ter Haar gegründet, vermittelt seitdem Hochschulabsolventen in den Mittelstand. In der Anfangsphase schoben die Revierler ihre Idee aus eigener Kraft an. Capitalheads-Macher Meywirth rät Gründern, die in einer ähnlichen Situation sind, insbesondere zum Austausch mit anderen: „Vor allem die negativen Erlebnisse sind die interessanten und lehrreichsten." Ende 2017 wanderte Capitalheads dann unter das Dach des bekannten Personalberaters Kienbaum. Seitdem positioniert sich das Startup als Tochterfirma von Kienbaum. Unter dem neuen Eigentümer werken die Gründer weiter daran, Absolventen und Young Professionals zu vermitteln. Zu den Kunden zählen Familienunternehmen, mittelständische Unternehmen sowie Hidden Champions. Im Zuge der Übernahme verließ Capitalheads leider das Ruhrgebiet und sitzt nicht mehr in Bochum, sondern in Düsseldorf.

Catkin (Dortmund)
Das Dortmunder Startup Catkin residiert am Phoenixsee und kümmert sich um die Vernetzung von Logistik. Das Unternehmen, von Christian Krüger sowie dem Physiker und proLOGiT-Gründer Geert-Jan Gorter 2013 ins Leben gerufen, bildet Dienstleistungs- und Transportaufträge digital ab. Logistik 4.0 lautet das passende Schlagwort dazu. Und Logistik ist derzeit ein Trendthema in der deutschen Gründerszene. Der Name und das Logo des Unternehmens greifen das Logistikthema sehr gekonnt auf. Catkin heißt auf Deutsch Weidenkätzchen. Das Weidengewächs

mit seinen sehr verzweigten Ästen dient dabei als Sinnbild für die Dienstleister-Strukturen im Segment. Die Idee zu Catkin geht zurück ins Jahr 2008. Damals war Mitgründer Krüger im Einkauf der Hamburger Hochbahn tätig, später Geschäftsführer des Eisenbahnverkehrsunternehmens BoxXpress.de. Ab 2012 wirkte Krüger dann als Unternehmensberater im Bereich Transport und Logistik mit dem Schwerpunkt Bahn. Während dieser Zeit entwickelte sich Catkin von der Idee zum startbereiten Unternehmen.

Doppelpass (Essen)
Im Jahre 2015 gründeten die fußballbegeisterten Ruhrgebietler Peter Wingen, Peter Schäfer und Gerrit Kramer das Unternehmen Doppelpass. Die drei Essener entwickeln seitdem ein Browsergame, das im realen Leben stattfindet. Bei „Dein Club – Du entscheidest" haben Fußballfans aus aller Welt die Möglichkeit, für 5 Euro im Monat das Geschehen des echten Vereins TC Freisenbruch mitzubestimmen. Der Verein hat dazu mit dem Unternehmen Doppelpass „einen Lizenzvertrag für die erste Mannschaft abgeschlossen". Die Motivation der Revierler ist simpel: Sie wollen den Fußball, der einer zunehmenden Kommerzialisierung ausgesetzt ist, zurück zur Fanbasis bringen. „Daher haben wir den ersten voll digitalisierten Fußballverein der Welt erschaffen. Hier wird der Fußballfan zum Manager eines echten Vereins und stellt die Mannschaft auf, entscheidet über den Trainer, die Finanzen des Vereins, den Bier- und Bratwurstpreis, den Fanshop und vieles mehr", sagt Kramer zum Konzept. „Außerdem reizt es mich als Kind des Ruhrgebiets, die Potenziale im Ruhrgebiet anzugehen."

SewPack (Gelsenkirchen)
Die beiden Informatiker Fabian Bialowons, der aus Wanne-Eickel stammt, und Daniel Weppeler, aus Wuppertal kommend, gründeten im Jahre 2018 in Gelsenkirchen das Startup SewPack, eine Plattform, die sich für nachhaltige Mode einsetzt. Bei SewPack können HobbyschneiderInnen fertig zusammengestellte Nähpakete, bestehend aus nachhaltig und fair produziertem Bio-Stoff, Schnittmuster, Fäden, Reißverschlüssen, ordern, also aus allem, was sie benötigen, um ein Kleidungsstück fertigzustellen. Das Revier ist für die Ruhrgründer der Standort schlechthin. „Die Region bietet alles, um sich als Startup gut zu vernetzen und schnell und nachhaltig zu wachsen. Trotz allem glauben wir, dass sich das Ruhrgebiet leider noch immer ein wenig im Dornröschen-, oder sagen wir Kohle- und Stahlschlaf befindet. Wir sind uns aber sicher, dass es in Zukunft eine große Rolle in der deutschen und vielleicht sogar in der internationalen Startup-Szene spielen wird. Die Voraussetzungen sind alle gegeben, es ist nur eine Frage der Zeit“, ist sich SewPack-Gründer Weppeler sicher.

Ruhrsource (Bochum)
„Wir entwickeln das MS Word für den 3-D-Druck“, sagt Christian Fleischmann, Mitgründer des Bochumer Startups Ruhrsource. Mit der Software der Jungfirma, zu deren Gründerteam auch Dominik Halm und Christopher Maiwald gehören, soll der 3-D-Druck so einfach werden wie das Drucken auf einem weißen Blatt Papier. Für das Ruhrgebiet als Gründungsstandort hat sich das Trio ganz bewusst entschieden: „In unseren Augen ist das Ruhrgebiet die größte Stadt Europas. Die Infrastruktur und die Uni-Dichte sind nirgendwo höher. Vor allem ist das Ruhr-

gebiet aber ein guter Standort, wenn es um das B2B-Geschäft geht. Die Kunden sitzen in der Nähe", sagt Mitgründer Halm. Besonders Bochum hat es ihm angetan: „Gerade in Bochum ist man mit dem Auto innerhalb von 20 Minuten an jedem beliebigen Ort. Auch das Netzwerk zwischen den Firmen ist sehr stark, was sicherlich auch dem VfL zu verdanken ist. Egal auf welcher Netzwerkveranstaltung ich jemanden kennenlerne: Beim VfL in der VIP-Lounge oder bei den VfL Business-Veranstaltungen sieht man sich wieder."

Tracekey (Bochum)

Im Jahre 2013 gründeten Stefan Hoffmann und Gerald Wenzel in Bochum Tracekey. Das Startup, welches bereits rund 30 Mitarbeiter beschäftigt und mehr als 40 Kunden aus der Pharmaindustrie vorweisen kann, unterstützt mit seiner Cloud-basierten Lösung Unternehmen bei der Nachverfolgung von Medikamenten. Mit Tracekey lässt sich quasi jedes Medikament von der Herstellung bis zum Endkunden dokumentieren und verfolgen. Als Seed-Investor konnte das Startup schon früh den Bonner High-Tech Gründerfonds (HTGF) gewinnen. Auch das Beratungsunternehmen BearingPoint ist inzwischen bei Tracekey an Bord. Vom Standort Ruhrgebiet ist Mitgründer Hoffmann komplett überzeugt, sieht aber auch Probleme: „Oft werden wir noch mit den alten Klischees über das Ruhrgebiet konfrontiert, nach dem Motto: alles dunkel, hässliche Innenstädte und kaum Natur. Viele packt deshalb dann doch die Sehnsucht nach repräsentativen Metropolen wie Berlin oder Hamburg. Konkret für Gründer fehlt vor allem die umfassende Unterstützung."

Scudos (Dortmund)
2013 gründete Udo Kalinna, damals Verwaltungsprofessor für IT-Sicherheit an der Universität Emden/Leer, das Unternehmen Ifasec. Das Dortmunder Startup entwickelt seitdem die IT-Sicherheitslösung Scudos. „Sie schützt die IT-Infrastruktur von Unternehmen effektiv vor Angriffen von innen und von außen, etwa vor Verschlüsselungstrojanern", erklärt der Ruhrgründer, der unter anderem Nachrichtentechnik an der Fachhochschule Dortmund studiert hat, das Konzept der Jungfirma. Im Revier fühlt sich Kalinna wohl: „Natürlich hat es das Ruhrgebiet im direkten Vergleich zu Berlin nicht leicht. Dennoch kann Dortmund mit einem großen wissenschaftlichen Ballungszentrum glänzen. In einem Einzugsgebiet von 50 Kilometern finden sich 15 bis 20 Universitäten und Hochschulen. Das heißt, hier gibt es ein enormes Innovationspotenzial durch viele topqualifizierte Studenten und Wissenschaftler. Außerdem bietet Dortmund bezahlbaren Wohnraum und niedrige Lebenshaltungskosten, und natürlich ist Borussia Dortmund ein überzeugendes Argument."

RapidMiner (Dortmund)
Bereits 2001 begannen die Informatiker Ingo Mierswa und Ralf Klinkenberg an der TU Dortmund damit, ein Datenanalyse-Tool, mit dem Firmen mittels Data-Mining Trends und Zusammenhänge erkennen können, aufzubauen. Aus ihrem selbstlernenden Tool, das sie zunächst Yale – Yet Another Learning Environment – nannten, wurde 2006 ein Unternehmen, zunächst zu einer GbR, ein Jahr später zu einer GmbH. Auch der Name RapidMiner entstand damals. 2013 flossen fünf Millionen US-Dollar Investorengelder in die Firma – unter anderem vom deut-

schen Geldgeber Earlybird. Um im US-Markt bestehen zu können, wurde der Hauptsitz im Zuge der Finanzierungsrunde nach Boston verlegt. Inzwischen ist RapidMiner auch in London und Budapest vor Ort. Forschung und Entwicklung sind weiter in Dortmund angesiedelt. 2015 und 2016 flossen weitere Millionen in RapidMiner. Insgesamt sammelte das Startup, das zuletzt mehr als 100 Mitarbeiter beschäftigte, bisher rund 30 Millionen Euro Risikokapital ein. Zu den Kunden von RapidMiner gehören Firmen wie BMW, Cisco und Hewlett Packard.

Comnovo (Dortmund)
Das 2013 von Andreas Lewandowski, Dominik Gerstel und Volker Köster gegründete Unternehmen Comnovo entwickelte in den vergangenen Jahren ein Assistenzsystem für Industriefahrzeuge – quasi eine Navigation für die Welt der Intralogistik. Menschen, die sich in Hallen oder Gebäuden bewegen, werden dabei durch Signaltöne vor herannahenden Fahrzeugen gewarnt. Comnovo kann dabei sogar durch Palettenladungen, Rolltore und Mauern blicken. „Beim Auto kennen wir Assistenzsysteme wie Abstandsregelung, Kollisionswarnung oder Navigation. Wir wollten das auf die Herausforderungen in der Intralogistik übertragen – also auf einen Bereich, der durch ständig steigende Warenströme und die damit immer komplexere Abläufe geprägt ist“, sagt Ruhrgründer Lewandowski. Im Sommer 2017 übernahm Linde Material Handling, ein Hersteller von Gabelstaplern und Lagertechnikgeräte, das Dortmunder Startup, das als Spin-off des Lehrstuhls für Kommunikationsnetze der TU Dortmund an den Start ging. Zuvor hatte unter anderem der High-Tech Gründerfonds (HTGF) in die Jungfirma investiert.

VMRay (Bochum)

Das Bochumer Startup VMRay, 2013 von den Informatikern Carsten Willems und Ralf Hund gegründet, analysiert Malware wie Computerviren oder -würmer, Trojaner, Spyware, Kernelrootkits und -bootkits auf ihr Verhalten. Der fragwürdige Code wird dabei in einer sogenannten Sandbox, die vom restlichen System getrennt ist, untersucht und ausgewertet. Unternehmen können sich so besser vor Angriffen von außen schützen. Der High-Tech Gründerfonds (HTGF) investierte 2014 in VMRay. 2016 stattete dann auch eCapital das Unternehmen mit Geld aus. Mehr als 3,5 Millionen Euro Investorengelder wanderten dabei in VMRay. Längst ist das junge Unternehmen nicht mehr nur in Bochum, sondern auch in Boston zu Hause. Mehr als 70 Mitarbeiter wirkten zuletzt für VMRay. Schon lange vor der VMRay-Gründung beschäftigten sich Hund und Willems, die sich auf einer Konferenz kennenlernten, mit den Themen Schadsoftware und Cybersecurity, beide schrieben schließlich beim gleichen Professor – an der Ruhr-Uni Bochum – ihre Doktorarbeit. Kurze Zeit später war VMRay geboren.

Visensys (Dortmund)

Das junge Dortmunder Startup Visensys – kurz für „Visual Sensor Systems" – stellt eine intelligente Bildverarbeitungssoftware bereit, die in der Lage ist, Bewegungen zu erkennen, Objekte zu zählen und Fehlfunktionen zu erkennen. So sollen anhand von ganz normalen Aufnahmen durch Sicherheitskameras kritische Situationen identifiziert werden können – ohne die Privatsphäre der abgefilmten Menschen zu verletzen. Die Ausgründung der TU Dortmund wird von den drei Informatikern André

Ibisch, Christian Bode und Oliver Urbann vorangetrieben. Alle kennen sich von der TU Dortmund und vom gemeinsamen Hobby, dem Roboter-Fußball. Um ihre unternehmerischen Fähigkeiten auszubauen und auf der Suche nach potenziellen Kunden nahm das junge Visensys-Team in den vergangenen Jahren an Startport, dem Accelerator Programm des Duisburger Hafens, an Agile, dem Corporate Accelerator von E.ON, und am Universal Home Accelerator teil. Dadurch kamen etwa Kontakte zu Firmen wie Miele, Dornbracht und Steinel zustande.

Ökoloco (Essen)

Das Essener Startup Ökoloco gehört zu den vielen Jungfirmen in Deutschland, die das gute, alte Handwerk digitalisieren. Ganz salopp kann man Ökoloco als digitalen Handwerksbetrieb bezeichnen. Zahlreiche Startups gehen einen solchen Weg und vermitteln entweder Kundenanfragen an bestehende Handwerker weiter oder setzen wie Ökoloco auf festangestellte Installateure. Dabei sind die Revierler auf alles Denkbare rund um Heizungen spezialisiert. Die Bandbreite der angebotenen Dienstleistungen reicht von der Beratung über die Installation und Wartung bis hin zur Koordination mit Schornsteinfegern. „Unser Ziel ist es, den traditionellen Handwerksbetrieb mitsamt seiner Prozessabläufe zu digitalisieren und dadurch zu verbessern. Mit modernster Technik stellen wir uns auf die Bedürfnisse unserer Kunden ein und informieren stets über den aktuellen Auftragsstatus“, erläutert Jan-Philipp Hotze, der das Unternehmen 2017 gegründet hat. Momentan deckt die Firma unter anderem das Ruhrgebiet und das Rheinland ab.

Koffer-direkt.de (Oberhausen)

Dieses Startup ist ein Musterbeispiel dafür, wie aus einem alteingesessenen Unternehmen ein Online-Riese entstehen kann – wenn man die Zeichen der Zeit erkennt. Die Geschichte von Koffer-direkt.de geht zurück bis ins Jahr 1922, als Margarethe Rappert in Bottrop die Lederwarenhandlung Rappert gründete. Aus dem Fachgeschäft wurde später der bekannte Einzelhändler Leder Schwarz. Schon Mitte der 1990er Jahre suchte das Familienunternehmen nach weiteren Absatzwegen jenseits des stationären Einzelhandels, und 2004 wurde aus diesem neuen Vertriebsweg schließlich der heute sehr bekannte Onlineshop Koffer-direkt.de. 2008 erfolgte der Umzug nach Oberhausen. Inzwischen gilt Koffer-direkt.de als *der* Online-Anbieter rund um das Thema Koffer, Taschen und Gepäck. Ganz raus aus der stationären Welt ist das Unternehmen aber nicht. Neben einem Outlet Store betreibt Koffer-direkt.de auch eine Boutique in der Duisburger Königsgalerie.

Crosscan (Witten)

Das 2003 gestartete Unternehmen Crosscan versorgt den lokalen Einzelhandel mit Daten aller Art. Dabei geht es unter anderem darum, mittels Sensoren Besucherströme zu messen und um die Diebstahlsicherung von Waren. Die Systeme von Crosscan sind nach eigenen Angaben in 49 Ländern und in über 20 000 Einzelhandelsgeschäften im Einsatz. Zu den Kunden des Unternehmens gehören große und bekannte Namen wie Esprit, Intersport und WMF. In den vergangenen Jahren expandierte Crosscan insbesondere durch die Übernahme von Abel Analytics, einem kleinen Startup aus Berlin, und Vitracom, einem Spin-off aus dem Fraunhofer-Institut. „Wir bilden das

Spektrum von Technologie, die in einem Einzelhandelsgeschäft benötigt wird, bis auf Kassensysteme nun vollständig ab. Damit ermöglichen wir den Händlern, durch den Einsatz künstlicher Intelligenz große Kosteneinsparungen im Betrieb der Lösungen", sagt Crosscan-Gründer Philip Lehmann. Rund 100 Mitarbeiter wirken inzwischen für das Grownup. Neben Witten sitzt Crosscan auch in Berlin und Karlsruhe.

Emproof (Bochum)
Das kleine Bochumer Startup Emproof wurde im Jahre 2017 von Philipp Koppe, Benjamin Kollenda und Marc Fyrbiak am Horst-Görtz-Institut für IT-Sicherheit (HGI) gegründet. Vor Emproof haben die drei bereits an verschiedenen akademischen Projekten zusammengearbeitet. Die Ruhrgründer wollen mit Emproof nun das geistige Eigentum in der Software von Mikrocontrollern – etwa in Steuergeräten von Autos – schützen. Im Grunde geht es dabei um ein hochkomplexes Schutzverfahren gegen alltägliche Industriespionage, das es Hackern oder Konkurrenten unmöglich macht, die gestohlene Software zu rekonstruieren. Trotz der teilweise hohen Entwicklungskosten verfügen viele Systeme, die etwa in den Boomsegmenten Industrie 4.0, Automotive und Internet of Things (IoT) zum Einsatz kommen, heutzutage noch über keinen oder nur sehr wenig Schutz gegen sogenanntes Reverse Engineering, also die Nachkonstruktion von funktionierenden Systemen. Mit Emproof ist dieser Schutz nun da.

Von Sümeyye Algan, Alexander Hüsing, Veronika Hüsing

Oliver Weimann (Ruhr:HUB)
Eine Vision für das Ruhrgebiet: Startup als Option begreifen

Die Menschen im Ruhrgebiet, die gesamte Region muss mehr unternehmerischen Mut wagen! Unternehmerischer Mut bedeutet, das komplette Risiko zu tragen und sich gleichzeitig auf extreme Unsicherheit einzulassen! Unternehmerischer Mut bedeutet, die Umwelt selber zu gestalten und Rahmenbedingungen zu schaffen, anstatt auf einen Strukturwandel zu warten!

Warum wir uns fehlenden Mut einfach nicht erlauben können!

Die Ausbildung in unserer Region zielt traditionell so ziemlich genau auf das Gegenteil: auf die Karriere im Konzern! Gut ausgebildet in etablierte Strukturen einzutauchen, bietet eine verführerische Scheinsicherheit, welche die Zukunft unserer gesamten Region in Frage stellt. Die hiesigen Großunternehmen verfahren noch immer stark nach dem Muster „too big to fail", anstatt sich ständig grundlegend selber zu hinterfragen. Dabei kennt die Anzahl der Mitarbeiter und damit letztlich auch die Bedeutung dieser Unternehmen nur eine Richtung: abwärts.

In den letzten Jahren unfassbar erfolgreiche Firmen wie Google, Facebook oder Amazon stellen sich selber fortlaufend und kontinuierlich in Frage. Sie befürchten quasi täglich, von Startups und externen Innovationen aus dem Markt gedrängt oder zumindest stark beschnitten zu werden. Und wenn dieser Innovationshunger, dieser Veränderungswille nicht von unseren Firmen vorgelebt wird, dann braucht es eben unternehmerischen Mut!

Dabei geht es überhaupt nicht darum, unsere hiesigen Großkonzerne oder die erfolgreichen Mittelstandsunternehmen totzuschreiben. Wir haben eine gewachsene Industriestruktur, um die uns viele Regionen der Welt beneiden. Die Startups im Silicon Valley, in Tel Aviv oder im Baltikum beneiden uns um den Zugang zu diesen potenziellen Industriekunden. Den Startups dort geht es im Zweifel nicht anders als den Startups daheim – sie benötigen mutige, aufgeschlossene Unternehmen, die sich auf neues Territorium wagen und gemeinsam mit ihnen etwas Neues ausprobieren.

In der Praxis scheitert eine Zusammenarbeit trotz vieler Lippenbekenntnisse häufig an einer der vielen möglichen Sollbruchstellen. Teilweise liegt es an nicht geklärter Verantwortung, teilweise an mangelnden Budgets, teilweise an schlechtem Timing oder den politischen Rahmenbedingungen im jeweiligen Unternehmen. Die potenzielle Zusammenarbeit zwischen Corporates und Startups krankt auch häufig an zu wenig Ernsthaftigkeit und zu geringer Priorisierung – auf Seiten der Konzerne!

Es wäre ein Leichtes, eine Zusammenarbeit durch ein Commitment des Top-Managements zu erzwingen, doch so einfach ist es leider nicht. Konzerne müssen die Lehmschicht des mittleren Managements konsistent und nachhaltig motivieren und diese für den Mut zum Scheitern auch belohnen – sofern die entsprechenden Erfahrungen und Lehren für die Organisation auch tatsächlich dokumentiert werden. – Wenn die eigene Karriere in Frage gestellt wird, weil ein Projekt mit einem Startup gescheitert ist, dann wird im Zweifel lieber kein Projekt gemacht.

Der Mittelstand wiederum hat gerade goldene Jahre mit globalem Wirtschaftswachstum und vollen Auftragsbüchern hinter sich. Seine akuten Probleme sind scheinbar Fachkräftemangel und originäre Produktentwicklung/Produktoptimierung sowie Optimierung in der Produktion. Alles genauso nachvollziehbar wie falsch! Der wichtige Mittelstand in der Region muss sich bewusst machen, dass er ohne den intensiven Austausch mit jungen, innovativen Teams zukünftig wenig Chancen haben wird. Digitale Transformation ist in diesem Kontext leider eine Drecksau. Bis zum Tag X merkt man nicht viel davon, und an Tag Y sieht die Welt auf einmal ganz anders aus – allerdings liegen die Tage X und Y sehr nah beieinander. Und wer dies so nicht ganz glauben mag, der soll gerne versuchen, bei Blockbuster noch ein Video auszuleihen oder bei Nokia oder RIM einmal nachzufragen, ob sich Touchscreens bei Mobiltelefonen wohl durchsetzen werden.

Die Konzerne und der Mittelstand müssen sich bewusst machen, dass wenige Kooperationen daran scheitern, dass Startups unprofessionell auftreten. Natürlich kommt auch das vor – und auch technische Schwierigkeiten treten immer wieder auf. Oft werden erfolgreiche Piloten aber von Seiten der etablierten Firmen einfach nicht weiterverfolgt, Ansprechpartner wechseln, Startups werden immer wieder vertröstet, es wird oft nicht offen kommuniziert.

Für Startups ist gerade das Vertrösten unglaublich gefährlich. Viele Gründer glauben, dass alles von selbst läuft, wenn man einmal einen großen Namen für ein Referenzprojekt gewonnen hat. Und oftmals besteht der Irrglaube, dass auf ein erfolgreiches Pilotprojekt automatisch der große Auftrag folgt. Liebe Startups, dem ist leider nicht so

– beides hat mit der Realität relativ wenig gemein! Gründer müssen offen und ehrlich in die Gespräche mit Partnerfirmen gehen, ihre Hausaufgaben machen. Wichtig: Nicht den Fehler zu machen und alles auf das eine Unternehmen setzen! Unternehmerischer Mut bedeutet auch, Gespräche abzubrechen, wenn es einfach nicht vorangeht.

Warum Community mit Kommunikation zu tun hat!
Warum sind das Silicon Valley oder auch Tel Aviv erfolgreiche Startup-Regionen: Ist es die Mentalität des Scheiterns? Ist es das verfügbare Kapital? Oder liegt es an den exzellenten Universitäten in diesen Startup-Hochburgen? Ganz klar: ein wenig von allem! Doch beschreibt es noch lange nicht alles. Selbstverständlich ist es optimal, wenn große Investoren Kapital für Startups zur Verfügung stellen, und es hilft auch, wenn wir Gründer-Idole an der Uni zu sehen bekommen, und natürlich ist es förderlich, wenn Scheitern nicht verteufelt wird oder es die eigene Karriere ruiniert. Vergessen wird dabei aber meistens die schicre Geschwindigkeit und die Macht echter Community!

Es geht auf der einen Seite darum, innerhalb kürzester Zeit einen Prototyp, einen technischen Proof of Concept und auch einen echten Proof of Market zu validieren. Es geht auch darum, zu sprechen und andere Menschen einzubinden, Feedback einzusammeln und damit das Netzwerk für sich arbeiten zu lassen. Es geht auch darum, die Vorstände der großen Unternehmen innerhalb von wenigen Tagen kennenlernen zu können, die Partner der Kanzleien und Beratungen und die Eigentümer von Mittelstandsunternehmen – also die Menschen, welche die Entwicklung eines Startups so unfassbar zu beschleunigen vermögen, dass die Gründer gar nicht anders können, als durchzudrehen und eine Erfolgsgeschichte zu schreiben.

Diese Menschen, sie haben natürlich einen unvorstellbar vollen Terminkalender und können nicht jedes beliebige Startup treffen. Exakt aus diesem Grund ist eine funktionierende Community so relevant, die schnell, präzise und basierend auf persönlichem Vertrauen direkte Kontakte herstellt und Gräben überwindet. Aber wir müssen hierfür nicht um den ganzen Globus reisen, da wir großartige, vielversprechende Teams auch in unserer Region haben! Wenn die Idee und das Team stimmen und die Kunden Interesse zeigen und das Netzwerk ein Thema treibt, dann folgt das Kapital, wie man an anderen Stellen der Erde beobachten kann, von ganz alleine!

Im gesamten Deutschland und genauso auch im Ruhrgebiet gibt es Pitch-Events und Netzwerktreffen wie im Silicon Valley. Aber was haben wir da kopiert? Ein Motto „Startup als Lifestyle", bei dem junge Erwachsene von „Projekt zu Projekt springen", in dem „Startup-Dasein" selber zur Lebensform erklärt wird. Eine solche Veranstaltung weckt den Anschein, dass es am Ende teilweise nicht mehr wirklich um Geschäftsmodelle, Kundenerwartungen und Traktion geht, sondern primär darum, zur „Community" zu gehören und um eine mögliche Finanzierung zu kämpfen.

Um es hier noch einmal ganz deutlich zu machen: Ein Startup ist ein junges Unternehmen, das vielleicht eine Anschubfinanzierung benötigt, vor allem aber benötigt es Kunden oder User oder Multiplikatoren, die bereit sind, ein wie auch immer geartetes Geschäftsmodell zu tragen. Wichtig dabei: Wenn eine Idee sich nicht verfängt, wenn ein Produkt die Erwartungen nicht erfüllt, dann sollte dieses unternehmerische Vorhaben schnell gestoppt werden („fail fast"). Wenn ein Gründer in 30 Sekunden nicht für seine Idee begeistern kann, wenn im Zweifel seine Omma nicht versteht, was das Team versucht, dann ist entweder die Präsentation noch nicht rund oder das ganze Ding doch wenig wert!

Und ein Aufruf zu MEHR Mut!
Wir im Ruhrgebiet benötigen dringend (mehr) gut ausgebildete Menschen, die Startups als eine echte Option wahrnehmen. Wir benötigen dringend Köpfe, die Menschen begeistern können und sich ganz bewusst für den Weg ins eigene Unternehmen entscheiden, um die Welt im Kleinen und Großen zu verändern. Und wir benötigen dringend diejenigen, die diese Menschen unterstützen – als Mitarbeiter, als Investoren, als erste Kunden und als Kooperationspartner.

Lasst uns diese Verantwortung ernst nehmen und die jungen Menschen an den Hochschulen im Ruhrgebiet – und gerne darüber hinaus – auf die Option Startup vorbereiten. Stellen wir ihnen das notwendige Kapital zur Verfügung, um neue Ideen auszuprobieren. Stehen wir ihnen als Mentoren und Coaches zur Verfügung und teilen unser persönliches Netzwerk. Und stigmatisieren wir bitte nicht, wenn unternehmerischer Mut nicht sofort zu unternehmerischem Erfolg führt!
Sie brauchen uns, aber viel mehr noch brauchen wir sie!

Alexander Hüsing
Manifest für ein digitales Ruhrgebiet

So wird das Revier *der* Ort für Startups in Deutschland! 12 Forderungen an die Menschen und die Macher sowie die Unternehmen und die Institutionen im Ruhrgebiet:

- Das gesamte Ruhrgebiet muss endlich seine alten, verkrusteten Strukturen und seine Graue-Maus-Vergangenheit hinter sich lassen!
- Das Revier muss endlich mutig und optimistisch in die Zukunft blicken!
- Die Menschen im Ruhrgebiet müssen endlich ihr Schicksal selbst in die Hand nehmen, und vor allem müssen sie ihr Malocher-Gen wiederfinden!
- Die Schulen und Hochschulen im Revier müssen Unternehmertum endlich als Karriereziel greifbar machen und Startups als wichtige Arbeitgeber fördern!
- Die Politiker und Parteien im Ruhrgebiet müssen endlich digitale Neugründungen und die Belange von Gründern in den Mittelpunkt ihrer Wirtschaftspolitik rücken!
- Die Städte im Revier müssen in einer globalen Wirtschaftswelt endlich über die eigenen Stadtgrenzen hinaus denken!
- Es wird allerhöchste Zeit für einen regierenden Bürgermeister, der sich städteübergreifend für das Ruhrgebiet engagiert!

- Die Medien im Pott müssen endlich viel mehr über Startups und junges Unternehmertum berichten!
- Die Immobilienbesitzer im Ruhrgebiet müssen endlich intensiv in attraktive Büroflächen investieren!
- Die kleinen Firmen und der Mittelstand im Revier müssen Startups aus der Region endlich die Türen öffnen!
- Die großen Unternehmen und Konzerne in der Region müssen endlich vor Ort hohe Millionenbeträge in Startups oder Fonds, die Startups unterstützen, investieren!
- Die Startups der Region müssen endlich lauter werden und sich landes- sowie bundesweit als Stellvertreter des neuen, modernen Ruhrgebiets präsentieren!

Dass das Ruhrgebiet eine Hochburg für Startups wird, dabei können auch alle Leserinnen und Leser dieses Buches mithelfen! – Als Influencer für das Buch, aber vor allem als Botschafter für das neue, moderne, startuppige Ruhrgebiet. Großes Ziel ist, dass möglichst viele Menschen im Ruhrgebiet, aber vor allem im Rest von Deutschland mitbekommen, was im Revier wirklich abgeht. Bitte sprecht über das Buch – im realen Leben, aber auch auf Facebook, Twitter, LinkedIn, Amazon und Co. Und animiert bitte so viele Menschen wie möglich, dies auch zu tun. Wenn ihr dabei die Hashtags #EmscherEinhörner und #Ruhrgebiet nutzt, bekommen wir das auch mit. Vielen Dank schon einmal!
Sümeyye Algan, Christina Cassala, Alexander Hüsing und Veronika Hüsing